百萬雄師過大江——渡江史料叢刊

南京概況

（下冊）

書報簡訊社 編印

南京出版社
南京出版傳媒集團

圖書在版編目（CIP）數據

南京概况：上册、下册 / 書報簡訊社編印.
南京：南京出版社, 2025. 6. -- (百萬雄師過大江：
渡江史料叢刊). -- ISBN 978-7-5533-5270-1

Ⅰ. K295.31

中國國家版本館CIP數據核字第20252SC510號

書　　名	南京概况：下册
作　　者	書報簡訊社
出版發行	南京出版傳媒集團 南　京　出　版　社
社　　址	南京市玄武區太平門街53號
郵　　編	210016
聯繫電話	025-83283873、83283864（營銷）　025-83112257（編務）
學術顧問	盧海鳴
策劃統籌	謝　微
責任編輯	謝　微
裝幀設計	王　俊
責任印製	楊福彬
排　　版	南京新華豐製版有限公司
印　　刷	南京凱德印刷有限公司
開　　本	787毫米×1092毫米　1/16
印　　張	34.25
字　　數	470千
版　　次	2025年6月第1版
印　　次	2025年6月第1次印刷
書　　號	ISBN　978-7-5533-5270-1
定　　價	276.00元（上下册）

導讀

盧海鳴

《南京概況》上下册，書報簡訊社編印。

一九四八年底至一九四九年初，解放戰争捷報頻傳。隨着『三大戰役』——遼瀋戰役、淮海戰役和平津戰役的相繼勝利，中國人民解放軍打過長江去、攻占國民黨首都南京、解放全中國，自然而然地提到議事日程上來。爲占領南京并順利地接管南京，解放南京的主力之一——中國人民解放軍第二野戰軍組織編寫了《南京概況》，并化名『書報簡訊社』予以印製出版。

《南京概况》上下兩册，上册正文二百五十四頁，下册正文二百四十六頁，共計五百頁左右，約三十萬字。上册第一至第五部分，依次是『概論』『土地、人口』『僞政治機構』『軍警憲等僞軍事機構』『反動政黨各機構』；下册第六至第十四部分，依次是『官營事業及公産』『逆産』『公用事業』『重要工商業』『黨派社團』『文化事業』

『社會事業』『外僑』和『其他』。

《南京概況》爲横排本，左讀，繁體字印刷。封面上方居中位置印有楷體横書的『南京概況』書名，書名下方印有黑體横書的『秘密』二字，在『秘密』這兩個字下面打了兩個表示强調的圓點，强調它不是公開出版物；在『秘密』二字之下，印有宋體『上册』或『下册』字樣。封面下方印有宋體的『書報簡訊社編印』和出版時間『一九四九年三月』字樣。

中國人民解放軍第二野戰軍組織編寫的《南京概況》，爲何要化名『書報簡訊社』印製出版？『書報簡訊社』到底是一個什麽性質的團體或機構？

據有關資料記載，在一九四六年至一九四九年全國解放戰争時期，周恩來任中央軍委副主席，同時兼任中央城市工作部部長，并領導中央社會部（即中央情報部），中央社會部負責國民黨黨政軍情報的搜集及統戰策反工作。在周恩來的指導下，中央社會部在延安專門設立了公開的情報研究部門『書報簡訊社』。時任中央書記處政治秘書室主任、毛澤東的俄文翻譯師哲《在歷史巨人身邊：師哲回憶録》（中央文獻出版社一九九五年四月版）回憶：『我在社會部辦了個「書報簡訊社」。那時，邊區要訂外面的報刊很困難，但在我們那裏，通過各種渠道，竟集中了國統區、敵占區和國外的許多報刊。這些報刊除社會部本身使用外，還供總參謀部使用。爲了有序工作，安排了幾個人管理這些書報，并做研究摘録，印送給中央領導和「七大」部分代表參閱。』學者薛鈺《周恩來與黨的隱蔽戰綫——試談民主革命時期周恩來對我黨情報保衛工作的貢獻》（《中共黨史研究》一九九八年第一期）一文寫道：各地情報組織運用各種辦法收集大量報刊書籍運往延安。如晋綏邊區情報組織設法系統定購日文報紙十三種、中文報紙十種及大量書刊、年鑒，并專門建立了兩條交通綫，源源不斷地運送敵僞書報。這些資料經積累、研究後，形成對重要事件、問題、人物、組織的系統情報。如抗戰期間中共中央公布的國民黨中央委員（二十名）和少將以上軍官（五十八名）的降日名單（一九四一至一九四三年八月）、一九四八年公布的國民黨戰犯名單，都是根據平時積累的資料提供中央的。在全國解放前夕，『書報簡訊社』編寫了南京、北京、天津、上海、武漢等十幾個省市總計數百萬字的資料，如《南京概况》《北京概况》《上海概况》《武漢概况》等。其中對各個城市國民黨重要機構、企事業，以及社團、幫會的歷史沿革、現狀、主要人物都有系統、全面、詳盡的介紹，對解放和收管城市提供了大量翔實的材料和情報。

《南京概况》其實并不是書報簡訊社編印的，書報簡訊社祇是一個挂名。據時任安徽省委書記、省政府主席、軍區政委兼金陵支隊大隊長宋任窮《接管南京前後》（《南京古都學會通訊》二〇〇九年第十一期）一文回憶：『渡江戰役前，我們在大力支前的同時，爲了搞好接管南京的工作舉行了緊張的準備。……爲了使解放區幹部瞭解南京的情況，我和張霖之、彭濤同志組織一些從南京來的地下黨員，編寫了一套介紹南京概況的資料。這些同志積極性很高，多方收集資料，在不長的時間裏編印出了介紹南京的土地、人口、風俗習慣；國民黨的政治、經濟文化機構、黨派、社團、公共事業、工礦企業、手工業以及軍、警、憲、特組織等情況的材料，供南下的同志們參考。』宋任窮未説出『從南京來的地下黨員』的名字、編寫的一套書名以及編印的具體時間。當年參加金陵支隊的隊員許荏華在《南京是如何解放的》（《炎黄春秋》二〇〇九年第五期）一文中回憶，南京解放前夕，南京的百餘名中共秘密黨員撤退到蘇北解放區，被編入金陵支隊，隨軍南下。『其中一部分人員在三野聯絡部整理的材料的基礎上，將南京各方面的調查資料，彙編成《南京概況》上下兩册，共三十餘萬字，内容包括南京土地、人口、國民黨的黨政軍警憲特機構、公私營企業、外僑等各方面的情況，爲順利接管南京提供了翔實的資料。』

金陵支隊隊員陳淦《爲解放南京做準備：憶金陵支隊趕編〈南京概況〉》（《南京史志》一九八九年第二期）一文回憶：一九四九年二月，安徽省委辦公室主任彭濤來到支隊部，對陳淦、陳震東、許荏華、薛文等人説：『你們都是從南京來的地下黨員，有的還是老南京，對南京情況熟悉。我們很快要打過江去，解放和接管南京，但我們的幹部對南京情況不瞭解，你們要在最短時間内，編寫出一套南京的文件資料，供營、團以至師以上幹部閱讀參考。一定要在渡江前搞好。』在這之前，金陵支隊已抽調安徽公學的學生和合肥報社留用人員，編寫了《南京概況》初稿；華東局社會部在楊帆領導下，也已花了近三個月時間，弄了許多資料，并付印出了校樣。金陵支隊支隊部的陳淦等人根據上述兩方面的資料，結合在淮海戰役中俘虜的敵方人員所交代的有關南京軍、警、憲、特、政的資料，編寫出了《南京概況》一書，同時還編寫了十幾種專題小册子，内容涉及中統、軍統以及青紅幫等方面。在編寫過程中，宋任窮（金陵支隊領導人）同志非常關注進展情况并時時鼓勵編寫人員。

二〇〇九年，《南京晨報》記者成崗采訪當年的『金陵支隊』成員李承郃、徐静斐等人時，新華日報社老報人李承郃對于《南京概況》一書仍有印象，他認爲編寫這本書的南京地下黨對接管南京起到了重要作用。一九四九年四月二十九日，當李承郃和工作人員乘車來到現在中山路五十五號原國民黨中央日報社時，當時的中央日報社采訪部主任、地下黨員李廉已經穩定住了報社局面。四月三十日，也就是南京解放後的第八天黎明，《新華日報》在南京復刊。與其他戰友接管報社、通訊社以及官僚機構不同的是，徐靜斐（徐悲鴻與蔣碧薇的女兒）接到的任務比較棘手：前往夫子廟解散當地的妓院。徐靜斐和同伴們來到夫子廟時，這裏大大小小的妓院大都還在彷徨觀望，徐靜斐通過地下黨的協助，一家家登記，向老板們宣傳黨的政策，并向妓女們表示，願意留下做工的可以做工，願意回家的可以提供路費（成崗：《神秘的『金陵支隊』接管十萬舊職員》，《南京晨報》二〇〇九年四月七日）。

根據上述回憶，我們可以確定，《南京概況》是在利用《南京調查資料》的基礎上，吸收各方面資料精編而成。該書編者在前言中寫道：『《南京概況》中使用的材料，除一部分是調查材料以外，大部分是采集自國民黨統治區公開出版的書報雜誌，這些材料雖然經過鑒別和選擇，且不少是接近于真實，但其可靠性是有限度的；加上材料的時間不一致，和整理工作的急迫；尤其是客觀情況將隨着時局的發展、以及敵人的撤退和轉移而變化，所以這裏所反映情況，將與實際情況有一定的距離。因此這些材料就僅能當做參考，不能當做根據。其次是由于材料的殘缺，所反映的情況是不完全的，有的部分僅粗有其輪廓，有的部分則盡付闕如，（如幫會的組織與活動即無具體材料）。關于特務的組織與活動，因另有專册介紹，這裏除涉及其公開組織和掩護組織以外，一般的就不再重複。』

《南京概況》爲中國人民解放軍掌握國民黨政府機構、財產、人員情況提供了切實的依據，發揮了無可替代的作用；同時爲中國共産黨人接管好民國首都南京，完成新舊政權的交接，在政治、軍事、經濟、文化、外交等方面都具有特别重要的意義。當時指揮部隊解放南京的三野八兵團司令員陳士榘評價該書：『使我軍準確掌握了國民政府各院、部機構，軍、警、憲等軍事機構和反動政黨組織，以及重要工商、文化、社會公用事業和外僑方面的情況，保證了接管工作的順利開展。』（中國人民解放軍歷史資料叢書編審委員會：《渡江戰役》，解放軍出版社一九九五年三月版）

《南京概況》與中國共産黨領導下的華東中央局社會部組織編寫的《南京調查資料》相互補充，互有短長，是研究民國南京政治、經濟、軍事、文化、科技、外交乃至南京解放後工業發展軌迹的寶貴資料。

《南京概況》一書的措辭具有鮮明的時代特徵和階級特徵，『反動』『僞』『匪』『蔣匪』『國民黨反動派』等字眼屢見不鮮。如第一部分概論寫道：『南京爲國民黨反動統治的神經中樞，該黨黨、政、軍、特之最高首腦機關均集中于此，機關林立，組織龐大。……這些都是國民黨殘餘力量及蔣、美特務將來活動的綫索和空隙。』第四部分第二節『僞海軍總司令部及其所屬機構』寫道：『該部爲蔣匪嫡系所把持，前任總司令陳誠與現任桂永清均爲蔣匪之親信。』第十三部分第一節『外僑人口』寫道：『又據一九四八年六月僞南京市民政局統計材料，南京外僑人數共計一〇六九人……』而在民國政府機構和政黨前基本上都會加上『僞』或『反動』字樣，如『僞政治機構』『僞總統府』『僞立法院』『僞考試院』『軍、警、憲等僞軍事機構』『僞首都衛戍司令部』『僞首都警察廳』『反動政黨各機構』，等等。

《南京概况》原書縱十七點五厘米，横十二點五厘米。二〇一一年一月，南京出版社將此書合爲一册，納入『南京稀見文獻叢刊』中，由專家點校出版。二〇一四年二月，南京出版社將此書按照原來的上下册，分爲兩册，納入『南京市重點文化産業項目特色品牌』——《金陵全書》中，略微放大，影印出版。二〇一四年十一月，中共南京市委黨史工作辦公室將此書合爲一册，納入『中共南京歷史資料叢書』中，再次點校出版。此次『百萬雄師過大江——渡江史料叢刊』收入本書，以南京市檔案館藏原書爲底本，略微放大影印出版。因原書印製于資源匱乏、技術落後的戰爭年代，紙質較差，墨色不均，印工比較粗糙，加上出版時間將近八十年，紙質泛黄，有些地方模糊不清。鑒于此，在影印過程中，在充分尊重該書原貌的前提下，對于一些模糊不清的地方做了一些技術處理。

值得一提的是，南京解放後，『南京概況』一名的影響力持續存在。如，一九五二年十月，南京市招待委員會編印的《南京概況》，是一本關于南京的簡介，薄薄的一册，開本大小與一九四九年三月編印的《南京概況》相同，封面上印有編號和『對内參考　不得外傳』字樣。一九五六年九月，南京市外賓接待辦公室編印的内部資料也以《南京概況》命名，開本未變，封面上印有編號和『宣傳參考資料』字樣。一九五七年四月，中共江蘇省委暨南京市委國際指導委員會編印的内部資料仍然以《南京概況》命名，開本大小一致，封面上還印有編號和『參考資料　注意保存』字樣。

南京概況

秘密

（下册）

書報簡訊社編印

一九四九年三月

南京概況

（下　册）

目　　錄

第六　官營事業及公產

南京的官營事業及公產，據現有不完全的材料，計有銀行及其所附屬的保險公司三十一單位。國家七行局中總機構設在南京者三單位。省市縣銀行之在南京設立總分支機構者二十二單位。

南京的官營工廠共五十八單位。內國營事業二十二單位，分屬於資委會、工商部、農林部、糧食部及其他各部會；軍事工業三十五單位，屬聯勤總部；鐵路機廠一單位，屬交通部。其中主要的有：資委會的四個電工器材廠，如果美國機器運到，都將成爲獨佔性的企業（各該廠設備已於今年一月搬往台灣）。聯勤總部的首都被服廠，估計工人當在四千左右；金陵兵工廠能日產迫擊炮彈二萬發及手榴彈一萬個，爲匪進行反革命內戰的重要工廠之一。交通部津浦鐵路管理局所屬的浦鎮機廠，職工達一千七百餘名，該局並自有電廠及輪渡。農林部的中國農業機械公司南京分廠亦擁有職工二百五十餘人。僞社會部全國合作社物品供銷處東南合作社印刷廠爲南京最大的印刷廠。故公營工廠在南京工業中是佔着極重要的位置，而且大部份爲重工業。

據不完全的材料，南京計有官營倉庫四十四單位，內軍用倉庫三十三單位。南京有着龐大數字的公有房產，單就敵僞產業來說，已經知道的就有五百二十處之多。

此外，匪政府用以管理和控制物資的機構，計有行政院物資供應局，糧食部，中國農民銀行，中央合作金庫，民食調配處，民生日用品，配售委員會，燃煤調節委員會南京分處，液體燃料管理委員會等八單位。

一 金 融

（1）國家銀行

名稱	董事長	經理	地址
中央銀行南京分行		李嘉隆	白下路三一號
下關辦事處		吳振華	下關綏遠路一八六六號
中國銀行南京分行		彭湖	昇州路二七號
鼓樓辦事處		錢兆元	中山北路三五一號
下關辦事處		邵答福	下關大門路一二〇號
昇州路辦事處		張可瑞	昇州路二七號
大行宮辦事處		鄒祖揚	中山東路二六三號
交通銀行南京分行		程覺民	中山東一路一號
白下路支行		浦柴東	中正路

下關支行		張琬如	下關南埠街二五號
浦口辦事處		舒紹業	浦口車站左津浦路二號
鼓樓辦事處		藍春元	中山北路六三七至六三九
珠江路辦事處		楊鐵崖	珠江路八八四號
建康路辦事處		張鎔祥	建康路朱雀路口
隨家灣辦事處		劉守績	
和會街簡易儲蓄處		張鶴亭	
華僑路簡易儲蓄處		高咸驊	
浦口卸甲甸簡易儲蓄處		徐曉峯	
中國農民銀行總行	陳果夫	李叔銘	中華路二十四號
南京分行		陳勉修	中山東路八號
下關辦事處		王周澤	下關
孝陵衛辦事處		錢　誼	孝陵衛
中華路辦事處		孫海坡	中華路
小營分理處		黃叔瑞	城北小營
三牌樓分理處		俞屏之	
中央信託局南京分局		周煒方	中山東路一〇五號
下關辦事處		蔣長琛	熱河路九六號
郵政儲金匯業局總局		谷春帆	新街口
南京分局		汪一鶴	新街口

～ 3 ～

城北辦事處	莊永宏	城北小營
城南辦事處	錢仁瑛	
太平路辦事處	張善棫	
小營辦事處	朱祖英	
下關辦事處	湯祥麟	
中央合作金庫總庫	壽勉成	太平路三〇一號
下關分理處	童仲孚	下關熱河路一四六號
〔附〕聯合徵信所南京分所	刁雨賢	楊公井十七號

（2）省市縣銀行

名稱	董事長	經理	地址
南京市民銀行總行	于錫來	吳子良	建康路二四八號
江蘇省銀行南京分行		楊成一	中山東路一〇五號
浦鎮辦事處			金壇門
江蘇省農民銀行南京分行		高佩德	中山東路二二號
下關辦事處		李松濤	
台灣銀行南京分行		陳　英	建康路二五三號
浙江省銀行南京分行		虞夢韶	碑亭巷
山東省銀行分行		馮有辰	
四川省銀行分行		饒乃誠	建康路二〇三號
甘肅省銀行分行		蒯世祉	中山東路二四五號

安徽省銀行分行	張樹人	漢口路十一號之一
江西省銀行分行	鄧智康	
西康省銀行分行	田　農	中華路六五號
河南省銀行分行	王履階	建康路二六一號
陝西省銀行分行	談家棟	中華路青年會對過大樓
貴州省銀行辦事處	陳伯陽	中華路十六號
湖北省銀行辦事處	唐季涵	
湖南省銀行分行	楊先鐸	朱雀路慧圓街二號
富滇新銀行分行		
福建省銀行分行	丁日初	
廣東省銀行分行	霍耀墀	太平路
廣西省銀行分行	倪愼庸	中華路三三號
嘉山縣銀行		明光南大街
江寧縣銀行	馮順伯	中華路

（3）國家銀行附設保險公司

太平洋保險公司分公司	程覺民	交通銀行內
中國產物保險公司分公司	顧用庠	

二 工 廠

（1）資源委員會（併入經濟部）

一九四九年三月何匪應欽繼孫匪科任匪政府行政院長之職，在各僞部會的重新調整下，資委會併入經濟部，以原資委會委員長孫越琦任僞經濟部長，這一合併當可能引起資委會原有機構人事的某些變動，但决不會有大的變動，加以這一合併適在這一材料編寫的時候，具體變動情況尙未發表，故仍依資委會原有情況編寫。

資源委員會是一個龐大的組織，它掌握着全國的重工業，如煤、鋼鐵、水電、機電、石油及特種金屬鑛產等等，擁有衆多的技術人員，和美帝獨佔資本建立了密切的聯系。

資委會曾計劃將某些工廠建立在南京，日本投降後，曾先後在南京成立了四個電工器材廠（中央電工器材廠，中央無線電器材公司，中央有綫電器材公司及中央電瓷公司），它們都擁有龐大的廠地，有的已與美帝資本建立了聯系，只因爲成立未久，美國機器尙未到來，故內容尙不充實，今年一月已將其設遷往台灣。現在資委會在南京只有兩個廠了。

負責人 委員長 孫越琦 （與翁文灝宋子文等均有密切關係）

副委員長 吳兆洪 （追隨翁文灝多年）

地　址	三牌樓美軍部內	
	珞珈路六號	
	三元巷二號	
	三牌樓	
	瑞福里	
直轄機構		
煤業總局	孫越琦（兼）	
電業處		高家酒館四十二號
		武夷路十八號
		三牌樓
		大板巷五十四號
工業處	杜殿英	
運務處		遊府西路浮石村五號
鑛產測勘處		峨眉路二一號
全國水力發電工程總處		慈悲路十一號之一號
全國水力發電工程處		三元巷二號
金屬礦業管理處		中山北路虹橋
鋼鐵事業管理委員會		
全國引水管理		

委員會	
工業標準委員會	水西門下浮橋菱角市
保險事務所	太平路四〇四號
材料供應事務所	
國外貿易事務所	
電信事務所	
廣播電台	珠江路二七四號

所屬工廠

（一）中央電工器材廠

負責人 惲震

地址 總管理處 中山北路四一一五號

南京營業所 大行宮東海路八號

鉄湯池明德新村

陶谷新村一號

南京工廠 中央門外邁皋橋附近

簡況

已知該廠有電機廠、電線廠、電照廠諸部份。在我軍勝利進攻下，該廠設備已於今年一月遷台灣。抗戰期中，衛利韓公司（美商面目出現，屬孔祥熙）曾代表美國西屋電器公司和該廠簽訂『戰後工業合作計劃』日本投降後，該廠曾計劃送三百人出國到西屋去訓練（一九四八年十月三日滬大公）；其電機新廠又與美國威斯汀好斯電器公司『技術合作』；電線新廠與美國D.B.C.A.公司『技術合作』。該廠未撤離前生產情況，據一九四八年三月十九日津新星報載：『南京廠在國內所購機件設備，業已裝妥，即可開工出貨，月產燈泡二萬只，待本年六月在美訂購之設備運達裝妥後，即可增產至每月二十萬只』。

（二）中央無線電器材公司

負責人

地　址　南京營業所　珠江路三七四號

　　　　南京廠

簡　況　該公司已於一九四九年一月遷台灣。曾與美國飛鵠公司簽有合同，用飛鵠公司零件，按裝收音機一萬架。

（三）中央有綫電器材公司

負責人

地　址　總公司　珞珈路十四號

　　　　　　　　百子亭

　　　　總　廠　和平門外和平鄉邁皋橋附近

簡　況　該公司已於一九四九年一月遷台灣。和平門外的廠基計七十七畝六分。

（四）中央電瓷公司

負責人　任國常

地　址　總公司　中央路許府巷口
　　　　　　　　中華路四四一號
　　　　南京廠　燕子磯

簡　況　該公司南京廠，已於一九四九年一月遷台灣。一九四八年八月開始出貨，出品以低壓蝴蝶瓷瓶及五〇〇伏至六，六〇〇伏針式瓷瓶爲主。設備中之十五萬伏高壓試驗器，爲國內唯一的高壓絕緣試驗器。廠基三九〇·五九市畝。

（五）中央化工廠

負責人

地　址　總公司　中山路吉兆營三十四號
　　　　總　廠　燕子磯

（六）中央鉀肥公司

負責人

地　址　　　　　荳菜橋五十四號

資源委員會所屬企業駐京機構

中國石油公司南京辦事處　　太平路七十號
　　　　　南京儲油所　　下關煤炭巷

（註）

中央機器公司南京營業所　　大悲巷甯滬村二號
　　　　　　　　　　　　　太平路四〇六號
華新水泥廠南京分公司　　　鼓樓頭條巷四號
華中鋼鐵公司南京辦事處　　中山北路三牌樓虹橋
雲南錫業公司南京辦事處　　大石橋新安里九號

（註）有二千噸容量的油池一座

（２）工商部（經濟部）

（一）中央工業試驗所
負責人
地　址　白下路二六二號
　　　　三條巷三十七號
　　　　大同新村一號
工　廠　第一實驗館機械設計室
　　　　南京機械實驗工廠　　　漢中路十一號
　　　　南京酒精實驗工廠
　　　　南京肥皂實驗工廠
　　　　南京汽水實驗工廠
（二）中央標準局度量衡製造廠
負責人
地　址　水西門下浮橋菱角市五號
　　　　工商部所屬企業駐京機構
中國紡織建設公司南京營業所中山東路二郎廟口
中國植物油料廠南京辦事處　中山東路一六一號

（３）農林部（併歸經濟部）

（一）中國農業機械公司南京分廠
負責人　陳錫祥　吳顯忠

地　址　大光路

職　工　二五一人

設　備

A、佔地二十二畝

B、製造工場包括：

金工場，有新式車鑽鉋銑磨床等工具機四十餘部。

冷工場，有冲床、電焊機等十部。

木工場，有全部車、鉋、鑽床。

裝配工場。

C、翻鑄工場設有冲天爐、熔銅爐和二噸電動吊車各一具及製模機、壓砂機多部。

D、鍛工場設有彈簧錘、焠火爐及退火爐等數部。

E、保養工場設有一二〇瓩柴油發電機二部、一〇五方吋的空氣壓縮機一部及儲水一萬加侖的水塔一座。

生產量　一九四八年九月份已製造中耕機三十部，軋棉機十部，碾米機二十部。四個月後每月可產中耕機二百部，碾米機、軋棉機各一百部。

（二）八卦洲機械農業實驗區

八卦洲在南京東長江中心，全洲面積約六萬餘畝，人口計一二，六三七人，百分之七十五為農戶，現有耕地四六，九〇〇畝，為南京市政府所有，農戶計一，五一〇戶，內二百畝以上者八戶，平均每戶耕地三十一畝。該洲共有耕牛六二一頭。

該處經中國農民銀行貸款購買的農業機械有：十二吋五十四馬力抽水機四部，曳引機十部，七吋雙排圓碟十部，七齒耕十部，二十行播種機五部，二十一A十二呎自動脫粒收獲機三部，以及各種配件及修理工具一五八件，抽水機修理工具全套。

（三）中華水產公司

負責人

地　址　南京辦事處　　傅厚崗三十一號（鼓樓）

下關魚市場

華洽冷藏製冰廠　傅厚崗三十一號

華河冷藏製冰廠　下關三汊河

（四）中央林業實驗所

負責人　葛曉東

地　址　太平門外櫻駝村

（五）中央畜牧實驗所　　傅厚崗三十一號

（六）病虫藥械廠南京供應站　孝陵衛中央農業實驗所內

（4）糧食部（併歸財政部）

（一）長江米廠

負責人　廠　長　胡坤和

地　址　事務所　國府路十四號

工　廠　下關三汊河

～13～

（二）恒和油廠　下關三汊河

〔附〕中國糧食工業公司

負責人　副總經理　朱邁蒼　襄理　蔡百壽

地　址　總管理處莫愁路一二八號

該公司於一九四八年十月撤銷，所屬糧食工廠十五所（內南京二所，卽上列長江米廠和恆和油廠），由糧食部設置工廠管理處接管。

（5）其他匪政府機關所屬工廠企業

國民黨中央黨部秘書處印刷所	估衣廊一一七號
國民黨中宣部國民印刷所	石鼓路俞家巷十六號
國民黨中央執行委員會中央印刷所總管理處	中山東路三九二號
國民黨中宣部國際宣傳處中央攝影場馬琑辦事處	中山路一〇〇號
總統府第五局印刷工廠	黃家塘
社會部南京傷殘重建院南京傷殘用具製造廠	光華門外中和橋二十號
社會部全國合作社物品供銷處東南合作社印刷廠	唱經樓衛巷六號
地政署測量儀器製造廠	鼓樓二條巷十九號
衛生部中央生物化學製藥實驗	

處南京門市部	朱雀巷九十七號，太平路四〇二號
中國農民銀行員工合作農場辦	中華路二十四號
事處員工合作農場總場	中山門外宜義鄉小五圖坟村
農業電影公司	西華門西華巷二號
中央水利實驗處	清涼山
南京市立酒精廠	碑亭巷一九九號
河南省政府所屬焦作中原煤礦公司	西華門四條巷良友里十號

三　軍事工業

（1）兵工修造

（一）兵工署第六十兵工廠（金陵兵工廠）

負責人

地　址　中華門外

職　工　該廠現有官佐二一四人

生產量　每日產迫擊炮彈二萬發，手榴彈一萬個。每月幷產衝鋒槍五百支，改裝三八式爲中正式步槍五萬支（一九四八年二月材料）。一九四八年上半年並計劃每月仿造衝鋒槍一千支。

附註　該廠在徐州設有修械所。

～ 16 ～

（二）聯勤總部南京船舶修造廠（又名船舶修造廠一分廠）

負責人　廠長　韓　森

地　址　下關江邊路三號碼頭

設　備　一九四八年十月一日聯勤總部運輸署編輯之運輸季刊載：該廠『無船台設備，修理船隻須借用三汊河上塲，已計劃建築船台一座，並擴充廠房及機器，並正洽借三汊河較大地皮一方，以作擴充設備之需。』

（三）棲霞山附近眉潭地方有一新式步兵連駐該地，製造毒氣（一九四八年五月材料）。

（四）其他兵工修造廠

	官佐人數	地址
空軍配件製造廠	九九	中華門外雙橋門附近
空軍南京修理工廠		防空學校
海軍材料廠		中山北路鹽倉橋
海軍浦口工廠		浦口臨江路
聯勤工兵器材修造廠	二三	下關商埠街一號
聯勤軍械保養實驗工廠	三五	
聯勤重工程機械修理廠		
聯勤重工程裝修廠		
兵工署（屬聯勤）材		

料試驗廠	六二	三條巷六合里六號
聯勤軍械保養二營四連	一七	
聯勤電信機械修造總廠	四二	
聯勤電信機械修造四分廠	一七四	
聯勤電信機械修造廠第一臨時修理組		太平路二五四號
國防部第六廳特種電訊器材修造廠	五一	昇州路登隆巷十號
國防部測量局材料修造保管所	二五	
前軍政部第五十三兵工廠		湖南路勤益里四號
前航委會飛機修理工廠		明故宮

（2）糧秣被服

（一）首都被服廠

負責人　譚叔隆　鄭清懷

地　址　漢中路

　　　　石鼓路一七四號

職　工　該廠官佐六十三人　估計工人四千人

生產量　年可製夏服三十萬，冬服十五至二十萬份

（註）　一九四七年材料稱該廠有一製機廠在華僑路

（二）第一糧秣實驗廠

負責人

地　址　南京辦事處　中山東路五十一號

第一工場　小北門

第二工場　三牌樓

第三工場　建康路三三七號

（三）南京供應局附屬工廠

廠名	地址	官佐人數	每月產量	
龍潭煤礦	龍潭	二〇〇	煤	一、二〇〇噸
煤球工廠	湖北路		煤球	一、六〇〇噸
釀造工廠	建康路	一五	醬油	二〇〇、〇〇〇斤
碾米工廠	小北門福建路二八〇號		米	二〇、〇〇〇大包

附註　一九四八年四月該局局長金殿策報告稱：『正籌辦黃梅農場，并擬設立小北門榨油工廠』。此外該局在句容縣駱墅鄉野雞梁置有煤礦，但有產權糾紛。

（四）聯勤南京麵包工場　官佐卄八人

（五）聯勤第一被服總庫服裝修理所

負責人　所長陳建羽

地　址　三牌樓校門口

（３）汽車修造

廠　　名	負責人	官佐人數	廠址
聯勤四〇一汽車修理廠	（註）朱建霞	一七七	中央路大樹根
聯勤三〇一汽車修理廠	熊師舜	四五	三條巷文昌宮二號
聯勤二〇一汽車修理廠	徐更夫		
聯勤二〇二汽車修理廠	王傳疆	七〇	
聯勤第一汽車輪胎廠	吳士欣	一〇	
聯勤第九汽車修理廠		一八	
聯勤第一汽車保養團	吳大墉		
聯勤第一汽車保養團三營	李容觀		
聯勤第一汽車保養團四級游動修理廠	趙國昌		
聯勤第一汽車保養團器材連	徐世德		

（註）有廢車五五九輛

（４）其　他

廠　　名	負責人	官佐人數	地　　址
聯勤特勤署中國電影製片廠	袁留華	二〇一	

—19—

聯勤印製廠　　　　　　七〇

前中國陸軍總部印刷所	中山北路二〇九號
前軍政部首都臨時木工場	中山北路舊鐵道部內
前軍政部酒精廠	廣州路八十五號

四 交 通

（1）鐵 路

（一）交通部京滬區鐵路管理局南京辦事處

負責人　主任　顧毓琛

地　址　湖南路五六號

所屬機構

南京營業所 南京旅行服務所	經　理	張　明	太平路二四號
南京貨商服務所			
下關車站	總站長	許國慶	下關
南京渡輪站	副站長	路伯恩	
京錫運輸段			下關
南京工務分段			下關
南京電務組			下關
京錫警務段			下關車站三樓

〔附註〕京滬區鐵路管理局設上海，局長王兆槐，副局

長謝震，該局轄京滬、滬杭兩綫及淞滬支線側線。全綫長七三八公里，有機車一五八輛、客車四四五輛、貨車二，三〇〇輛。全線共有工人一三，四四四名，職員三九八七名，每月用煤約二三，〇〇〇噸。

京滬鐵路附屬事業

1.下關車站國際飯店

負責人：董事長　錢新之　常務董事　孫立巳　陳耆克　林勉之　董事　陳伯莊　曾世榮　李亦卿　秦曙聲　吳雙寅　經理　顧毓瑔　副經理錢國梁

地　　址：下關車站內

資本關係：上海國際飯店佔股權三分之二，京滬鐵路管理局佔股權三分之一

2.南京鐵路醫院

地　　址：三牌樓和會街五〇號

3.戚墅堰機廠

地址　無錫

修理能力　每月能大修機車九輛，中修六輛，小修五輛，修理改造客車五〇輛；修理貨車三〇〇輛以上（包括張華浜碼頭工場之修理貨車能力在內）。其修理機車能力，對本路所有機車尙能應付裕如，且有餘力替他路修理。

（二）交通部津浦區鐵路管理局

～21～

負責人　局長　陳舜畊
地　址　下關中山碼頭
所屬機構　營業所　　太平路二四二號
　　　　　下關營業處　下關中山碼頭
　　　　　材料處　　　浦口大樓三樓

車輛

一九四七年十一月浦臨段有可用機車一、二九輛。

浦兗段有客車一二八輛，可供使用者八一輛，又一九四七年二月浦兗段分得貨車一，八四三輛，其中一，七二九輛在使用中，同年三月又裝委聯總貨車一二〇輛，加入行駛。

在津浦路現僅極小部份歸國民黨政府控制下，上述設備數字當非國民黨所控制的數字。

津浦區鐵路管理局附屬事業

1.浦鎮機廠

地　址　慈悲社二號

職　工　一七六二名

設　備　有機車工場、鍋爐工場、機器工場、車輛工場、鍛工場、鑄工場、工機工場、整料工場，共有機器五〇五架。廠房面積二六，二〇六平方公尺。

生產量　A．修理能力　每月能修理機車九輛，客車八輛，貨車五〇輛。（一九四六年實際修理機車一〇六輛，客車九三輛，汽車六四四輛，大修汽車六三輛）

B．鑄造能力　能鑄鐵五五〇噸，銅

一〇〇噸

組織

工事組　下分運搬股，考工股，檢驗股，程序股。

總務組　下分文書股，事務股，人事股，出納股。

材料組　下分料務股，帳務股。

會計組　下分薪工股，成本股，簿記股。

設計組　下分計劃股，繪圖股，技術股。

2.浦口電力廠

地址　浦口

設備　有英國製一二五〇 K.V.A. 透平發電機一部，該發電機年限過久，機件陳舊，供應本路浦口浦鎮二地各單位的電光動力，尚嫌不足，須用首都電廠電源一部分補充。

組織　分工務股、事務股、業務股、會計股。

3.津浦輪渡　備有輪船數艘，銜接浦口下關。

（三）江南鐵路公司

負責人　代總經理周賢頌　副經理周延鼎

地　址　公司白下路九三號，南京辦事處下關車站

職　工　不到二〇〇人

路　線　全線自京滬線堯化門起至安徽產米中心孫家埠止，全長一九六公里，分為京蕪、蕪孫二段。

京蕪段（一九四八年十月一日通車）京滬線堯化門——中華門——采石——當

~ 23 ~

途——蕪湖。

蕪孫段（據一九四八年南京中央日報稱將於一九四九年春通車）蕪湖——宣城——孫家埠

車站　京蕪段有七個車站，蕪孫段不詳。

附註

江南鐵路是以民營面貌出現的國民黨反動派官僚資本的企業，其股東爲張靜江，李石曾等國民黨反動派所組織的世界社。當時參與該公司之創辦者除張靜江、李石曾外尙有張嘉璈、錢新之、葉琢堂、霍寶樹、曾養甫、周作民、杜月笙、張嘯林等人。

一九四七年度，宋子文曾計劃利用這條路修築一條京贛線，由南京經京蕪路接通南昌。不管將來對於股權怎樣處理，如何加以統一管理，應是重要的問題。

（四）交通部其他鐵路局駐京機構

交通部鐵路測量總處	珠口路七二八號
交通部京滬、津浦鐵路局招商局南京分局城北聯合辦事處	中山北路七一二號
交通部粵漢鐵路駐京通訊處	估衣廊六六號
交通部隴海鐵路管理局駐京辦事處	定竺橋梅園新村六號
交通部淮南鐵路駐京辦事處	淮海路三益里二號
交通部天水鐵路工程局南	中山北路九三八號

京辦事處

交通部中國長春鐵路警局　高門樓二七號

駐京辦事處

交通部浙贛鐵路局駐京辦　中山北路

事處

交通部閩贛鐵路測量隊　英威街四四號

附註

上列機構的材料係根據一九四七年南京電話本。

（2）公　路

（一）公路總局

負責人　方兆鎬

地　址　中山東路一七八號

白下路中正路口

國貨大樓

高樓門二八號

直屬機構　電訊總台　五條巷揭華里

第一機械築路工程總隊　中央路一四七

號

宿　舍　五台山五五號

廣州路八五號

（二）交通部公路總局第一運輸處南京分處

負責人

地　址　辦事處　梅園新邨四五號

林森路三〇六號

業務科、保養場　國府路三七三號

車　站　林森路三〇四號

修理廠　中山園路

中正路一四五號

行駛路線　南京至宜興　及南京至蕪湖二線

（三）交通部公路總局第一區公路工程管理局

負責人　局長　許××（據一九四七年電話本，住陶谷新村三號）

地　　址　南台巷十號之一

火瓦巷（舊南京寺）

所屬機構　公路總局第一區公路工程管理局辦事處　成賢街九二號

秣陵路青莊一號

寧滄村一號

公路總局第一區公路工程管理局南京修車廠　白下路一號

公路總局第一區公路工程管理局南京工程處　馬府街沙塘灣

公路總局第一區公路工程管理局孟淇工程段駐京辦事處　遊府西街六五之六號

公路總局第一區公路工程管理局京溧公務總段辦公處　昇州路四〇〇號

～ 26 ～

公路總局第一區公路工程管理局運輸處南京營業所	雍園一號

（四）公路總局其他機構

公路總局第三區公路工程管理局駐京辦事處	鼓樓四條巷九號
公路總局第四區公路工程管理局駐京辦事處	寧海路錢塘路一一號
公路總局第五區公路工程管理局駐京辦事處	陰陽營四七號之一
公路總局第六區公路工程管理局駐京辦事處	莫愁路天妃巷三號
公路總局第七區公路工程管理局駐京辦事處	西華門三條巷五七號
公路總局第二直轄運輸處駐京代表處	太平路四〇五號
公路總局第二直轄運輸處聯運站	挹江門挹江里一號
公路總局第三直轄運輸處駐京代表處	鼓樓新村八號
公路總局第四直轄運輸處駐京代表處	蘇州路一〇號
公路總局第八直轄運輸處駐京代表處	中央路蘆蓆營六三號
公路總局安徽省公路局駐京辦事處	丙子亭八五號

~ 21 ~

公路總局中國橋樑公司　　　　雙石鼓四二號

（3）航　運

（一）交通部國營招商局南京分局

負責人　局長　施××（據一九四七年電話本，住上海路永慶里一號）

副經理　文××（據上引電話本，住鼓樓三條巷二之四號）

地　址　下關江邊

所屬機構　營業所：下關大馬路一二〇號

大安躉船理貨部：江邊大馬路

宿舍，馬家街永新里一之四號

（二）其他交通部航運機構

交通部上海航政局南京辦事處　　下關商埠街一五七號

全國船舶調配委員會　　淮海路韜園二號

交通部長江區航政局南京辦事處

（三）官營碼頭（材料係根據一九四七年中華書局出版的最新南京地圖）

在長江右岸者：

京滬渡江碼頭

救生局碼頭

義渡局碼頭

招商碼頭

海軍碼頭

舊大阪碼頭

在長江左岸者：

港務處碼頭

津浦貨碼頭

舊大阪碼頭

官碼頭

津浦渡江碼頭

（4）空　運

（一）中國航空公司

南京辦事處　　大行宮東海路一一號

降落機場　　大教場機場，與明故宮飛機場

職員宿舍　　中山東路雨花巷一五號

外勤人員宿舍　　小火瓦巷二二號

附註　總公司設上海，總經理劉敬宜，全公司有『空中霸王』機六架，C－46式客貨機十九架，C－43式客機十一架，DC－3式客機十一架，職工四〇一六人。資本關係：一九四九年一月四日華商報稱，該公司總公司將遷台灣，機務組（包括飛機，指揮調派和修理）決遷台灣。

（二）中央航空運輸公司

南京辦事處　文昌巷大陽村一五號

南京站　　富民坊一七號

　　東海路一四號

南京發報電台　　大光路二五號

～29～

降落機場　　　明故宮飛機場
職員宿舍　　　四條巷康樂村三號
附註　總公司設上海，總經理陳卓林、副經理查鎮湖，全公司有C－47式飛機十四架，C－46式飛機二十三架，共計三十七架，職工一八二六人。一九四八年十一月消息，該公司有遷廣州企圖。

（5）電　訊

（一）南京電訊局
負責人　局長　許舜廷（住上海路一六三號）
　　　　副局長　李××（住大陽村一〇號）
地　址　太平路黨公巷三一號
設　備　市內電話五、四四三具
組　織　人事室
　　工務處，下設材料科、機械科、線路科、第一修養室測量台、第一修養室障礙台、第二修養室測量台。
　　業務處，下設話務科、長途電話台、長途電話詢問台，無線電話台、報時台、報務科、營業科。
駐局憲兵隊
本局駐防警衛隊
　營業處
太平路營業處　　太平路二一二號
新街口營業處　　中山路三號

中山北路營業處　中山北路二〇五號
昇州路營業處　昇州路三六五號
長樂路營業處　長樂路三三號
薩家灣營業處　薩家灣路七七〇號
下關營業處　大馬路四〇號
下關車站營業處　下關車站
黨公巷營業處　黨公巷三〇號
浦口營業處　大馬路一號

（二）電訊總局

負責人　局長　陳樹人　副局長　錢××　姜××

（據一九四七年電話本，姜住鼓樓車站九號）

地　址　薩家灣

組　織　祕書室、工程師室、工務處、業務處、供應處、財務處、會計處、總務處、人事室、視察室。

所屬機構　電訊總局駐國民政府通信組

電訊總局駐國防部快機班

（三）第二區電訊管理局

負責人　局長　安鐘瑞（住牯嶺路十九號）

副局長　王××　（住大陽村一七號）

地　址　許家巷

管轄範圍　蘇浙皖三省三百十八個電訊局

所屬機構　業務處在黨公巷

第三線務段在珠江路珠安里四二號

京銅段復線工程辦事處在湖南路三三五

號之四號

（四）國際電台南京支台

地　址　傅厚崗七號之一號、外交部報房

（五）交通部電訊機料修造廠南京通訊處（廠設四川）

地　址　薩家灣甲六號

（6）郵　政

（一）江蘇省郵政管理局

負責人　局長　傅德衛

地　址　下關大馬路　二條巷一七號

郵　局　建康路郵局	建康路
太平路郵局	太平路
昇州路郵局	昇州路彩霞街
新街口郵局	新街口
中華路郵局	中華路
三牌樓郵局	三牌樓
鼓樓郵局	鼓樓淵聲巷
廣州路五支局	廣州路
莫愁路支局	莫愁路二二〇號
小營支局	小營
薩家灣支局	黄家灣
黄埔路支局	黄埔路
孝陵衛支局	孝陵衛

陵園支局　　陵園

京滬車站支局　京滬車站

郵　亭　楊公井、山西路、白下路、內橋、中央路童家巷、珠江路、中正路中央商場等處。

鄉村郵局　湯山郵局、馬羣代辦所。

汽車行動郵局　第一號，第二號，第三號等三個單位。

（二）郵政總局

負責人　局長李清祿

地　址	總　　局	中山北路校門口
		下關大馬路
	業務處、聯郵處	建康路郵局
	會計處、視察室	白下路二〇九號

（7）其　他

交通部首都材料廠

負責人　廠長陳××

廠　址　浦口新炭場

五　倉　庫

南京公有倉庫，據不完全材料統計，共四四處；內屬聯合勤務總司令部者三一處，屬海軍部者一處，屬各其他各部會者一一處。屬美軍者一處。

～ 33 ～

屬聯總總部的倉庫——處屬該部直轄的南京供應局。該局係一九四七年三月由原十八分監部改組而成。局長金殿策。該局負責南京市匪各部隊機關的補給供應，有關該局的運輸業務，則受南京運輸指揮部（指揮官吉星福）指揮。

（1）聯合勤務總司令部所屬倉庫

名　　　稱	負責人	地　　址	備　　註
聯勤總部兵工署			
（一）第二軍械總庫	劉本源		駐有庫警大隊二中隊
（二）第三分庫			官佐十三人
（三）軍械第五儲備總庫			
聯勤總部經理署			
（四）第一被服總庫	王及翔	三牌樓	官佐一〇一人
（五）第一分庫	劉謀福		
（六）第三分庫	杜　李		
（七）第四分庫	沈春明		
（八）第一陸醫器材總庫			官佐四六人
（九）直屬南京調節倉庫		三牌樓	

(十)第三分庫		下關大馬路一〇四號	
聯勤總部工程署			
(十一)第一工程器材總庫			官佐二〇人
(十二)第一分庫			
(十三)第二分庫			官佐一四人
(十四)第三分庫			
(十五)第四分庫			官佐一三人
聯勤總部通信署			
(十六)通訊器材總庫			官佐八八人
聯勤總部運輸署			
(十七)第一交通器材總庫			官佐一二人
(十八)第十交通器材補給庫			
聯勤總部南京供應局			
(十九)第一軍械庫	趙彭劍	下關商埠街五五號	官佐八六人
(二十)第二軍械庫			官佐八六人

(二一)第一粮秣庫	王鎮藩	小北門	官佐一六人
(二二)第二粮秣庫	鄧鐘磬	中華門	官佐一六人
(二三)第三粮秣庫	董世純	下關	官佐一六人
(二四)第四粮秣庫	傅守銓	三牌樓	
(二五)第六二粮秣庫	赫德沅	浦口	
(二六)第六八粮秣庫	陳俊夫	浦口	
(二七)第一獸醫器材庫			官佐四七人
(二八)第一衛生器材庫			官佐四六人
(二九)第一被服廠總庫		三牌樓郵局隔壁	
(三十)聯勤總部直屬特種器材庫		漢中門外鳳凰街	官佐二六人
(三一)聯勤總部直屬器材庫			官佐一一四人

（2）海軍總司令部所屬倉庫

(三二)海軍部倉庫	中山北路鹽倉街

（3）美軍所屬倉庫

(三三)美軍倉庫	下關大興碼頭

附 錄 一

據一九四八年十一月四日南京中央日報所載，匪國防部合作總社承配武職人員香煙番號及應繳價款一覽表內有下列二個倉庫，並未表明係何種倉庫之分庫。恐與上述重複，附錄於此，以供參考：

聯勤總部第二分庫	官佐一四人
聯勤總部第三分庫	官佐一四人

按聯勤總部係蔣匪於一九四六年九月將原後方勤務總司令部及軍政部三軍實單位（軍需、兵工、軍醫三署）合併而成。以下倉庫係聯勤總部尚未成立前的情況，材料根據一九四七年南京電話本。聯勤總部成立後，這些倉庫當屬該部，但是否與上述倉庫重複，尚待考查，附錄於此，以供參考。

屬前軍政部者

軍政部軍需署南京儲備倉庫　石鼓路三三六號

軍政部兵工署第　儲備總庫　漢中門三四〇號
軍政部首都糧秣倉庫　下關大馬路
軍政部首都定淮門臨時倉庫　三牌樓定淮門
屬前後方勤務總司令部者
後方勤務總司令部第一軍械補給庫　奇望街二八三號
後方勤務總司令部第一糧秣補給庫　中山東路忠林坊二號
後方勤務總司令部第一被服補給庫　漢口門外鳳凰街六號
後方勤務總司令部第一衛生材料補給庫第三支庫　中山北路

（4）各部會所屬倉庫

（一）財政部中央信託局南京分局配售公教人員麵粉存粉倉庫　三叉河有恆麵粉廠倉庫
（二）中央信託局南京分局存貨處　長樂路一五五號
（三）交通部公路總局汽車器材總庫（一）　漢中路牌樓巷一〇號
（四）交通部公路總局汽車器材總庫（二）　中央路靈席營
（五）交通部公路總局汽車器材總庫南京器材庫　中山北路一九七號
（六）第二區電信管理局下關倉庫　下關

(七)工商部三井洋行倉庫　　莫愁路二六二號
(八)資源委員會中國石油公司南　下關
京儲油所
(九)糧食部儲運處南京總倉庫　鼓樓灊磐巷維慶里
(註一)
(十)　長江區糧食總庫　　下關大馬路
(十一)行政院善後救濟總署蘇寧分　白下路二一七號
署南京倉庫(註二)

附註:

(一)據一九四八年四月六日僞國民政府公報稱，該庫主任爲姚國棟。

(二)行政院善後救濟總署於一九四七年底宣告結束，其未了事項交由行政院善後事業保管委員會接管。

六　合作社

(一)首都消費合作社

負責人　總經理魯涵之

地　址　總社:　太平路一三五，一三七，一三九號

新街口分社:　新街口三號之三

昇州路分社:　昇州路三三二號

珠洲路分社:　珠江路六一六號

江蘇路分社：　　江蘇路四三號
中央路分社：　　中央路馬家街口
三牌樓分社：　　三牌樓
資源委員會分社：　三元巷一號
市政府分社：　　夫子廟
中央醫院分社：　黃浦路

簡　況　該社社員十二萬人，以南京公教人員爲對象，經營公教人員民生日用品配售業務。據一九四七年七月十五日中央日報，該社有機關分社二十餘單位，上刊僅三單位。

（二）聯勤總部官兵消費合作社

地　址　總社：太平路麟和里

簡　況　有社員二萬四千餘人，另有分社五，供應站四十六。

（三）南京市糧食消費合作社

負責人　籌委會主委　王　璐（市參議員）
總幹事鄭厚博（市社會局合作社主任）

簡　況　據一九四八年二月二日南京中央日報載，該社籌備委員會包括僞糧食部儲運處，社會部合作事業管理局，中央合作金庫，市社會局，市參議會，市合作社聯合社，行政院美國救濟物資處理委員會，南京市美國救濟物資處理委員會及首都民生日用必需品配售委員會。原有糧商代表參加，後以意見不合，退出。該社規定南京各戶戶長必須代表各該戶入社，準備在市區內設業務所三十至四十所。曾與僞南京市民食調配委員訂有契約，直接承配一九四八年三月至六月民調會戶口配糧。

（四）南京市合作社聯合社

負責人　鄭厚博（僞南京市社會局合作社主任），馮斌甲，傅還青。

（五）僞社會部全國合作社物品供銷處駐京辦事處

負責人　主任　朱延本

地　址　中山路三號之三

七　敵僞產業

南京區敵僞產業，主要爲房地產，其次爲工廠。

（1）房　地　產

依據一九四六年十月十三日南京中央日報載中央信託局南京分局經理丁世祺稱，截至當時爲止，由匪方接收的敵僞房屋共計三七一幢（內敵產一四〇幢，逆產二三一幢）。再據一九四八年十月六日同報稱，南京區敵僞房地產，僅漢奸房屋一項，即達三八〇餘幢。可知南京區（已知包括江寧、六合）僅敵僞房屋一項至少有五二〇幢。據不完全的材料，這些房地產的處理情形爲：

（一）有六〇幢房屋於一九四五年底--一九四六年初

由匪中國戰區中國陸軍總司令部經手，分配予美軍及各國使館等居住，已知其中二幢被匪中信局標售在附表二內列出又一幢（在附錄三內列出）與附表三重複（在附表三列出），茲將其餘五七幢列爲附表一，以供參考。

（二）有漢奸花園洋房十二幢及里弄房屋七十六幢，經匪政府認爲確無產權糾紛，可予標售。十二幢洋房的標售公告見於一九四八年十月六日南京中央日報，即下述附表二。這十二幢洋房中的十一幢原與附表三的原材料重複，已從附表三中抽出。七十六幢里弄房屋的標售公告，尙未發現，地址不詳，按照十二幢洋房有十一幢與附表三重複的情形估計，這七十六幢房屋可能有很多包括在附表三內。

（三）一九四八年七月十八日南京中央日報刊載中央信託局蘇浙皖區敵僞產業清理處南京分處公佈漢奸房地產淸單一批。據該處聲明，這一批漢奸房地產的原產權圖證都未交出，爲了防止偷讓或私售，特公佈將這些房地產的原產權圖證作廢，並指出這批房地產中，有一些爲漢奸與他人共有產業或爲典賃房地。並有爲國民黨反動政府判决無罪的漢奸房地。這一淸單除附表一、二已列者外，計房屋及房地二六三處（不包括浮房，典房，草房，田房及江寧縣，六合縣，湯山鎮的房屋房地，列爲附表三，以供參考。

（四）有八三幢撥交匪行政院房屋配建委員會處理房屋地址不詳，亦可能包括在附表三內。

敵僞房地產除上述十二幢洋房及七十六幢里弄房屋外，其他的也陸續有標售，但是由於這些房地產多被匪首或匪之機關佔用，產權又甚複雜，一般私人多不敢購買，所謂標售，結果往往仍爲匪首或匪之機關佔有，或者由他們廉價購得，所以敵僞房地產絕大部份，仍在匪政府手中。

（2）敵僞工廠

據香港出版一九四七年中國經濟年鑑所載國民黨政府全國接收事業委員會的報告，自抗戰結束至一九四六年五月止，匪在南京共接收了敵僞工廠二十八家，（內冶鍊二，機器二，電器一，化學十六，飲食三，印刷一，其他四）。另據一九四六年五月匪中國戰區中國陸軍總司令部受降報告書所載，由匪經濟部蘇浙皖區特派員駐京辦事處接收的南京市敵僞工廠企業，共計二十二家，當係上述二十八家工廠的大部，今將該二十二單位列表於後，即下面的附表四。

（3）敵僞產業處理機構

（一）行政院敵僞產業處理委員會

負責人　主任委員原爲何浩若，一九四九年一月由張肇元繼任。

（二）中央信託局蘇浙皖區敵僞產業清理處南京分處。

負責人　高鋆（一九四七年七月材料）

地　址　太平路三三九號

（三）中央信託局代理出售南京敵僞物資財產委員會。

地　址　中山東路一七八號

附表一

一九四五年底，一九四六年初由匪中國戰區中國陸軍總司令部經手，分配予美軍及各國使館等居住的五十八幢房屋（已由匪中央信託局蘇浙皖區敵僞產業清理處標售的二幢參閱附表二）

地　點	機關名稱
中央飯店	美軍總部
首都飯店	同　上
國際聯歡社一部份	美紅十字會
前日本中學	美軍總部
三牌樓	同　上
青島新村	美國空軍第五大隊
上海路七十三號	同　上
薩家灣九號	美軍失蹤人員調查處
頤和路一五號	美軍總部高級人員宿舍
頤和路一七號	同　上
頤和路三二號	同　上
寧海路五號	戴維斯參謀長住宅

牌樓巷五〇號	美國軍事代表團
牌樓巷三八號	同上
北極新村一——四號	同上
陰陽營四——五號	同上
中山東路前日本株式會社	美軍士兵俱樂部
北秀村六號	美使館海軍武官處
寧波路一號	同上
寧波路一號甲	同上
百子亭五二號	法國大使館
湖南路一五、一七號	比利時大使館
中山北路四四六、四四八號	土耳其大使館
牯嶺路一〇、二四號	澳國大使館
珞珈路二〇號	澳國大使館
湖北路二三三號	荷蘭大使館
傅厚崗九號之一	瑞典大使館
天竺路一五號	墨西哥大使館
寧海路一一號	捷克大使館
寧海路一四號	巴西大使館
中央路中央新村一號至四號	印度專員公署
傅厚崗九號	伊蘭大使館
祠堂巷二十號之四、二十	

號之五	葡萄牙使館
陶谷新村三號	祕魯大使館
傅厚崗七號	意大利大使館
陰陽營六三號	瑞士大使館
傅厚崗三八號	加拿大大使館
成賢街九二號	波蘭大使館
成賢街九四號	阿根廷大使館
頭條巷七號	蘇使館武官處
大方巷一二號	英國軍事代表團
大方巷二〇號	蘇聯大使館
五條巷一·四巷	挪威大使館
中山北路二〇四號	蘇使館武官處
靈隱路一·五號	同　上
上海路一號	美辦金陵神學院
左所巷四號十九號	同　上
銅銀巷九、十一號	同　上
漢中路一六八號	同　上
校尉營一一號	同　上
慈悲社九號	金陵女子神學院
銅銀巷一五號	金陵女子神學院
天妃巷四八號	美國長老會
莫愁路五四號	美國長老會
單牌樓二號	美國來復會
寶泰街七號	美國來復會

石婆婆巷十四、十六號　美國來復會

附表二

一九四八年十月六日南京中央日報載，匪中央信託局蘇浙皖區敵僞產業清理處南京分處標售的十二幢花園洋房。

（一）北平路六六號	李聖五之逆產，未繳原產權圖證。一九四五年十一月曾由匪中國戰區中國陸軍總司令部外事處移交美軍戰略司令部佔用。
（二）珞珈路二一號	岑德廣之逆產，未繳原產權圖證
（三）西康路二七號	陳國琦之逆產，未繳原產權圖證
（四）西流灣七號	周佛海之逆產，未繳原產權圖證
（五）西流灣八號	周佛海之逆產，未繳原產權圖證
（六）頤和路六號	汪叔梅之逆產，未繳原產權圖證，一九四五年十一月曾由匪中國戰區中國陸軍總司令部外事處經手，爲美軍麥克魯司令官佔用。

～ 47 ～

（七）鼓樓三條巷十三號	韓文炳之逆產，未繳原產權圖證
（八）四衛頭十六號之一號	王懷立之逆產，未繳原產權圖證
（九）中山東路四三號	葛亮疇之逆產，未繳原產權圖證
（十）沈舉人巷二〇號	周緯之逆產，未繳原產權圖證
（十一）陰陽營六之三號	已繳產權圖證
（十二）新街口四號	葉開疆之逆產，計二處，未繳原產權圖證

附 表 三

下列爲未繳原產權圖證的漢奸房地產淸單，其中所列房地產可能有屬共有產業，或典賃房地，漢奸名單範圍亦至爲廣大，這二點處理時値得注意：

漢奸姓名	產別	逆產地址	附 註
梅思平	房地	石婆婆巷四九號	
褚民誼	房地	頤和路三四號	一九四六年一月曾由匪中國戰區中國陸軍總司令部外事處經手，被美軍佔用爲美軍

			軍官俱樂部，現況不詳
褚民誼	田地	湯山坟頭村烏龜山	
褚民誼	田地	中山東路九板橋東北半里	
楊建中	浮房	惠民橋五九號六〇號	計二處
周學昌	房地	丹鳳街一四六號	
〃〃〃	〃〃	止馬營一〇六——一一〇號	計三處
〃〃〃	基地	山西路江蘇路轉角	
周學昌	基地	上海路陰陽營	
王益之	房地	白下路一五九，一六一，一六三，一六五，一六七號	計五處
鄧祖禹	〃〃	白下路二四二號	後門牙巷新五號
顧大椿	〃〃	中華門外二三號鉅大銀行	
岳子章	田地	柳州州地	
〃〃〃	房地	大石壩街四〇號	
〃〃〃	〃〃	太平洋餐廳東邊二一號	
周隆庠	〃〃	牯嶺路三四號	

徐國珂	房地	內橋灣五六號	
凌　馨	〃〃	大光路大光東村一至	
		二二號	計廿二處
〃〃	〃〃	大光路大光新村一至	
		五〇號	計五〇處
陶保晉	〃〃	湯山陶廬	
〃〃〃	基地	貢院西街一九號	
〃〃〃	〃〃	貢院西街一九號之四	
		至八	計五處
〃〃〃	房地	貢院西街一九號之九	
		及二一號	計二處
〃〃〃	基地	夫子廟市場二一三號	
		之一至十，十一，	
		十三，十八，十九，二	
		七，二八，二九，三〇，	
		三一，三二，三三，三	
		五，三九，四〇，	計二十四處
陶保晉	基地	夫子廟市場二一五號	
楊班侯	房地	泥馬巷五，七號	計二處
陳國琦	基地	泥馬巷二號（一部分	
		基地）	
傅勝藍	房地	內橋灣六四號	
金宏義	浮房	中華路四六三號大同	
		銀行	

金宏義	房地	中華路一九二號四七五，四七七，四七六號	計四處
唐少侯	〃〃	湖南路五一〇號	
〃〃〃	〃〃	平江府街聯合商場	
〃〃〃	基地	湖北路八九號	
〃〃〃	房地	沙塘園七號	
羅華堂	〃〃	上新河棉花堤三〇號	
秦墨哂	〃〃	白鷺洲東花園二六號	
〃〃〃	〃〃	珠江路六六〇，六六二，六六四，六六六，六六八號	計五處
嵇儲慶	〃〃	西康路一號	
童國忠	〃〃	長樂路二二五號	
劉開發	浮房	循香里一四七號	
沈秀友	〃〃	中華門外簽灣街四四號	
顧寶衡	房地	八寶前街六四號之一	
〃〃	〃〃	鼓樓五條巷西街十九號	
呂振揚	〃〃	漢中門外鳳凰東街三九號	
陳善貴	〃〃	西善橋通惠里三九號	
葛亮疇	〃〃	香舖營八，十號	計二處
〃〃〃	〃〃	下浮橋二，四，六號	計三處

黄亮疇	房地	柳葉街一三六，一三八號	計二處
〃〃〃	〃〃	中華路七五號	
張惕勤	〃〃	淮海路一四五號	
吳振華	典房	泥馬巷踹布坊三號	
〃〃〃	房屋	〃〃〃〃〃〃二一號	
吳震修	房地	白下路祥瑞里五，六，七，十二，十三，十四號	計六處
關仲義	〃〃	下關寶善街，一七三，一七五，一七七號	計三處
趙正榮	浮房	白下路一五四號後進浮房	
〃〃〃	〃〃	白下路一三二號	
潘俊滔	房地	明瓦廊八號	
楊重華	房地	三條巷聚槐村六號	
柳正利	典屋	磊功坊二九號	
袁德新	房地	珠江路五三一號	
李慧濟	〃〃	湖南路一三二號	
徐日永	〃〃	飲虹園一號	
張立成	〃〃	四條巷仁壽里三四號	
王樹柯	〃〃	平江府街一三號	
孔經武	〃〃	下關名士埂三六	

		——三七號	
孔繹武	房地	下關名士埂四七——五八號	
趙鏡錦	〃〃	明瓦廊七二號	
周佛海	〃〃	西流灣七號八號	計二處
李長江	〃〃	紅花地六號及六之四，五，六號	
〃〃〃	〃〃	一枝園五四號	
〃〃〃	〃〃	莫愁路二一七至二一九號之一	計三處
李景春	〃〃	大石橋荷葉巷二四號	
李尙淸	〃〃	長生同三六號	
周元章	房地	珠江路花紅園一八，二〇，二二，二四號	計四處
黃　郛	〃〃	慧圓街一二號	
張人傑	〃〃	鈔庫街六二號	
〃〃〃	〃〃	中華門外西街上碼頭一三號	
〃〃〃	基地	信府河一三三號	
胡正剛	房地	螺絲轉灣三二號	
周　緯	〃〃	慈悲社二〇號	
程萬軍	〃〃	一枝園三八號	

～53～

武禧齋	房地	鴛鴦橋四號	
聶子江	草房	三牌樓狗兒巷二三號	
〃〃〃	〃〃	〃〃〃斜橋二三號	
顏樂才	房地	木匠營十二號	
〃〃〃	〃〃	花露崗七三號	
楊惺華	〃〃	高樓門六號	
〃〃〃	〃〃	國府路二三二，二三四，二三六號	計三處
畢輔良	房地	鼓樓新村八號	
羅君强	基地	中山門外首宿新村	
高鎭華	浮房	太平路一九六號	
劉相圖	房地	三條巷一〇，一二號	計二處
高雲階	〃〃	堆草巷一三號	
常玉清	浮房	貢院街國際飯店	
〃〃〃	房地	祠堂巷五號	
〃〃〃	田地	江寧縣孟北鄉	
張四郎	房地	建康路五五二號	
畢正清	浮房	下關三汊河石梁柱二二一——二二六號	
〃〃〃	〃〃	下關三汊河北新河村七號	

畢正清	浮房	下關復興街六號	
〃〃〃	草房	下關寶善街二六號	
〃〃〃	浮房	下關姜家園一五三號—— 一六〇號	
陳 犖	房地	頤和路二號之一	
范宏濤	〃〃	下關姜家園五九號	
蔡良弼	房地	丹鳳街十四號	
趙公瑾	〃〃	門東邾家橋五，六號及五號之一	計三處
王家鑫	〃〃	鈔庫街十四號	
鄒耀宗	〃〃	四條巷一六七號	
黃再興	〃〃	林森路三三一號	
〃〃〃	〃〃	尖角營四五，四六號	計二處
鍾劍魂	基地	傅厚崗十六號	
鍾洪燊	房地	甯海路四四號	
王敏中			
李文賓	〃〃	虎踞關西倉六號	
蔣鎮東	〃〃	黃鸝巷五三，五四號	計二處
王耆圭	〃〃	西華門四條巷一二八，一三〇，一三二號	計三處
蘇加興	〃〃	湯山後村	

— 55 —

張夢南	房地	貢院東街五六號	
〃〃〃	〃〃	柳葉街九八號一二八號	計二處
〃〃〃	〃〃	門東龍泉巷二號	
梅兆頤	〃〃	大黨家巷二一號	
俞　楼	房地	天目路十九號	
翟家義	〃〃	江寧縣義記糧行	
〃〃〃	〃〃	〃〃〃翟記原有住宅	
〃〃〃	田地	〃〃〃銅井劉村永興圩	
〃〃〃	〃〃	〃〃〃〃〃三村圩上段	
〃〃〃	〃〃	〃〃〃〃〃裘家圩	
〃〃〃	〃〃	〃〃〃牧龍鎮趙家圩	
〃〃〃	〃〃	〃〃〃第二區國林鄉上磚牆村	
〃〃〃	〃〃	江寧縣第二區和寧鄉佛來村山凹村	
〃〃〃	〃〃	江寧縣第二區和寧鄉金圩及前頭圩	
〃〃〃	〃〃	江寧縣第二區和寧鄉王家圩	

霍家義	田地	江寧縣第二區和寧鄉新圩
〃〃〃	〃〃	江寧縣第二區和寧鄉二府八府莊等處
〃〃〃	〃〃	江寧縣第二區正寧鄉河中村
〃〃〃	〃〃	江寧縣陸郎鎮下溪村
〃〃〃	〃〃	〃〃〃〃〃後城村
〃〃〃	〃〃	〃〃〃〃〃石門村禪居寺等處
金中鈞	房地	江寧縣上峯鄉周家邊
〃〃〃	田地	〃〃〃〃〃〃
〃〃〃	〃〃	〃〃〃青林鄉
鄒士霑	房地	江寧縣鶴齡鄉湄塘村
〃〃〃	田地	〃〃〃〃〃〃〃〃
馬子河	房地	豐富路三〇七號
景宗五	〃〃	內橋灣四〇號
〃〃〃	〃〃	中山東路三〇七號
程則周	〃〃	湯山鎮
〃〃〃	田地	〃〃〃寺莊
〃〃〃	〃〃	〃〃〃東山

—57—

周之聖	房地	六合北門大街九三號	
〃〃〃	田地	六合新橋鄉八甲謝莊	
王成榮	房地	水西門外橋西大街八三號	
袁靜齋	基地	長樂路三四〇號	
程朗波	房地	建康路四六〇號	
陳能鈺	草房	江寧縣西塘角村	
〃〃〃	田房	〃〃〃〃〃〃〃	
趙維叔	浮房	平安巷一號之一	
〃〃〃	〃〃	昇州路二九二，二九四號	計二處
〃〃〃	房地	〃〃〃一八七號	
奚纘卿	〃〃	江寧縣秣陵鎮路家巷	
〃〃〃	田地	秣陵鎮第四保西圩	
陳華柏	房地	乾河沿三號	
白雲樵	〃〃	秣陵路一九三號	
〃〃〃	〃〃	太平路一〇八，一一〇號	
黃凱吾	〃〃	臧家巷四維新邨十二號	
王克忠	〃〃	安將軍巷三八號	

陳長有	房地	大油坊巷十六號	
〃〃〃	〃〃	中華門外西街八五號	
饒　奎	〃〃	磨盤街四〇號	
〃　〃	〃〃	評事街一四一號	
岳雲亭	〃〃	長樂路三七號	
唐松亭	〃〃	秣陵路桃園	
楊叔丹	〃〃	上海路四六號	
姜　桓	〃〃	慈悲社六號	
陳光祺	房地	江寧縣牧龍鎮	
〃〃〃	田地	〃〃〃〃〃〃	
胡競義	房地	三條巷仁義里仁義坊一至一八號	計十八處
蔡　培	基房	沙塘園二十四號	
韓春第	房地	石鼓路三一號之一	
潘　寧	〃〃	湖南路一一三號	
〃　〃	〃〃	高門樓一三號	
〃　〃	〃〃	天目路西康路四〇號	
〃　〃	〃〃	高門樓五、六號	計二處
〃　〃	〃〃	湖南路一五一、一一一號	計二處
〃　〃	〃〃	獅子橋一四、一五號	計二處

王承典	房地	保泰街六二、六四號	計二處
胡逸民	〃〃	吉昌里一、二、三四號	
閔永安	〃〃	建業路一一號	
周伯衡	〃〃	江寧縣孟北鄉第六保周冲村	
江亢虎	田地	上新河雙閘鎮	
林柏生	〃〃	江寧鄉一區岔路鎮	
〃〃〃	〃〃	〃〃〃東山鎮	
〃〃〃	〃〃	〃〃〃上峯鎮	
程建民	房地	東文正橋街八號及八號之四	
〃〃〃	〃〃	文正橋街六號	
楊際春	〃〃	糖坊橋五五、五七號	
張永清	〃〃	白下路八三號	
王　傑	〃〃	韓家巷十五號	
徐晴宇	〃〃	湖南路三三一號	
呂必鋼	〃〃	金沙井四三號	
〃〃〃	〃〃	〃〃〃四五號	
〃〃〃	〃〃	建康路六九號	
繆鳳池	〃〃	水西門外南傘巷十三號	

吳桀奎　浮房　東牌樓五洲旅社

附表四

下列爲匪經濟部蘇浙皖區特派員駐京辦事處所接收的二十二家敵僞工廠一家企業。

名　稱	地　址	備　註
永利公司硫酸錏廠	浦口卸甲甸	已發回原主，見南京重要工商業部份
首都電廠		。見公用事業。
有恆麵粉廠		見南京重要工商業部份。
僞實業部酒精廠	登隆巷一五號	
太平產業酒精廠	太平門御史廊一號	
三菱興業第二酒精廠	白下路二六二號	
中華理化學工業南京酒精廠	漢中門外二道梗子街普豐麵粉廠內	一九四六年十二月被標售是否已售出，不詳。
三河穀產工業酒精製造廠	廣州路收兵橋一號	
三菱興業第一酒精廠	馬路街三六號	一九四六年十二月被標售，是否已售出，不詳。

南京農產化學工業酒精廠	通濟門外	
建隆酒精製造廠	黃家塘六〇號	
太平產業汽水酒精廠及醬油廠	西華門三條巷	
富士鐵工所及其倉庫	糖坊橋六〇號	
王河穀產工業精米廠	廣州路清涼山下	
義合東磚瓦廠	和平門外東門村四〇號	
天津磚瓦廠	和平門外邁高橋	
華中豐田自動車工業公司	中山北路一八八號	
利生棉花紡織廠民生紡織機製造廠	豐富路	
和興機器造船廠	三叉河大街三十一號之二十四	
安平造船廠	浦口	
三井洋行木材存儲廠	漢中門大街六號之一	
建興洋行（軋麥片	碑亭巷二三五	一九四六年十二月

製麵條工廠）	號	被標售，是否已售出不詳。
中興煤礦公司		已發還原主，見南京商業燃煤部份。

第七 逆 產

就已知材料，經我黨正式或非正式宣佈爲戰犯的各戰犯產業有如下企業五單位及住宅四十五處。所列住宅，是否全係各該戰犯私有，待查。因這一部份材料，係從一九四七年南京電話本找出，電話本上僅載其爲各該戰犯住址。

一 企 業

（一）首都電廠	（屬宋匪子文的中國建設銀公司，並有官股，見公用事業）
（二）淮南路礦公司	（屬宋匪子文的中國建設銀公司）
營運處	管家橋三三號（漢中路）及太平路一一九號
運輸組	下關煤炭港
南京煤廠	下關煤炭港

浦口煤厰　　浦口二號碼頭

此外該公司並備有飛鍵小輪及木駁

（三）南洋兄弟烟草公司南京發行所（屬宋匪子文的企業，地址不悉）

（四）楊子建業公司南京分公司（屬孔匪祥熙的企業，地址不悉）

（五）玄武湖濱地合作農場　據一九四七年九月十五日出版合作供銷通訊稱：中央委員劉健羣等，爲利用玄武湖環湖空地，集合農業技術人員六十餘，以合作方式組織合作農場，大規模經營蔬菜、園藝、畜牧等業，以供京市之廣大需要，現正呈請主管機關登記中，該場股金爲一億五千萬元，短期內卽可開始經營。

二　戰爭罪犯住宅

蔣介石　　黄埔路

陳　誠　　靈隱路四號

白崇禧　　成賢街藍廬九號

　　　　　大悲巷四六一號

何應欽　　漢口路鬥鷄閘

　　　　　西流灣八號

　　　　　普陀路八號

顧祝同	頤和路三十號
薛　岳	江蘇路十五號
衞立煌	上海路永慶里五號
周至柔	瑯琊路九號
王叔銘	傅厚崗青雲巷十七號
杜聿明	中山北路新泉里十一號
湯恩伯	珞珈路五號
李品仙	成賢街蘭園九號
張　鎮	牯嶺路三四號
孫　科	武夷路七號
宋子文	北極閣
	薩家灣二號
孔祥熙	傅厚崗六九號
翁文灝	瑯琊路十七號
吳鐵城	頤和路九號
	四條巷仁義坊十六號
吳鼎昌	劍閣路十九號
	板橋新村十八號
張厲生	上乘庵三七號之一
朱家驊	赤壁路十七號
	東門街二十一號
王世杰	中央路一八九號
徐　堪	傅厚崗三〇號
王雲五	鼓樓頭條巷六號

俞大維　　南祖師庵七號
洪蘭友　　秣陵路二三一號
劉健羣　　金銀街十號
陳果夫　　常府街四八號
陳立夫　　藍家莊二號
陶希聖　　田吉營一三二號
鄧文儀　　大悲巷十三號
黃少谷　　沈舉人巷六二號
張道藩　　合羣新村一號
蔣經國　　馬路街復成新村十七號
鄭彥棻　　中山北路興業村七號
桑　菁　　高門樓十六號之六
陳啓天　　普陀路九號
于　斌　　石鼓路天主堂

第八　公用事業

南京公用事業，計有京市鐵路、首都電廠、南京市自來水廠、首都汽車公司及江南汽車公司諸單位，市內電話屬交通部南京電訊局，見第六官營事業及公產的交通部分。

和上海不同，南京的公用事業都是控制在官僚資本手裏。京市鐵路爲官辦；首都電廠宋匯子文的中國建設銀公司佔股百分之七十，僞經濟部佔股百分之三十；南京市自來水廠爲官辦；首都汽車公司僞市政府佔股百分之四十，『銀行企業家』佔股百分之五十八，後者大部份亦爲官僚資本；江南汽車公司的董事則屬於張靜江、李石曾及吳稚暉等國民黨反動派所組織的世界社。

這些官僚資本企業中有的已與帝國主義發生了關係，如首都電廠有美帝經濟合作總署的貸款，自來水廠有外人毛理爾參加設計。

（一）京市鐵路（屬僞交通部）

負責人　京市鐵路管理處處長　齊尊周

地　址　管理處：下關熱河路三二〇號

　　　　車　站：下關車站

　　　　　　　　三牌樓車站

　　　　　　　　新菜市車站

　　　　　　　　鼓樓車站

　　　　　　　　國府車站

　　　　　　　　白下路車站

　　　　　　　　武定門車站

　　　　　　　　雨花台車站

起　訖　由下關至中華門，長二十餘公里

　　　　機　車　六輛

　　　　客　車　二十二輛

（二）首都電廠

負責人　廠長　陸法曾

地　址　發電所：下關中山碼頭

　　　　總辦事處：中山東路五十八號

　　　　辦事處：西華門逸仙僑

工人數　三三五人

設　備

有鍋爐四隻，發電一萬基羅瓦特的兩隻，五千基羅瓦特的兩隻，共能發電三萬基羅瓦特。但因這些鍋爐均用四十餘年，其中一二號鍋爐損蝕很重，一隻一萬基羅瓦特的鍋爐，全部壞掉，經修理後，只能發電五千基羅瓦特，故四隻鍋爐只能發電二萬五千基羅瓦特。此外於一九四八年三月增裝二千基羅瓦特發電機三部。

b.一九四七年三月該廠向美國訂有三萬五千瓩之鍋爐一隻，一九四八年還準備再向美國訂一個五萬基羅瓦特鍋爐，兩鍋爐預計於一九五〇年才能運回。

發電容量　　三一，〇〇〇瓩

最高負荷　　二七，二〇〇瓩（一九四八年六月材料）

發電度數　　一〇，九二八，一九二度（一九四八年六月材料）

資本關係　　中國建設銀公司握有百分之七十的股權，經濟部握有百分之三十的股權。該廠係清末官費設立，民國後屬江蘇省政府，後移交南京市政府，一九二八年由國民黨反動政府接收，一九三七年以百分之七十股權賣與建設銀公司，由建設銀公司所屬揚子電氣公司經營。一九四八年與該公司所屬的戚墅堰電廠，漢口既濟水電公司合得美帝經濟總署中國分署一千二百萬美元的貸款，並以美商慎昌洋行爲設計工程公司。

（三）南京市自來水廠

負責人　　自來水管理處處長　吳杭勉

地　址　　水　廠：北河口水廠

蓄水池：清涼山

壓水站：下關、中山門、北極閣、大光路

管綫股：貢院街四十五號

自來水管理處：貢院街四十五號

工人數　　二百餘人

設　備

a.引水方面：一，二〇〇公厘進水管一道。抽水機四具，其中六十八匹馬力者三具，二五〇匹馬力者一具。四部抽水機每天可引水八萬公噸，因機器陳舊，現每天只能開動三部，吸水量在七萬公噸以下。

b.淨化方面：有混合池二座，沉澱池兩座，總容量爲七，〇〇〇公噸。快濾砂池六座，每日可濾水六六，〇〇〇公噸。二，七〇〇公噸容量的清水池一座。

c.輸水方面：高壓打水機四具，三〇〇匹馬力者三具，八〇〇匹馬力者一具，每天可輸水約七萬公噸。

另有四個壓水站。

該廠因機器使用日久，設備不數，負荷已達飽和點用水量往往超過額定水量，因之較高地區，如下關鼓樓等地，時常發生斷水現象。曾計劃於一九四八年底提高出水量爲八千公噸，另成立設計室，請外人毛理爾參加該廠工作。

出水量　每日六萬七千噸

用水人口　八，八七三戶（一九四八年六月）

（四）首都汽車公司

負責人　總經理　王世圻
　　　　代經理　齊尊周
　　　　協　理　蔣漢文

地　址　建業路二號（爲南京市公共汽車管理處地址，該處是否爲首都公司前身，待查）

工人數　五〇八人

車　輛　一百一十餘輛

資本關係　據一九四八年三月僞南京市第一屆第五次參議會上參議員傅臣平稱：『首都汽車公司，現除市府佔官股百分之四十外，銀行企業家佔百分之五十八，人民股權僅百分之點二』。

（五）江南汽車公司

負責人　董事長　張靜江

董　事　吳稚暉　李石曾　吳琢之

經　理　吳琢之（兼）

地　址　總公司　中央路五九九號

工人數　一千一百餘人

車　輛　共三百輛（包括在市內行駛的公共汽車及長途汽車）在市面行駛車輛於一九四八年十月減至二十八輛。

其他設備　保養廠一所，能製造車身，修理車胎及製造配件。

路　線

（1）一路——建康路⇄下關車站

（2）三路——建康路⇄山西路

（3）東郊車——漢中路⇄孝陵衛

（4）西郊車——淮海路　螺絲橋（現由水西門起至螺絲橋）

（5）北郊車——淮海路⇄燕子磯

淮海路⇄和平門車站

公司簡史　該公司於一九三一年，創立於南京，一九三三年與南京市政府訂約，取得專營權十年，抗日戰爭爆發，撤離南京，實際營業爲四年。日本投降後，該公司復與僞南京市政府交涉，請求恢復戰前合同，據一

～ 71 ～

九四八年一月三十日中央日報，稱僞市政府擬與該公司及首都分別訂立合同，以十年爲期。

（六）中央汽車公司

（七）堅行汽車公司

以上兩公司，據一九四八年一月三十一日中央日報，稱僞市政府工務局擬請其行駛市內第二十一路。

〔附〕戚墅堰電廠

負責人

地　址　發電所　無錫戚墅鎮西首

總辦事處　無錫公園路二十八號

常州辦事處　武進少營前二七號

丹陽營業所　城內中市大街

工人數

設　備

a.鍋爐共六座：計水管式鍋爐四座，蒸發量爲每小時最高一萬公斤，現頗陳舊；每小時蒸發二萬至三萬公斤之鍋爐一座和每小時能蒸發八八，〇〇〇至一一〇，〇〇〇公斤之六號鍋爐一座。

b.助燃設備：有每分鐘九〇〇立方公尺之送風機一具及每分鐘一，五〇〇立方公尺之吸風機一具。

c.發電機共五座：計汽輪發電機三座（發電量均爲三，二〇〇瓩），其中二座因使用太久，現已不用。

AEC發電機一座，能發電七，五○○瓩。另有二，五○○瓩之火車發電機一具。另該廠於一九四七年曾向聯總購得二，五○○之汽輪發電機全套，計於一九四八年卽可裝竣。

D、進水泵共四部，二部係由一五○匹馬力電動機拖帶，一部爲一五○匹馬力小型汽輪機拖帶，另一部係電動機驅動。並有蒸發器三具，總蒸發量爲二，○○○公斤，此器已陳舊不用。現使用者爲每小時能蒸發六，六○○公斤冷水之新式蒸發器二具，並附設溫水器一具及洩氣器等。

E、凝汽器　有舊汽輪機二部，各裝有凝汽器一具及八五馬力小型汽輪機拖引之冷水泵和抽空器機各一部。AEC三號汽輪機裝有電動機拖引之冷水泵兩部。四號凝汽機附設水泵二具，一具爲電動機拖引，另一除用電動機拖引外，還裝一小汽輪機一部，如電流斷絕，小汽輪機卽可開動。

F、控制室　位於發電室之旁，裝有控制台五座（每座發電機有控制台一座）電壓高低，機速快慢均可由台上控制。電壁十五扇，凡發電所輸電線及配電線，線路之各種指示表及手開關等，均置壁上。

G、變壓間　有變壓器八具。

H、輸電線　向常州者有：一號線由發電所西行沿京滬線至常州東門止，長八・四○二九公里。二號線由電廠至常州小南門，長一○・五九四公里；常州東門至南門線長四·七公里；由常州東門至丹陽線長四十里公里。

往無錫方面者有：二號線由發電所沿運河南岸至無錫西門外長二·六公里。一號線由發電所依鐵路北面至無錫惠工橋長三〇·三公里；由惠工橋至慶豐紗廠線長三·四一公里；自惠工橋至外吊橋亦有連絡線三·九公里。

I、變壓所　常州到丹陽有六所：

a常州南門變壓所

b常州東門變壓所（裝有往丹陽輸電線之總油開關）

c奔牛變壓所

d丹陽紗廠變壓所（供丹陽紗廠用）

e陵口變壓所

f丹陽變壓所

無錫方面有三個變壓所，另有二所爲工廠專用。尚有新建立之一所，地址不詳。

a惠工橋變壓所（裝有同步機一具）

b慶豐變壓所（慶豐紗廠專用）

c麗新變壓所（麗新布廠專用）

d洛社變壓所

e吊橋變壓所

J、有鐵路三里，戚墅堰車站運煤列車可直達發電所煤場。然後由運煤器運至高十八尺之處，再達容量二五〇噸之煤倉。並有長達一里之循環水溝。

發電容量　一三，三〇〇瓩

用　　戶　大電力用戶有十餘家，和該廠直接訂約的有：無錫的慶豐紗廠，麗新布廠及其他麵粉廠米廠等。常州方面有，大成紗廠，民豐紗廠，成餘麵粉廠等。丹陽有丹陽紗廠，小工業如鐵廠，碾米廠，油廠等。並負責常錫兩地電力灌溉事業。該廠供電範圍除無錫全部外，尚有丹陽城內城外亦屬該廠經營。奔牛鎮所用電燈爲匯明電燈公司轉售該廠電流。在戰前有五家電力公司（開原電氣公司，競明電氣公司，鳴鳳電氣公司，萬塔電氣公司，諡觀巷電氣公司）轉售該廠電力營業，後逐漸經該廠一一收回，淪陷時期又有匯明電燈公司轉售該廠電流，現是否收回不詳。並與武進電廠訂約，每月供武進電廠十二萬瓩小時。

資本關係　該廠於一九二三年始供電於常錫兩邑，爲中德合辦，大權握於德商之手，一九二八年收歸國營，自一九三七年將該廠賣與宋匪子文的揚子電氣公司，現仍爲揚子電氣公司經營。一九四八年與南京首都電廠，漢口既濟水電公司合得美帝經濟合作總署中國分署一千二百萬美元的貸款，並以美商慎昌洋行爲設計工程師。

第九　重要工商業

南京原爲一相當繁盛的工商業城市。過去南京的織緞曾聞名遐邇，風行極廣；卽據一九二二年材料。當時釣魚台的于啓泰號，年產錦緞六千五百四，僱用手工工人一千三百五十人，到一九二七年，全市尙有織緞機八千架，男女大小工人二萬餘人。後來由於帝國主義商品的推銷，上海工業的排擠，南京手工業日趨衰落。二十年國民黨反動統治以南京爲其軍政首腦所在，除爲南京帶來了巨大的破壞力量外，一無建樹。舊的垮了，新的沒有生長起來，形成了今日南京工商業的可憐情況。

南京的工商業全爲官僚資本和上海的大工廠及大公司，（中國的和外國的）所操縱。　南京是除上海以外僞國營銀行總機構最集中的所在，各僞省銀行也多在南京設立分行，國庫每日有大批僞鈔流出，成爲控制南京金融市場的主要力量。僞交通部，資委會及聯勤總部在南京設立了好幾個大規模的企業，在僞社會部等機關的策動和支持下，並在南京成立了好幾個龐大的官營合作社。　上海大工廠、大公司則通過它們在南京的分公司或派貨店或經銷店，壟斷了南京的商品市場，而外商則參與壟斷了其中全部的火油市場和大部份的紙煙市場，它們在上海的商品多運少運和不運，都足以引起南京市場的極大的變動。 在它們的控制下，南京一般的說沒有其他較大的商業資本。南京有着遍地皆是的銀元投機交易，但大都爲分散的小額資本經營。南京市重要物品的批發商戶及倉庫堆棧，據一九四八年九月二十六日中央日報載僞首都警察廳發言人稱，有資料可考者爲四一四家。

但南京的工業是有其發展的條件的，南京有着良好的交通條件，鐵路、公路、河道四通八達煤不成問題，電力可以擴充，而周圍又爲全國富庶之區，靠近許多全國著名的城市，有着龐大的消費市場。 即在現今，南京市郊及交通線上已有些龐大的企業。 資委會在南京郊外設立了六個工廠，並圖在安徽馬鞍山設電力廠、向南京輸電，這些工廠如依計劃完成，都將是獨佔性的企業。

一 金融業

南京共有銀行六十家（內僞國營行局七家，僞省市縣銀行二十二家，官商合辦五家，私人資本二十五家，外商一家）；錢莊二十三家；保險公司三十三家（內由僞國營行局附設者二家，官商合辦銀行附設者一家，私人資本三十家）及信用合作社三十四家。 共計金融業一百五十單位。

南京銀行絕大部份係分行，六十家銀行中僅有四單

—— 17 ——

位的總行是設在南京。除僞國營行局外，業務最廣者爲中南、中國實業，上海及金城四家。

三十四家信用合作社（見下面商業部分）係在匪社會部核准下設立，就其名稱考察，可能均有官股。它們是公開合法的地下錢莊，經營各種高利及投機業務。

（1）官商合辦銀行及其附屬保險公司

名稱	經理	地址
中國通商銀行南京分行	童一平	新街口中山路一九號
中國實業銀行南京分行	梁節之	白下路一二八號
下關辦事處		鮮魚巷一二號
四明商業儲蓄銀行南京分行	毛恭祥	中山東路二〇三號
中國國貨銀行南京分行	馬雄文	中山路九號
中華路辦事處	胡敬之	中華路
中國農工銀行南京分行	周君梅	白下路九三號
農商銀行南京分行（註）	黃梓材	建康路二〇一號
新街口辦事處	陳德熾	中山路新街口八四號
四明產物保險公司	楊謙五	中山東路二〇三號

（註）該行於一九四八年底停業淸理

（2）私營銀行

名稱	經理	地址
浙江興業銀行南京	史惠康	中山東路三號

分行		
建康路支行	吳中淇	建康路二二一號
上海商業儲蓄銀行南京分行	馮子栽	建康路二二三號
下關辦事處	曾經暉	下關鮮魚巷五六號
大行宮辦事處	金綬章	中山東路二七五號
珠江路辦事處	鮑咸鏘	中山北路二八六號
金城銀行南京分行	王文山	建康路二〇三號
城北辦事處	吳天德	中山路三五〇號
新華信託儲蓄銀行南京分行	陳裕華	中山路五五號
城北辦事處	孫　越	中山北路二〇九號
城南辦事處	張鶴堂	
下關辦事處		
大陸銀行南京分行	張興之	中正路一號
中南銀行南京分行	孫蔭濃	白下路一七三號
國華銀行南京分行	饒定基	白下路一〇五號
聚興誠銀行南京分行	曹天受	中山東路
中匯銀行南京分行	潘樹藩	中山東路二四號
美豐銀行南京分行	趙仲華	中華路二七六號
川康平民商業銀行南京分行	郭星漢	中華路一二六號
和成銀行南京分行	吳朗西	中華路一六一號
重慶商業銀行南京分	余仲瑤	建康路二五二號

行		
大來商業儲蓄銀行南京分行	張忻康	中山東路大行宫口
通惠實業銀行南京分行	韓仲逵	新街口中山路四六號
開源銀行南京分行	張雪賓	建康路二五〇號
建業銀行南京分行	胡彥尊	太平路三三五號
昆明商業銀行南京分行	蔡永寧	中山路六二號
億中商業銀行南京分行	温廣銘	中山東路二二九號
華威商業銀行南京分行	譚亮卿	太平路三八七號
南京商業儲蓄銀行總行　（註）	張賡年	中山東路二〇八號
永大銀行分行	詹克明	
濟康銀行分行	詹明揚	中華路一九九號
江海銀行分行	許熊青	中山路十五號
中國工礦銀行分行		

註：該行理事長爲王證澄

（３）私營錢莊

名　稱	董事長	經　理	地　址
華夏錢莊	郭兆祺	毛作屏	白下路二〇四號

萬利錢莊		徐禮綱	建康路三一六號
怡康錢莊		王繹齋	
榮和錢莊			
保餘錢莊		傅仲紱	昇州路
震豐錢莊			
金陵錢莊			建康路二三四號
長和錢莊		陸俊臣	
通和錢莊		張迪光	太平路五十號
祥豐錢莊		王利人	昇州路七六號
同和錢莊	劉希文	金慕陶	中正路四三號
福康錢莊			
坤大錢莊		周長松	昇州路二六號
通裕江錢莊			
京華錢莊			
泰祥錢莊		殷秀峯	中山路三二號
沈成元錢莊			
厚康錢莊		游竹蓀	
庚源錢莊	賀鴻棠	陳君素	中華路北首十號
正中錢莊	徐之爲	陳心言	建康路一一〇號
京康錢莊	楊文楨	倪文伯	中華路一三四號
民康錢莊			中正路四二一號
成元錢莊			中華路九七號

（4）私營保險公司

名稱	經理	地址
中國天一保險公司分公司	蔣建華	太平路三八九號
新豐產物保險公司代理處	陳裕華	新華信託儲蓄銀行內
華安產物保險公司分公司	高一揆	莫愁路朱狀元巷四號
上海聯保水火保險公司分公司	黃日如	明瓦廊八五號陸家巷
豐盛保險公司分公司	趙芸閣	太平路三七三號
安平保險公司分公司	殷濟德	建康路三三〇號
世界產物保險公司分公司	王鴻謨	延齡巷八號
太安豐產物保險公司分公司	李錦堂	太平路三九一號
中興產物保險公司分公司	萬嘉猷	內橋四九號
寧紹水火保險公司經理處	高一揆	莫愁路朱狀元巷四號
華業產物保險公司辦事處	楊伯榮	柳葉街銅坊苑九號
大達保險公司分公司	畢世芳	建鄴路四二號
太平產物保險公司分公司	蔣建華	太平路三八九號
大南產物保險公司分公司	莊葆齋	珠江路一六〇號
光華保險公司分公司	葉世英	中山東路一二六號
民安產物保險公司南京分公司	羅養賢	林森路一六六號

恆昌產物保險公司代理處	程欣木	朱雀路一一七號
合衆產物保險公司支公司	薛元龍	白下路九三號
興華產物保險公司分公司	劉鶴亭	中正路復興商場內
中國平安保險公司支公司	周嘉茂	鼓樓淵聲巷
大安保險公司分公司	何寶齋	中正路復興商場三樓
豫泰產物保險公司分公司	穆少軒	中正路復興商場三樓
泰山產物保險公司分公司	胡鏞山	中正路南捕廳街二二號
華泰保險公司分公司	沈持侃	中山東路一八四號
永中產物保險公司支公司		中山路高家酒館六八號
永興產物保險公司分公司	張雲賓	建康路二五〇號
利華產物保險公司分公司	唐逢吉	慧園街八號
亞洲產物保險公司代理處		武洪路一五一號
南華產物保險公司分公司		
聯安產物保險公司支公司	吳潔民	武洪路七四號

二 工業

據偽經濟部全國經濟調查委員會一九四七年九月至

～ 83 ～

十二月的調查，南京八百八十八家工廠中，使用動力僱用工人三十人以上的工廠僅三十六家。這八八八家工廠共有工人九、一一八人，職員二、八九二人，紡錠三，一六八枚，工作機一，六五六部，共有動力機七二六座（內馬達七二一座）計一八、○七七·五四馬力及四千伏安。各廠每月共用電三、九七一、八○七度（內自給一三、三六九度，餘均係購電）。茲分類將各業廠數、重要作業機數、所需原料、及其產量介紹如下：

A　業別及工廠數

飲食品工業	（麵粉、礱米、榨油、釀造、飲料等）	一八二家
紡織工業	（棉紡織、手工棉織、絲紡織、染整等）	三四○家
印刷工業	（印刷、鑄字）	一五六家
化學工業	（燭皂、肥料、製革等）	八九家
五金工業	（製釘、金屬用品、金屬泊片）	四四家
電工器材工業		三家
機械工業	（作業機製造、機件製造及其他）	五八家
交通用具工業	（車船修造，車船用具及零件）	一四家
雜項工業	（儀器製造、度量衡製造）	二家

B　主要作業機數

飲食品工業　　礱穀機十九部，碾米機一二七部，磨粉機三十部，榨油機九部。

紡織工業　　棉紡機二、七六八錠，線錠四〇〇錠，織布機一〇八台，染色機二部。

印刷工業　　鉛印機一四九部，脚踏機四四三部，石印機七部，鑄字機九十部。

化學工業　　蒸溜機二部，浸皮池七十六座，滾皮機一一五部，皂化鍋二十五座。

五金工業　　製釘機五部，拉絲機三部。

機械工業　　車床一八八部，刨床十八部，鑽床七十五部，銑床十八部，冲床九部，磨床二部，其他工具機一三六部。

C　每月所需原料

飲食品工業　　穀八九、一九一石，糙米二〇四、六四三市担，小麥八二、二〇五市担，雜糧一、二八八市担，豆類四、一八七市担，花生二、〇一〇市担，芝蔴三十一市担，菜籽三、二〇〇市担，糖四、五〇〇公斤。

紡織工業　　棉紗四六五件，棉花四五五市担，生絲十三市担，顏料及染料七九〇公斤。

印刷工業　　紙三二、四二四令，油墨一八、四七八磅，鉛七十六噸，錫七九〇公斤。

化學工業　　牛油九十八噸，燒碱二二一噸，鹽十三噸，牛皮二、五三六張，黃鐵礦二、五〇〇噸，甘油二公斤。

機器五金及其他工業　　鐵三一二噸，銅七噸，鋼三十四噸，鋁六十公斤，其他金屬材料三噸，其他化學藥品三、七三三公斤，其他油類八八四噸。

D　每月生產量

飲食品工業　　白米二〇六、七九六石，麵粉一三〇、〇〇〇袋，植物油一、一六四公担，酒四一、八五〇市担，醬油一五、六一六市担，汽水一七、五〇一打。

紡織工業　　棉紗一三〇件，棉布二六、二二九疋，綢二八六疋，染綢布一五、〇〇〇疋。

印刷工業　　印刷品二七、一三三令，鑄字二四三五〇磅。

化學工業　肥皂一七、五一〇箱，蠟燭一、三七八箱，純鹼二十三噸，硫酸鋁二、四〇〇噸，甘油六、〇〇〇磅，皮革五一、二五〇方尺。

五金工業　釘二十噸，金屬片三十噸，其他金屬用具十一噸。

機械工業　織布機五台，針織機七十二部，印刷機二十五部，其他機件二十七公担。

交通用具工業　車船零件一、三四〇件，修船一四〇噸。

其他工業　儀器五十件，度量衡器二件。

以上的統計，雖然不包括建築工業、軍事工業及南京附近的一些工廠如江南、中國水泥廠，但仍不妨礙用來指出南京工業如下的特徵：

第一，應用動力生產，傭用工人三十人以上的工廠，僅佔全市工廠的百分之四，小型手工業作坊之類的工廠佔全市工廠百分之九十六。而且，這些手工業工廠，因其生產方法不求改良而日趨衰落。

第二，南京建築工業的畸形發展，據一九四八年南京匪市政府社會局發表，全市已登記的營造廠有一、〇六四家，這些營造廠，專以承包匪政府的建築爲業務。每月需要磚最高量五千萬塊，使投資建築材料者，日益增多。據一九四八年五月中國工商要覽稱，全市窰廠五十四家，工人約一萬八千人。

第三，就國民黨全國經濟調查委員會所統計的工業生產品，雖大都是民生日用工業品，但除了飲食品工業生產品僅可自給外，民生日用工業品就南京的需要來說，相差甚遠，因之絕大部份的日用必需工業品，都取給於上海，並被上海的大工廠在南京設立的發行所、經銷店所操縱。

茲就現有不完全材料，將南京工廠簡略介紹於後。

（一）永利化學工業公司六合硫酸錏廠

負責人　總經理　侯德榜

地　址　南京辦事處：頤和路二十三號

工　廠：六合縣卸甲甸（離南京二十多里）

~ 87 ~

工　人　一、八〇〇人

簡　況　該廠於一九三六年完成，當時日產硫酸錏（肥田粉）一百五十噸及硝酸十噸，淪陷時被日人將硝酸廠設備拆裝日本，日本投降後已交涉運回，並獲得美國進出口銀行一千六百萬美元及美國經濟合作總署中國分署五十萬美元的貸款。現該廠分合成氨廠、硫酸廠及硫酸錏廠三部份，佔地二千畝，已恢復日產肥田粉一百五十噸的生產能力。

（二）江南水泥公司

負責人　董事長顏惠慶，總經理陳范有

地　址　工廠　京滬路棲霞山東麓

職　工　尙未開工，現有工人五十七人、職員三十六人

設　備　旋窰二座，磨粉機六座，二五〇KW柴油發電機一座

生產量　每年最高產量爲水泥二十七萬公噸

資本關係　該廠創辦人多係啓新水泥公司股東，戰時日人將重要設備，完全刼去，戰後由聯總幫助向美國訂購機器，估計一九四八年內可復工。

（以上一九四八年四月材料）

（三）中國水泥公司

負責人　董事長陳光甫，總經理姚乃熾，
經理史乃修，廠長姚乃康、姚潤德

地　址　南京辦事處　鼓樓車站十四號

工　　廠　京滬路句容縣龍潭鎮
職　工　工八二〇一人，職員七十二人。
設　備　旋窯四座，碎石機三座，球磨機十座。汽輪發電機二座共可發電二、五〇〇 KW，三二〇KW柴油發電機一座，七二五KW蒸氣引擎一座。
生產量　每年生產能力爲二十七萬公噸。
（四）有恆實記麵粉公司
負責人　工務課長瞿宗應
地　址　工廠　下關三汊河邊
職　工
設　備　磨粉機二十七架（每架每小時可出麵粉一百餘包），五八〇及五〇〇匹馬達各一架（需電六四五K.V.A.）。
生產量　每天最大產量一萬袋。現每日產四千袋。
資本關係　原係中國實業銀行（官商合辦）所辦揚子麵粉公司，淪陷時由日本人經營，日本投降後由糧食部中國糧食工業公司接管，一九四七年四月發還中國實業銀行。
（五）普豐麵粉廠
負責人　經　理　孟冠美　副經理張季良
　　　　工程師　劉承玉
地　址　工　廠　漢中門外二道梗子一一六號
　　　　事務所　廣東路亞園，廣州路二三〇號

設　備　磨粉機七架

生產量　每天最高生產量二千五百袋，現日產二千三百包。

附註　該廠附設有鐵工廠

（六）大同麵粉公司

地　址　通訊處下關寶善街三二三號

產　量　抗戰前日產兩千袋

（七）廣業裕民公司

負責人　經理楊通誼，廠長楊文濤

廠　址　水西門外大街一〇九號

職　丁　工人七十六人

設　備　紗錠一、三八〇枚

（八）新毅紡織印染第二廠

負責人　蔣羣

廠　址　白下路

附　益豐紗廠，該廠或係僞政府接辦的敵僞工廠，待查。

（九）磚瓦廠

義合東磚瓦廠（註）		和平門外東門村四〇號
天津磚瓦廠（註）		和平門外邁高橋
金城磚瓦公司（註）		漢西門外蘆柴橋
大興磚瓦廠（註）	田小炮	和平門外
中央機器磚瓦廠	鄧子惠	中央門外庫倫路
徐有記磚瓦廠	徐有志	上新河口徽州灘三二號

張寶泰磚瓦廠	張錫雲	七里洲江沿村
張順興洋瓦廠	張繼勤	廣州路十一號
首都磚瓦製造廠	羅　傑	
宏業磚瓦廠		
京華磚瓦廠		
建礎磚瓦廠		
永利磚瓦廠		
同德磚瓦廠		

（註）以上義合東及天津係敵僞產業，是否已標售，不悉。金城係永利化學公司投資合辦。大興自備有輕便軌道，擬與京滬鐵路接通，經理田小炮，山東章邱人，工人出身。

（十）營造廠

馥記營造公司	陶桂林	中山東路七十六號
陶桂記營造廠	陶桂松	石鼓路十二號
姬久記營造廠	仇永釗	中山北路東門街十八號
建康營造廠	吳　樵	新街口管家橋三十七號之一
劉順記營造廠	劉正林	珠江路大紗帽巷五十六號
亨基營造廠	劉如璇	淮海路一四五號
大中華工程公司	高宗義	馬路街松竹里一號
六合公司	李祖賢	林森路一八六號
鈞記營造廠	姚克鈞	山西路人和街九號之一
陸根記營造廠	陸根泉	中山東路一六五號
興中營造公司	錢桂馨	上乘菴泰平里一號

信益建築公司	周呂生	成賢街長康里七號
嘉林營造廠	左　明	桃源新村十八號
永固營造廠	吳季賢	西華門四條巷英威街順德村十七號
昌華營造廠	湯昌鎬	上海路四號

（十一）其他工廠

廠　　名	負責人	廠　　址
南京復興機器造船廠	蔣奇才	下關三汊河一二一之四號
船塢		下關二板橋復興街四四四之一號
江南礦石公司	任正傑	棲霞山攝山鎮
萬和錫記鋼鐵廠	宣耀庭	
首都火柴廠		三牌樓董家山一號
南京肥皂公司		止馬營一五一號
光明煙草廠		
奇異印刷工廠		長樂路九十七號
惠民紙張印刷所		中華路一四五號
新民印書館		戶部街六八號
大東新興印書館		建鄴路一三八號
美吉印刷社		
大明機器鋸木廠		下關中山橋側
源昌銅鋼鐵木器床廠		白下路六六號

〜 92 〜

中央軍裝刀劍廠	建康路三二四號
黄浦被服廠	東石壩街十五號
勝利輪胎翻修廠	中山門外半山園路底

三　商業

南京爲一消費城市，這在商業上表現得特別明顯。

依照一九四七年十一月一日南京中央日報載，當時南京市內向僞市社會局登記的商店爲一五，六七九單位（原材料爲一六，七六三單位，剔出手工業部份，加上娛樂部份，成爲上數）爲南京八百八十八家工廠的十八倍，而上海商店僅爲上海全部工廠的五倍。

在一五，六七九個商店中，民生必需品、食品、雜貨、布疋、百貨、服裝、傢具、煙酒、娛樂、旅餐館、裝飾品十一類即達一一，八三九家，佔全部百分之七十六，而與生產有關的僅五金器材類五八九家及花紗類一四七家，二者共僅佔全部商號百分之五不到。

南京的主要商品市場爲糧食市場與五洋（火油，捲煙，肥皂，火柴，洋蠟）市場，在蔣幣空前貶值與物資不足的情況下，糧食與五洋是南京游資投機的主要對象。

南京市各業商號統計

業　別	家　數

民生必需品類	二，〇六七
糧食	八四二
麵粉	一八四
食鹽	二五六
搾油	二〇
菜行	二一
煤炭、窰貨、鍋罐	四〇五
柴行	一一一
豆腐、豆乾	二二八
食品類	二，一二九
水產	一五
雞鴨火腿	三七三
鮮肉	三五六
罐頭食品	一〇二
屠宰	一六
麵作	一一二〇
麵點	一四七
雜貨類	二，四五四
炒貨雜貨	一，六三二
飴糖醬色南北貨	六一四
解職調味	九八
茶葉	一一〇
花紗類	一四七
棉布、絲綢、呢絨類	三〇二

~ 94 ~

百貨類	七三六
服裝類	一，三五六
中服	七三二
西服	五八
縫衣機修理（？）	三
內衣服裝	一六
鞋帽	八一
洗染織補	一二二
皮革	三四六
橡膠革履	七
傢具類	一，四三八
銅鐵作	二四五
水爐	四二〇
傢具器皿	四七四
白鐵	三三
瓷器搪瓷	四八
竹貨	二一八
營造修建類	六六八
建築材料	四三〇
桐油生漆顏料	八〇
油漆	九五
樹竹木	三六
搭篷	五
蘆蓆	八

水管	一四
水菓花樹農藝類	一一六
五金器材類	五八九
鋼鐵機器	二五四
五金電料	三三五
交通運輸類	四六七
運輸	四〇
堆棧	一〇
汽車修理	四六
自行車修理	一三
車件橡膠	三三七
蔴袋	二一
文化用具類	六〇四
紙張文具印刷	三九三
書局	五六
廣告	一三
刻字印章骨器	一三九
打字機	三
醫藥類	三四一
新藥	一五八
舊藥	一一三
鑲牙	七〇
烟酒類	三五〇
酒店	二六〇

捲烟土煙皮絲	九〇
皮毛油鬃類	六三
娛樂類	三三
電影院	七
平　劇	四
話　劇	二
越　劇	三
評　劇	二
維揚戲	四
戲茶廳	五
音樂茶座	五
雜　劇	一
鼓　書	一
理髮類	四三六
旅餐館類	四二四
旅　館	二五七
中西餐食	一〇二
浴　堂	六五
裝飾品類	五四一
照　相	九一
銀　樓	七六
美術品	三二
證章禮品	四五
鐘表眼鏡玻璃	二九七

~ 97 ~

迷信品類	七三
香　燭	四七
錫　箔	一八
鞭　炮	八
貿易委託及舊貨拍賣	七四
舊　貨	三一
拍賣行	九
貿易委託	三四
典當業	三七
其他	二二五
合計	一五，六七九

〔附註〕　上表爲一九四七年十一月一日南京中央日報所載，均係向僞南京市社會局登記的商號，這一數字當比南京實有商號爲少，一因好些商店可能未往登記，一因以後可能有新設。就現存材料，知現有商號與上表不符者，已有：

1. 紙烟店近千家，上表僅九十家。
2. 運輸商一百餘家，上表僅四十家。
3. 典當業四十三家，上表爲三十七家。

（1）糧食業

南京的主要糧食爲食米。按『大口小口一月兩斗』計算，一九四八年八月南京市人口一，三五一，九七六人，每月需要食米二十七萬零三百九十五石二斗。若加上流動人口三二，四八三人（以六月份數字計算），則每月需要食米二十七萬六千八百九十石。另據一九四八年十一月十一日偽糧食部次長田雨時在偽糧政委員會稱，南京市民食，包括戶口糧及軍公敎配糧在內，每月共需二十七萬市石。這一估計與上述每人每月平均兩市斗計算的數字相差不遠。

根據以上的計算和估計，南京市每月約需食米二十七萬到二十七萬七千市石。約合四千二百二十四萬九千二百五十市斤到四千二百二十七萬四千五百六十二市斤。

南京食米，主要由水路運來，約佔全部食米百分之七八十，由京滬津浦兩路運來者不多。水運方面可分二大類：（１）由南京四鄉及臨近之句容，溧水，湖熟（屬江寧縣），各地經秦淮河及其支流運輸，集中於通濟門、中華門，此卽所謂『河米』。（２）皖南的宣城，南陵，涇縣，當塗各地米經青弋江集中蕪湖；皖中的合肥，舒城，無爲，巢縣等地亦集中蕪湖，再由長江轉運南京。此外和縣，含山，烏江，采石磯等處，則直接由長江運京，凡由長江運京者，統稱爲『江米』。（一九四八年八月廿四日南京中央日報）

上述的河米均用民船運輸，每日均有到貨，集中中華門外交易，故中華門外，成爲南京的主要的米市場。

因爲南京集中了數量龐大的機關人員，加上二十餘年來國民黨對農村的殘酷的剝削及其他原因，南京常感糧食不足，每年均須有一部份洋米供應。甚至雖有部份

～ 99 ～

洋米，仍鬧糧荒。

自一九四八年三月以來，南京與上海同爲國民黨統治下的配糧城市。以每人每月配售一市斗（十五市斤）計，即達十三萬餘石（僞糧食部次長楊綽庵估計），佔全市需要量之一半。這些配售米由國民黨政府籌措百分之六十，美國供給百分之四十。配給以外的粮食，由糧商供給。

因爲中華門外是南京的主要的粮食市場，所以南京的大糧號亦多集中在中華門外。

南京較大粮號

南京糧食商號共有八百四十二家，茲就已知的較大糧號寫在下面。

名稱	地址	備註
陳湧鑫米號	膺服街	該米號負責人陳鑫智爲米業公會理事長
乾和祥米店	下關鮮魚巷五十號	
楊聚和米店	明瓦廊二號	

天來，公成，大生，義昌，天生永，復盛祥，張錦記，坤記，祥豐，德隆，同源祥（以上均爲中華門米號，最前四家，據中央日報稱爲大糧行）

主要礱米廠

名稱	負責人	地址
榮泰米廠（註）		
泰來米廠（註）		

～100～

嘉祥米廠	張文良	中華門西門
義通機米廠	熊永清	林森路一二五號
裕豐碾米廠	王錫林	石鼓路一四〇號
元泰米廠	范泰隆	珠江路
華豐永米廠		白下路六五號
慶豐永米廠		昇州路三五三號
聚豐米廠		中正路四十九號之一
元興米廠		白下路三三三號
復大米廠		太平路一七六號

久新、新新、隆盛、湧豐和、信源、復泰（以上均爲中華門米廠）

（註）該二廠曾大量承包中央合作金庫訂米。

（2）煤炭業

據一九四八年一月二十二日經濟周報所載僞經濟部長陳啓天在僞參政會上的報告，京滬兩地每月需煤量爲二十六萬噸。上海燃煤需要量，估計每月約需十八萬噸。則餘下的八萬噸，應爲南京的需要量。這裏面包括：

1、南京公用事業，工廠及軍用煤四萬噸及津浦鐵路行車二萬噸（一九四七年八月六日滬商報載僞全國煤斤增產會議估計）。

2、民用煤一萬噸（一九四八年十月八日中央日報發表南京市煤商業同業公會呈請僞工商部核配數字，內白煤六千噸，烟煤四千噸。市民有用柴的習慣，故對民用煤的需要有伸縮性）。

3、輪船及其他用煤--萬噸（南京是過路碼頭，即使有個別的添煤，也很有限，即上海亦不過二萬噸）。

煤的來源原以安徽淮南煤礦，蘇北華東煤礦及魯南中興煤礦爲主。該三礦均在京設有辦事處。但此三煤礦現均已解放。因此國民黨只有寄其希望於台灣煤礦（最近台灣只能每月輸出二萬噸，而運京的更有限）和外煤。此外，私人工廠的用煤，少量運自湖南及南京附近的小煤礦。

至南京居民所用的木柴，係來自皖南及南京附近。南京南面茅山，就是一個大的柴源。柴的買賣市場在中華門外。

設在南京的煤礦公司

淮南礦路公司	見逆產部份。
華東煤礦公司	設湖北路三十二號，經理萬業晉，劉鴻生爲該礦大股東。該公司在長江左岸設有碼頭。
中興煤礦公司	設下關南埠街及湖北路二七四號，該礦董事長爲錢新之，日本投降後交通銀行曾貸與該礦外匯一筆，爲該礦債權人。該公司在長江左岸設有碼頭。
新記煤業公司	設馬府街二號。

～102～

饅頭山煤礦公司　設朱雀路三八號。

（3）百貨業

南京百貨業，據一九四六年十二月十七日南京中央日報載該業同業公會理事長王釋齋稱：該會會員共四百家。一九四七年十一月一日同報稱該業向南京市社會局登記者，即已增至七百三十六家之多。

南京的百貨業有許多以商場的形式出現，商場是許多商號組合而成，不像大公司獨家經營分為各業部門，這是由於南京距上海太近，所需物品均能很快自上海購得，大規模獨家經營，很難維持。今將南京較大的百貨商場及公司表列如後：

名稱	地址	備註
中央商場	中正路六十九號	總經理龔伯堯
興中商場	漢中路	經理謝開基
世界商場	中正路新街口	創辦人李石曾
復興商場	中正路	
永安商場	貢院街	
太平商場		
熱河路商場	熱河路	
永安股份有限公司	太平路三〇四號	

〜103〜

首都中國國貨公司	中山東路二郎廟口
南京國貨公司	中山東路七十三號
上海有限公司	中山路三四六號
三友實業社南京發行所	南京太平路文昌巷口
中國絨線公司南京分公司	太平路九六號
上海帳子公司南京分公司	太平路九六號
揚子襪衫廠	太平路二九四號
美美百貨商店	建康路一號
百樂百貨公司	貢院西街二六號
大新公司	建康路一五一號
大明公司	建康路一七一號

（4）合作社

在僞社會部，市社會局及中央合作金庫等機關的策動和支持下，南京市內有着各種各樣的合作社組織。依據僞南京市政府出版的南京市統計季報，至一九四八年六月底爲止，南京共有合作社一百四十四單位（內消費四十七，生產四十一，信用三十四，農場二，運銷四，供給一，勞動一，運輸二，公用八，鄉鎮二）；社員一五七，六六七人（內消費一三六，二三八人，信用一〇，五〇五人，生產三，五三八人）；股金亦以消費合作社最多，信用次之，生產第三。因爲資料的缺乏，無法詳知它們的資本來源和具體業務，但有二點值得提出的：

~104~

在僞社會部等機關的直接參預下，南京有幾個規模龐大的消費合作組織，如首都消費合作社的社員有十二萬人，包括了全市的公敎人員，公敎人員的各項必需品的配給，全由該社獨攬；僞匪聯勤部官兵消費合作社社員亦達二萬四千人之數；一九四八年春成立的糧食合作社，則承攬了以後的美援糧食的配售業務。僞社會部等利用它們進行重要物資的吞佔，但在解決南京市公敎人員等的必需品的供給上，也起了一定的作用。

南京的信用合作社都是經僞社會部批准成立的，在僞財政部不許新設銀行錢莊的禁令下，一些與匪官方有聯系的人，就利用只須僞社會部批准即可掛出的信用合作社招牌，進行各種投機金融業務，它們的投機活動曾經僞財部公開指摘，並認應予取締，但僞社會部則曾爲之辯護。

澈底淸查其資本來源，分別接收與管理，是處理南京各合作社時應予注意之點。

今將已知的南京市合作社，分消費、生產、合作農場及信用四部份列舉如下：

A、消費合作社

（一）首都消費合作社　　見公產部份

社員十二萬人，一總社，六個直屬分社，二十餘單位機關分社。

（二）聯勤總部官兵消費合作社　　見公產部份

社員二萬四千餘人，一總社，五分社，四十六個供應站。

（三）南京市糧食消費合作社　　見公產部份

規定一戶爲一社員，戶長入社。曾與僞南京市民食調配委員會訂立契約，直接承銷南京戶口配糧。

（四）南京市合作社聯合社　　見公產部份

（五）南京市孝陵衛鎮合作社　　設孝陵衛

經理鍾厚之，下設消費、信用、產銷及公用四部。

B、生產合作社

（一）南京市第一碾米合作社　　設中華門外。

（二）南京市第一燃料生產合作社　　設白下路

二五〇號。據一九四七年五月三日南京中央日報，匪社會部全國合作社燃料供銷站亦設該處。

（三）南京市第一牙刷生產合作社　　負責人

劉棟臣。

（四）南京市第一釀造生產合作社　　總經理

鄒子通。

（五）南京市第一手工藝合作社　　設中正路二

二二號。

（六）南京市第五縫級合作社　　理事劉瑞麟

、章秀珍等。

C、合作農場

（一）中國生產促進總會農村改進委員會所屬農

場　據一九四七年九月十五日僞社會部全國合作社物品供應處出版的合作供銷通訊稱：中國生產促進總會擬在中華門外鄧府山闢一山地千餘畝的農場，並已勘查竣郭以後情况不悉。

（二）玄武湖濱地合作農場　　見逆產部份

小信用合作社

南京市第一信用合作社	中正路廿二號
第二信用合作社	夫子廟三一七號
第三信用合作社	銅作坊五六四號
第四信用合作社	中華路六一號
第五信用合作社	珠江路一〇號
第六信用合作社	中華門外雨花路五五號
第七信用合作社	下關鮮魚巷六八號
第八信用合作社	朱雀路四九號
第九信用合作社	戶部街一號
第十信用合作社	建康路一四六號
第十一信用合作社	中華路二九九號
第十二信用合作社	漢中路九號
第十三信用合作社	林森路一八八號
第十四信用合作社	昇州路四號
第十五信用合作社	太平路六三號
第十六信用合作社	碑亭巷一八一號
第十七信用合作社	魚市街七一號
第十八信用合作社	洪武路二九八號
第十九信用合作社	白下路一八一號
第二十信用合作社	下關綏遠路一一四號
第二一信用合作社	下關大馬路一九號之一

—107—

第二二信用合作社　中山東路二四〇號
第二三信用合作社　下關永寧街七五號
第二四信用合作社　中山路一六一號
第二五信用合作社　昇州路三六五號
第二六信用合作社　中山北路山西路廣場
第二七信用合作社　廣州路中山路口
第二八信用合作社　昇州路大板巷八七號
第二九信用合作社　唱經樓西街四七號
第三十信用合作社　昇州路弓箭坊三三之三號
第三一信用合作社　評事街四五號
儲蓄質押信用合作社　建康路一五八／八五一號（？）
南京市文化事業信用合作社　香舖營一一二號
首都婦女信用合作社　南京太平路三〇五號

四　交　通

（１）長途汽車公司

（一）江南汽車公司（詳見公用事業）

長途客車路線

１．（南）京杭（州）路：江南汽車公司與交通部第一運輸處共同派車行駛。全線長三三〇公里，其中南京至宜興段一九四七年六月通車。

２．宜（興、無）錫路：全線長六四公里，一九四七年五月全線通車。

～108～

3.（南）京湖（熟）路：全線長三四公里，九四六年五月全線通車。

4.（南）京溧（水）路：由南京經東山、秣陵關、祿口、到溧水，全線長六〇公里，其中自南京至東山段與京湖路同線。一九四七年五月全線通車。

5.宜（興、張）渚路：自宜興川埠至張渚，為京杭路之支線。

車　站　總站淮海路五號，分站新街口。

（二）新生、友聯、揚子、松山四行商車聯運處

地　址　朱雀路慧圓街大上海飯店

行駛路線　京滬、京杭、京湘、京贛。

（三）金星汽車公司

地　址　林森路一九六號

行駛路線　京滬

（三）大中汽車公司（原大華、中央兩汽車公司合併）

負責人　經理常厚志

設　備　新舊式卡車、篷車、客車十八輛。

行駛路線　浦口、六合

（四）華商汽車運輸行

地　址　林森路四五號

行駛路線　京滬

（2）輪船公司和碼頭

（一）民生實業公司南京分公司

～109～

負責人

地　址　分公司下關大馬路二八號，辦事處百子亭

航行路線　長江全線（有京渝直達船），及天津香港、台灣各線。

（二）三北輪船公司南京分公司

負責人

地　址　下關大馬路昇安里

航行路線　長江線及南北洋綫

該公司在長江右岸備有碼頭

（三）南京民運輪船局

負責人　殷寬海

地　址　下關寶善街裕安里四四號

（四）佛亨輪船公司

負責人　董事長　陳中航

地　址　朱雀路一一九號

（五）永順運輸公司

負責人　總經理　郭少侯

地　址　熱河路文德里七號

（六）福記輪船局

負責人　經理　李振遠

地　址　下關老江口

（七）新中國寰球實業公司（原名新中國輪船公司又名新中國承運公司）

地　址　下關公共路七三號

（八）六和航運公司

負責人　經理　李　瑛

碼　頭

（由一九四七年中華書局出版的南京地圖查出）

在長江右岸者：

一　三北碼頭（屬三北輪埠公司）

二　大安碼頭

三　澄平碼頭

在長江左岸者：

四　中興碼頭（屬中興煤礦公司）

五　實汪碼頭（屬華東煤礦公司）

六　寧紹碼頭（可能屬三北輪埠公司）

（3）營業汽車和三輪車公司

中國旅行社南京分社	中山路一八六號（二八六號？社址）
	朱雀路一一三號（社址）
	建康路二八三號（社址）
	下關鮮魚巷五二號（運輸部）
祥生交通公司	四條巷良友里一號
金陵汽車公司（註）	
華德汽車行	中山路一三一號
兄弟汽車行	國府路三五二號
福泰汽車行	太平路戶部街

～111～

新都汽車行　　　　　中山北路一二號
南京三輪車公司　　　珠江路四三〇號

（註）　該公司與孔匪祥熙的揚子建業公司登同一廣告，聘同一律師爲顧問，是否與揚子公司有關，待査。

第十　黨派社團

一　政治性黨派社團

南京處在國民黨獨裁政治的直接控制之下，所有政治性社團幾乎都和官方有關。根據現有不完全統計，共得三十四個，已知其背景者三十三個；其中主要受美帝支持的兩個，爲特務系統控制或打入的六個，國民黨官方主持的六個，由該黨反動派系控制或支持的十七個，幫會團體三個，其他不詳者七個。玆分述如下：

（1）美帝支持的黨派社團

新社會革命黨

負責人　陳健夫（年約二十餘歲，江西奉新人。抗戰期間曾在僞教育部任職，現任南京市僞參議員，救國日報總主筆、改造社社長，傳曾經司徒雷登親筆介紹往見蔣賊。今年初，曾擬赴港聯絡各民主黨派。）

朱光正（南京交通服務社總經理，建業廣播電台總經理，此外尚辦有不少事業，富有錢財，現掌握該黨大權。

該黨前身為知行學社，一九四八年夏在南京改組為政黨。中央黨部設南京，地址為中山路一五〇號，由繆濟平、翟立春主持工作，各地設有支部。該黨在司徒雷登指使下，陰謀掌握武裝，作為與我黨進行『談判』的資本，在華北敵我交錯地區，組織有小股武裝，今年初，並派該黨甘肅支部主委李介文與青海馬繼援及該地匪首『大圖爺』聯系。

中國社會經濟研究社

一九四八年三月成立，機關刊物為中國論壇。（發行人謝士資，主編人胡聖時，地址在國府東路四號後院）係在美帝支持下偽裝中立的社團。

（2）為特務系統控制或打入的

中國新社會事業建設協會南京分會

書記長　趙茂高

理　事	蔣勵歐	徐忠道	江政卿	趙茂高
	程嘉頤	桂延康	周亞南	張文伯
	程覺民	夏　時	王繹齋	錢公南
	朱節之	潘樹藩	孫玉琳	周伯綱
	王　裕	尚　武	薛溯齋	熊伯炎
	黃　通	關頌聲	金天錫	吳志良

～113～

	朱亞雄			
候補理事	王翔欣	李廷鎮	馬　俊	秦仲翔
	陳仲山			
監　　事	邱吉甫	李松山	顧　震	湯成道
	劉守英	夏玉棠	駱繼常	魯有才
	趙大椿			

該會爲軍統的外圍組織，以幫會份子爲基礎。一九四六年十二月開始籌備，次年五月成立，地址城南桶巷二五號。據一九四七年材料，已籌備之區會有十一個，會員總數有一六，五九七人。

勤儉建國運動力行會

指導長	蔣介石			
幹　　事	蔣經國	黃少谷	谷正綱	任卓宣
	鄧文儀	賀衷寒	李惟果	陳博生
	鄭彥棻	谷正鼎	陶希聖	陳裕光
	胡庶華	蕭贊育	劉健羣	薛篤弼
	柳克述	程天放	朱經農	潘公展
	馬超俊	顧毓琇	李俊龍	唐　縱
	劉蘅靜	陳顧遠	陳克文	張彝鼎
	張道藩	馬星野	陳雪屏	彭昭賢
	鄭通和	湯如炎	鄭震宇	吳兆棠
	方　治	李　蒸	徐佛觀	

一九四八年十月在南京成立總會。

世界科學社

一九三五年由軍統特務唐嗣堯等發起組織，總社現設北平，爲保密局的掩護機關，專司研究毒藥、燃燒劑、炸彈、情報器材（如密寫藥品，情報用紙等）培植細菌及瓦斯手槍彈等。

據一九四八年一月該社自稱，國內外已成立分社十餘處，南京分社已成立。

建國座談會

主持人　鄧文儀　劉詠堯等

一九四八年成立，爲軍統所組織。

首都抗戰蒙難同志會

特務系統所主持，地址在璇子巷六號。

中國農民自由黨

主　席　　何　魯

總書長　　王國源

組織部長　李俊英

宣傳部長　王　白

一九四六年五月在渝成立，爲四川地主士紳及個別教授所組織。一九四七年曾在南京發表『告全世界農民書』。據一九四八年材料，特務份子已打入該黨。中統重慶區區長王難三亦爲該黨黨員。

（3）國民黨官方主持的

中國亞洲關係協會

理　　事　　胡　適　張　羣　許崇灝　蔣夢麟

～115～

陳慶雲　朱家驊　王世杰　陳光甫
彭學沛(死)　　周頲生　鄭彥棻
張道藩　葉公超　羅家倫　于　斌
陳大齊　陳炳章　邵毓麟　賀耀組
陳博生　吳鐵城　吳貽芳　杭立武
劉毓棠　孫桂籍

該會係由曾出席泛亞會議的各團體（太平洋學會，中國分會，新亞細亞學會，中國國民外交協會，中印學會）所發起組織，於一九四八年十月八日在南京舉行成立大會，着手籌備一九四九年將在中國舉行的第二次泛亞會議。

中印學會

理事長　朱家驊

理監事　沈士遠　沈宗濂　　蔣復聰等

總幹事　鄺自修

曾在印度募款一百二十萬盧比，以五十萬在印度建立美齡救濟院一所。該會爲朱家驊所掌握。

新亞細亞學會

會　　址　　江蘇路八號

中國國民外交協會

總會設南京

東亞文化協會

發起人爲湯恩伯、賀耀組、設東京分會、由匪官方撥款幫助。

~116~

聯合國同志會

理事爲朱家驊、張君勱、陳立夫、李璜等三十一人。

監事爲張伯苓、邵力子、郭泰祺、陳光甫等九人。

一九四八年三月在南京成立。地址正洪街正洪里二十九號。

（4）國民黨反動派系控制或支持的

民生主義促進會

發起人爲任卓宣、萬大鋐（中統特務）、蕭贊育、胡純侖、黃通、秦傑、孫玉琳、王璐等，一九四八年九月在南京市黨部舉行第一次發起人會議，據稱有百餘人。

爲市黨部負責人員所主持。

首都各界『戡亂救國』總動員會

主任委員　陳裕光　（現任南京市參議會議長）
　　副　　董育華
祕書長　駱繼常　（現任南京市黨部組訓組組長）
宣傳組長　徐步青　副　沈九香
動員組長　舒　翔　副　李廷鎮　穆慶山
慰問組長　黎劍虹　副　沈慧蓮　倪　亮
總務組長　郭紹棠　副　黃中興
輔導組長　張紹捼　副　陳楚青　沈玉鴻

常務委員爲郭紹棠、王繹齋、黃少谷、馬星野、任

〜117〜

卓宣、謝徵孚等二十五人。

地方建設協會

常務理事　任仲文　龐澤庵（死）　楊澤球
　　　　　金嘉斐

常務監事　馮魯瞻　俞釆丞　張簡齋

負責人中如楊澤球、俞釆丞等均南京市黨部。

負責人員，會址在平江府南街二號。

中國民主自由社會主義學會

發起人爲羅夢册，西門宗華（叛徒，與蔣經國有關係）丁洪範等百餘人。

一九四八年五月四日在南京主流社成立。爲C.C.系所主持。

三一聯誼社

三一聯誼社第二屆理事南京市候選人名單如下：

陳祖平	馮百平	于錫來	謝孟哲
楊克天	馬星野	石凌漢	趙友培
彭百川	彭醇一	王思誠	張志智
周一夔	謝澄宇	何縱炎	陳勉修
馬振鑾	劉岫青	盧則文	楊先凱
陳粹勞	張慎道	沙文若	梅嶙高
賀楚强	樓秉國	張倉榮	郭威白
傅岩（女）	蔡邦霖	方頤積	曾大鈞
杜遠	楊俊（女）	郭一予	李治民

胡一貫　周天固　張鶴齡　馮　渭
劉　真　許　照　蔣經國　劉詠堯
項傳遠　許午言　秦惜華　劉鳳明
孫作人　徐啓杰　楊蘊橋　姜書閣
齊尊周　徐袖圖　龍大鈞　葛曉東
薛祚光　楊龍慶　邱坦然　馬呈祥
吳道一　劉蘭陔　周健農　徐觀餘
張紬嵐(女)　徐志道

該社係以國民黨中央訓練團的主要骨幹爲基礎所組織，各地分社籌備委員卽由該團各分團主任担任 上海分社有中統重要人物在內負責。

地址在成賢街錫山里八號

中國地方自治學會

總會長　李宗黃

會　員　潘公展　賀衷寒　余井塘　賴　璉
蕭　錚　葉秀峯　康　澤(已俘)
趙棣華　李士珍　陳逸雲　柳克述
關玉吉等

C.C.系所控制。一九四五年在渝成立，總會現設南京漢府路毘盧寺。

中國土地改革協會

負責人　蕭　錚　湯惠蓀　祝　平　鮑德澂等

一九四八年三月由中國地政學會改組而成。

C.C.系所組織。

~119~

（附南京分會負責人名單）

理　事　傅丘平　王宜聲　王繹齋　周一夔
　　　　劉長有　郭紹裘　何超航　朱啓芳
　　　　貝有慶　鮑家駒　林定谷　施忠囦
　　　　馬開芳　吳志良　趙濤三
監　事　趙葆銓　喬啓明　程松林　李之平
　　　　黎家祥

國民憲政社

領導人　孔　庚
社　員　何成濬　方覺慧　劉盥訓　梅恕曾
　　　　孫慕迦　馬玉泉　吳祥麟　王普涵
　　　　陳顧遠　武肇煦　陳正修　趙志堯
　　　　倪　弼　陳紫楓　祁志厚　張知本
　　　　劉　通　章淵若　夏　勤　栗顯揚
　　　　何　適　周雍能　趙丕廉　劉侯武
　　　　丁宣孝　舒　澤　劉湘疇　王紹禘
　　　　陳國鈞　杜光塤　廖興序　凌子惟
　　　　廖世安　王　昀　陳潛美　黃紹美

一九四六年十二月在南京成立，其前身爲重慶時代『國大代表聯誼會』內兩大派中的一派，當時與C.C系勾結反對政協。

中國力行學會

理　事　門亦有　袁月樓等三十一人
候補理事　梁興邦　吳　寬　周濟等九人

～120～

監　　事　陳立夫　胡庶華　潘公展　何　鍵
　　　　　吳鐵城　熊十力　錢　穆　雷　震
候補監事　李祝松　金書麟　劉公武　陳清初

C.C.系所組織。

中國憲政學會

理事長　白雲梯（靠近C.C.系）

中國社會工作協會總會

理事長　谷正綱（C.C.系）

出版有社會導報半月刊。

中國社會科學研究會

常務理事　陶希聖　雷　殷　張金鑑　楊玉清
　　　　　劉振東　王慕曾　高叔康　邵鶴亭
　　　　　曾資生等九人。

理　　事　劉振東等三十一人

常務監事　梅嶙高　孔大亮　李宗義

監　　事　詹文滸　陳顧遠　甘乃光等十一
　　　　　人。

總幹事　楊家驥

C.C.系所控制。會員有高叔康、吳之瑞、曾資生、侯曼五、鄧皓明、楊家驥、楊玉清、王孟鄰、王慕曾、王慕寔等。

五權憲法學會

理事長　張知本

常務理事　夏　勤　任卓宣等九人

~121~

理　　事　張知本　夏　勤　史尚寬　樓桐孫
　　　　　林　彬　胡次威　方覺慧等
地址在香舖營公餘聯歡社

中山學社

主持人　梁寒操

中國政經學會

發起人　樓桐孫　楊公達　褚　飛　賀師俊
阮毅成
抗戰期間成立，朱家驊系人物所控制。

中國哲學團體聯誼會

理事長　于　斌
常務理事　于　斌　陳如一　胡一貫　何　鍵
　　　　　穆　超
該會計劃舉辦聯合座談會、及出版聯合刊物等，爲天主教所掌握。

中國民主黨

黨　魁　劉曼華
祕書長　侯野君
一九四三年在渝成立，一九四六年遷至南京。受國民黨支持的反動小黨。

（５）幫會團體

中華理教總會　地址火瓦巷四十九號
恆社南京分社　地址延齡巷四十號

仁社總社

地址　牯嶺路十八號

（6）其　他

求是學社

理監事　蔣鋤歐　黃慶齡　徐啓杰　鍾明德

等三十餘人

民主促進會

一九四八年三月南京中央、政治、金陵、金陵女大等大學教授發起組織。

社會學社

理事長　孫本文（國立中央大學社會學系主任）

常務理事　吳景超　柯象峯　胡鑑民　高達觀

孫本文

理　事　陳序經　潘光旦　趙承信　言心哲

胡鑑民　張春江　朱紹庭　劉子明

劉　棨　馬長壽　羅宗棨　岑家梧

董家遵　潘如澍　應成一　湯銘新

陳定閎等二十一人

常務監事　吳澤霖　黃文山　包華國

監　事　吳澤霖　謝徵孚　張鴻鈞　馮漢驥

林耀華等七人

該社主編有中國社會學訊、社會學刊等。

～123～

中國社會事業協進會

會址設林森路鄧府巷四六號，一九四八年十月曾舉行會員總登記，以加强聯繫。

中國民主運動協會

負責人　趙峯懋　劉大篤　吳子健

一九四六年在南京成立

中國農民協會南京分會

主　席　李振翮

中國青年協會

負責人爲鄭波、陳國方，係民社黨外圍組織，在上海設有辦事處。

二　職工團體

南京市總工會

理　事	李廷鎮	蘇子青	金品三	宗長福
	葛聯芳	楊建章	臧永金	徐吉爻
	冷新黎	稽四海	王開璜	宗壽永
	趙家成	嚴寬海	唐有慶	張貴成
	鄭信孚	劉光軍	孫常勝	張炳元
	張金福	楊俊生	柳英富	馬忠極
監　事	彭永春	蕭則姚	楊家林	奚玉成
	陳兆田	高義龍	蔣竹齋	張之寬
	周海林			

～124～

地　　址　南京中華路一七四號

南京鐵路工會聯合會

理　　事　孫義昌　李振和　李慶義　劉松山等卅一人

會　　址　碑亭巷如意里五號

郵務工會

理事長　王宜聲

首都電厰産業工會

理事長　趙家成

常務理長　葉奇斌　柯翰章

自來水管理處産業工會

理事長　稽四海

三汊河有恆麵粉産業工會

常務理事　周發銀　吳純祥　姚蘭亭

監　　事　鄭尚源

印刷産業工會	蘇子青	
紙盒業印工工會	潘草林	
機器業職業工會	裘文炳	
泥水木工業職工會	唐長根	張府園三十一號
水電承裝業職業工會	丁正隆	中山路高家酒館六八號
白鐵器業職業公會籌委會	周正寶	
修造木船業職業工會	袁嘉祥	
鋸木職業工會	王祥明	
木料堆整業職工會	劉漢卿	下關中山北路一

		二九一號
搭篷業工會	任福堂	
油漆業職業工會	陳康年	
玻璃承裝業職業工會	張文祿	
煤炭港起卸職業工會	楊建璋	
煤炭鐵船出艙業職業工會	周鴻如	
下關運輸業職業工會	宗長福	中山北路一二[illegible]二號
浦口新炭場運輸業職業工會	陳兆祥	浦口新炭場
水濱西門運輸業職業工會	傅德財	
東南城運輸業職業工會	馬忠極	
下關行李包件工會	周恆銀	
板車業職業工會	楊峻生	
民船運輸業工會	嚴寬海	
米船業職業工會	周佑之	
沙石船業職業工會	孫玉琪	
押車業職業工會	唐德利	兆豐里新八號
集合村倉庫工會	彭永春	
人力車職工會	張炳元	
三輪車駕駛業職工會	陳永泰	
汽車業職業工會	劉光軍	
汽車司機業職業工會		
綢緞業職業工會	侯大祥	
中服縫紉業職業工會	王裕隆	

西服縫級業職業工會　　周松林
布履業職業工會　　孫德全
蘆蓆業職業工會　　凌存棠
革履業職工會　　秦家貴
派報業職工會　　孫福年
擦皮鞋業職業工會　　張鈞萸
理髮業職業工會　　盧廷顯
菜園業職業工會　　嚴崇禮
猪鬃髮業職工會
茶担業職業工會　　尚長富
金銀器業職業工會　　應祖英
修理鐘錶職業工會　　潘劍波
香燭業職業工會　　翟耀先
影戲業職工會　　馬　鈞
旅客招待業職業工會　　姚詩榮
輪埠車站食品供應業工會　　朱懷寶
中西餐廳業職業工會　　竺養良
中西廚工業職業工會　　蔣園路一八九號。
茶堂業職業工會　　戴永金
浴堂業職業工會
壽材業職業工會　　任興泰
婚喪槓業職業工會　　馬年福

此外尚有南京市工人福利社，主任爲王培源，社址在下關湖南路。

〔附〕在南京成立的蒋區工會聯合組織

全國公路工會聯合會

代　　表　繆啥聲等

成立日期　一九四八年三月十一日

全國郵務工會聯合會

理 事 長　葛聯芳

全國電信工會聯合會籌委會

常務委員　田茲稔　張文湛　王渤鑫　朱海屏

黃　岳　張　偉　華學翔

會　　址　堂公巷三十號

全國礦業工會聯合會

常務理事　范承旭

三　工商業團體

根據一九四八年八月七日南京中央日報載：當南京工業會尚未離開市商會單獨設立時，南京市商會共有一百四十餘單位（同業公會）參加。內中包括了絲織、牙刷、絨絨、製革、機器製冰及汽水菓汁等二十餘單位的工業同業公會。由此又可推知當時南京商業同業公會達一百二十家左右。就已有材料，找出南京的工業同業公會八單位（包括工業會）商會及商業同業公會共六十二單位，分列如下。又在京成立的七個蔣區商業聯合會亦附列於後。

此外一九四八年一月三日有攤販聯誼會成立，負責人金茂祥，僅在此地提及。

(一)工　業

南京市工業會

團體會員　牙刷、汽水菓汁、釀酒、鋼鐵機器、水電、化學、營造、機器製冰、棉織、絲織、絲絨、雲錦、銅作、磚瓦、製革工業等十五業。

工廠會員　中央無線電器材廠、資源委員會絕緣電器廠、中央有線電器廠、中央電工器材廠、首都電廠、光明烟草廠、冠生園食品股份有限公司、益豐紗廠、中國水泥股份有限公司、中央濕電池製造廠。

理事長　陶桂林

理　事　周炳生　孫際如　王傑龢　章厚之　金德義　徐玉書　徐士敏　陸法曾　王召樵　徐美峯　王子興　陳柏松　任國常　黃修青

監　事　王繹齋　錢貫之　汪月秋　錢雲青　沈良驊

南京市各業工業同業工會

名　稱	負責人	地　址
鋼鐵機器同業公會	錢貫之	
水電工業同業公會	周炳生	
營造工業同業公會	陶桂林	中山東路上海二〇號

～129～

		之一
磚瓦製造工業同業公會	孫際如	林森路一八六號
絲織工業同業工會	毀循炎	
機器製冰業同業公會	徐士敏	東牌樓一六七號
汽水菓汁同業公會	娄松南	

（二）商　業

南京市商會

理事長　王經齋

常務理事　穆華軒　董育華　改復初

會　址　白下路

南京市各業商業同業公會

名　稱	負責人	地　址
銀行商業同業公會	程覺民	新街口國貨銀行內
錢商業同業公會	王經齋	
保險商業同業公會		
典當商業同業公會	郝家駒	胭脂巷二八號
煤商業同業公會		
糧食商業同業公會	陳墾智	
麵粉麩皮業同業公會	井振亞	
油糖商業同業公會	寧子春	牙檐巷四號
食鹽銷售商業同業公會	劉禹九	
柴行商業同業公會		水西門外瓦廠街六十八號

～130～

麵作商業同業公會	王桂林	
茶食罐頭業同業公會	金玉棠	
雞鴨行商業同業公會	陳永培	水西門外大街一〇七號
蛋業同業公會		
牛行商業同業公會	蕭育華	
宰猪廠業同業公會	顧鳳岐	
魚會	吳子良	
茶商業同業公會	焦讓之	
水菓商業同業公會		太平路一七三號
飴糖醬色業同業公會	沈玉鴻	
雜貨同業公會	張來清	
紗商業同業公會	王仲卿	
布商業同業公會	馮叔瞻	中正路南段古鉢營十二號
綵綢呢絨業同業公會	吳藴臣	
百貨業同業公會	王繹齋	
西服商業同業公會	趙壽山	
中服業同業公會	陶　模	
皮革品業同業公會	賈月輪	
洗染商業同業公會		
白鐵器業同業公會	周正覽	
磚瓦同業公會	何百年	
砂石商業同業公會	殷冠三	

〜131〜

油漆作商業同業公會	龍惟壽	淮海路一四五號
樹木竹業同業公會	孫武卿	
水管商業同業公會	周炳生	
五金電料業同業公會	陳啓明	
汽車商同業公會	任其崗	貢院街六十號
馬車行商業同業公會	穆慶山	
板車業運輸商業同業公會	楊　順	朝天宮西街九十號
三輪車人力車業公會	單友三	
押車業同業公會		兆慶里新八號
修租脚踏車同業公會	陳大興	
補胎商業同業公會	王洪興	
牌筏業同業公會		
紙作商業同業公會	裴廣桂	
紙盒業同業公會	潘草林	
國藥商業同業公會	沈鑄臣	
新藥商業同業公會	孫　山	
捲烟商同業公會	穆華軒	
酒業同業公會		
猪鬃皮毛業同業公會	昝有才	
電影戲劇業同業公會	陳振綱	
理髮業同業公會	董震波	
旅舘業同業公會	徐鴻棟	
中西餐食同業公會	徐壽麟	

～132～

茶堂業同業公會	戴永金	敦敷巷四號
攝影商業同業公會	羅樹岩	
銀樓商業同業公會		
鹽錢商同業公會	莊祥麟	
水果商業同業公會		太平路一七三號
雜誌同業公會	林桂圃	

〔附〕在南京成立的蔣區商業聯合組織

全國商會聯合會

理事長　王曉籟

理　事　李代芳　王秉鈞　徐宏玉　姬奠川
韓光琦　陳勤士　王繹齋　林翊球
賀笑塵　沈玉和　李仁育　傅汝霖
常文熙　劉一瑞　王德輿　王振宇
陳宗陶　陸小波　李荐廷　周懋植
林熊征　孫梅塢　張隆吉　周錦堂
金思祺　殷　瑞　駱清華　何稚如
孫元南　穆華軒

監　事　李炳華　闞能創　孫汝堅　喬肖榮
趙文翰　黃　琳　李春光　陳職民
程　菊　周汝東　陳肇基

全國銀行業公會聯合會

理事長　李　銘

常務理事　趙棣華　杜月笙　傅汝霖　徐國懋

程覺民　胡子昂
常務監事　王延松　卄助予　梁節之

全國錢業聯合會

理事長　秦潤卿

全國信用合作聯誼會

主　席　于水滋
常務委員　謝哲聲等十二人
委　員　陳耀東等二十四人
會　址　建康路一五八號

全國糧聯會

理　事　張　超　萬墨林　黃桐生　陳鑫智　李念慈
蔡玉書　王竹浦　范年竹　殷濟寬　傅昌裕
鮑　滄　邢志剛　趙章吉　蔣華村　張景煒
何景文　劉紹武　韓德照　瞿振華　陶蔭槐
呂紹華　彭佑之　宗明倫　陳明宣　張友倫
孔祥序　顧竹年　奚玉麟　趙荼三　潘致中
施之範
監　事　許孝儒　陳文學　劉少卿　張紫石　張叔鶯
喬樹德　蔣柏年　盧如松　王　彬

全國轉運業聯合會籌備委員會

籌備主任　郭少陵
副主任　李　遊等
地　址　下關熱河路文德里四號

全國輪船業同業聯合會

理事長　杜　鏞

理監事　錢新之　徐學禹　楊管北　徐恩曾

四　職業團體

南京記者公會

理　事　許君武　劉啓瑞　張友鸞　潘朝英
黃少谷　溫　麟　喬一凡　羅冠羣
蕭同茲　馬星野　唐少瀾　黃早陽
陳粵人　沈九香　彭河清　褚柏思
張慶城　曹蔭穉　張　峻　許　超
夏　時　王乃昌　黃　明　李荊蓀
鄒若軍

候補理事　李愼之　耿修業　張友鶴　儲柏鄉
胡漢業　沈宗琳　徐步青

監　事　陳博生　穆慶山　唐際清　樊希賢
徐健秋　李景周　王淸源　雷嘯岑
龔德柏

候補監事　鄭炳森　羅祖光　丁匡華

此爲第三屆理監事名單，係一九四八年九月選出。

南京律師公會

理　事　戴修瓚　孫必仁　曹福齋　邵賢洪
王洪江　周克傳　葉在杭　趙文謨

楊嘉麟等十五人

監　事　劉紹基　呂能安　丁宣堉　巴本直
等五人

地　址　中華門膺福街廿三號
此名單係一九四八年三月選出

全國醫師公會聯合會

理　事　余雲岫　胡蘭生　俞松筠　胡定安
汪企張　金誦盤　金鳴宇　江晦鳴
張錫祺　胡振華　胡經歐　徐竹君
周枕雲　盧淑達　狄書三　戴櫟季
孫東元　陳邦典　莊畏仲　李棠衡
舒道隆　胡士達　王幾道　龔維德
毛　咸　胡獻可　吳文華　朱壽江
華淑君　鄧超岑　范守淵

監　事　龎景周　戚壽南　盛佩葱　陳方之
蘇曾祥　汪浩然　劉之綱　余光中
許漢珊等十人

南京市醫師公會

理　事　何濟生　朱壽江　余光中　金誦盤
等廿五人

監　事　金鳴宇　狄書三等七人

會　址　沈舉人巷六四號

南京建築師公會

理事長　關頌聲

理　事　黃　驊　劉士能　張　峻　楊正寶
杜拱震　童　雋　徐　中　吳旦平
監　事　盧毓駿　邱式淦　林樹民
該會成立於一九四七年四月，登記會員約百餘人。

南京護士公會

理事長　徐藹諸
常務理事　胡惇五　管葆眞
理　事　劉效曾（總務組主任）尉遲瑞蘭（組織組主任）翟枕流（公益組主任）段蓉貞　田粹勵　蔡謙益
候補理事　陳玉文　呂式瑗等
常務監事　朱美禩
監　事　曹子箴　冉長庚
候補監事　許競雄

新聞通訊業協會

理　事　鄧季惺　張友鸞　馬星野　黃少谷
李景芳　劉耀文　喬一凡　張友鶴
王乃昌　唐少瀾　陳國琛等
監　事　龔德柏　黎世芳　胡濟石

南京中等縣校教職員聯誼會

主　席　司曉南
常務理事　吳起能

小學教師協進會

理　　事　唐承舜　朱彭年　范天一等十五人
監　　事　李智弗　張　俠　徐安祥等七人
　　中國業餘無線電協會
會　　址　國府路梅園新邨
分會會址　玄武門大樹根七十六號
　　平、津、穗、漢、渝、台灣等地設有分會，各地會員共一千六百四十二人。
　　劇人協會（梨園組織）
理事長　潘奎芳
　　南京藥劑師公會
會　　址　太平路一四四號
　　南京藥劑生公會
會　　址　建國路生生葯房
　　南京市中醫師公會
會　　址　璇子巷八十八號

五　婦女團體

（1）國民黨的婦女組織

　　中央婦女運動委員會特派南京市江蘇省婦運督導委員會
會　　址　鼓樓拙華里十五號
　　新運婦女指導委員會
總幹事　張靄眞

會　址　頭條巷二號

新運婦女指導委員會南京婦女工作委員會

主任委員　應懿凝

委　員　許淑珍　陳樾楠等廿餘人

副總幹事　陳紀彝

（2）已確知其政治背景的婦女團體

中國婦女團體聯誼會

代　表　有黎劍虹、莊靜、呂曉道、唐國楨、呂雲章等三十餘人，爲C.C.系女黨棍所操縱。

婦女戡亂會

理事長　沈慧蓮（C.C.系，馬超俊之妻，與黎劍虹有矛盾）

憲政婦女促進會

負責人　劉蘅靜（C.C.系女黨棍，汪精衛之甥女）

中國婦女民主政治促進會

該會於一九四七年五月，由劉蘅靜、呂曉道、呂雲章、唐國楨、黎劍虹、張邦珍、熊淑衡等發起組織，在中山東路三〇五號舉行會議。爲C.C.系女黨棍所掌握。

中國職業婦女互助會

負責人　黎劍虹（C.C.系梁寒操之妻）楊德文（C.C.系卓衡之之妻，京市參議員）

現有會員將近四千人，多數爲下關區的職業婦女與

~139~

京市女售票員。

婦女政治研究會

理　　事　熊叔衡　呂曉道　徐闓瑞　童肖予　費　俠
唐一葦　葛修鑾　張　儉　馬　驥　何冰如
張緒英　張健吾　王一冰　陳振芬　龔　俊
葉　俊　黃燕節　張麗芬　王澤綿　杜　斐
徐　琴　林　芬　鄧傳英等

候補理事　馬克璨

監　　事　方靜清　呂　詩　向心一　崔璞珍　葛君曼
陳美華　方學蓉　高玉佩　孫慕歐

候補監事　劉淑誠

為C.C.系呂曉道等所組織。

中國婦女政治學會

常務理事　李秀芝　楊德文　辜祖文等

常務監事　段吉享　陳穎琅

於一九四七年七月成立，為政治大學女生所發起，會員亦多為政大學生（按政大係由C.C.系控制的國民黨中央政治學校及三青團青年幹部學校合併而成）。

婦女共鳴社

負責人　陳逸雲　傅　岩　王孝英　談社英　徐元璜
舒蕙楨等

C.C.系婦女團體，成立於一九二九年，為已故之李峙山創辦，出版有「婦女共鳴」雜誌。

~140~

（3）背景不詳的婦女團體

婦女生產事業促進社

理　事　夏琫瑛　楊　俊　呂凝芬　陳僑珍　金澤南
劉德嫻　張助君　戴敬祿　馮蘭石　張英平
王業珍　陳秀濤　程翠英　王大樂　吳松雲
魏文秀　桂佩和　趙曉梅　吳菁華　陶淑貞
方景芬

候補理事　黃啓華　陳人玉　徐美珍　張馥清　王永瑗
李定田

監　事　王業寧　胡篤琇　適傳儷　吳霞曉　徐友箏
方延豐

候補監事　易石琼　楊全德　晁顯雲

該社於一九四七年六月成立於國民黨中央黨部。

婦女民主協會

理　事　程翠英　黃　菊　蔡儀林　何競鳴　余麗青
楊　俊　程時環　李濟珍　方靜貞　蕭淑懿
胡紹嫻　金吟秋　何佩蘭　夏琫瑛　王大樂

候補理事　吳梅卿　范春暉　王碧蘭　陳東周　應閏淑
饒淨植　嵇秋明

監　事　孫秀瑩　易冠倫　陳家瑚　龍文惠　沈忠蘭

候補監事　談明倩

全國大學婦女會南京分會

理　事　王傑儀　徐幼芝　朱覺方　湯一雯　陳越梅

～141～

等十一人
監　　事　陸愼儀　鄭汝銓等三人
會員約百餘人
中華婦女文教協會
主　　席　趙懋華
婦女會
理事長　倪　亮
監　　事　吳瑞芳
婦女生活輔導社
該會於一九四七年爲王德箴、徐健秋等發起組織。會議地點在國府路大悲巷羅園九號。
中國婦女生活社
社　　址　碑亭巷慕慈醫院內
中國婦女服務社
社　　址　牯嶺路十六號
中華婦女福利協會
會　　址　中山東路五號
蒙古婦女協會
該會舉行會議時有當局參加，會員約三百餘名，於一九四八年十月成立。
中華基督教女青年社
詳見外僑宗敎部份。
中國女青年會
理　　事　張　雯　楊　俊等

監　事　楊今德等

另一材料謂該會負責人陳庭珍、楊俊、周孝銓（周爲郭德潔的祕書）

六　宗教團體

據現有材料，南京之宗教團體甚少，宗教活動亦較消沉，就所知者簡述如下：

（1）天主教與基督教

南京天主教文化協進會總會

理事長　于　斌

副秘書長　郭鴻羣

會　址　太平路

該會爲于斌主辦，爲宣傳天主教之文化團體。

眞耶穌教會南京分會

代表者　李殿英

會　址　北門雞鵝巷一一八號（舊一一四號）

基督教靈糧堂

主持人　天禾牧師

該會成立於一九四六年十月，完全由華僑牧師所創立，地址在雲南路。

此外如基督教男女青年會，世界基督徒領袖總會遠東理事會等，均直接或間接受外國總會領導，該部詳見外僑宗教部份。

（2）佛 教

中國佛教協會

理 事 長 章 嘉

常務理事 李子寬 雪 嵩 謝 健 蔣士杰 雪 煩

葦 一 亦 幻 喜 饒 嘉 錯

監務理事 圓 瑛 塵 空 黃懺華 姚雨平等

秘 書 長 雪 嵩

會址設莫愁路佛學會內。曾出版『海潮音』雜誌。

中國宗教徒聯誼會

理 事 長 章 嘉（蒙古活佛、國民黨中委）

南京菩提學會

主 持 人 章 嘉 湯薌銘

普照寺

法 師 應 慈

寺 址 莫愁路

中國佛教會蒙藏教務委員會

委 員 僧 信 大 德等十一人

該會爲中國佛教會所辦，一九四八年六月成立，聘定漢、蒙、藏、康、青等十一人爲委員。

佛教慈幼院圖書館

即梅蓀圖書館，設於下關三汊河。

崇華善堂

代表人　葉紹庭　杜鐘樑

該堂即以前之一貫道。

此外，據一九三五年『首都志』材料，南京古老之佛寺，保留至民國以後者有十一座：

大報恩寺　中華門

上瓦官寺

幽棲寺

棲霞寺

弘覺寺　牛首山

靈谷寺　鍾　山

清涼寺　清涼山

半山寺

鷄鳴寺　鷄籠山

地藏殿

毗盧禪寺　竹　橋

（3）回　教

中國回教協會

會　　址　太平路

分會會址　楊將軍巷十六號

該會『寺產整理委員會』曾撥寺產收入一部份，爲獎助回教清寒學生。

中國回民青年會南京分會

成立於一九四八年八月，會址在七家灣清眞寺內，爲中國回教協會所主持。

此外，據已知者尚有：七家灣、吉兆營、太平路三處清眞寺，爲回教徒禮拜之所。

（4）道　教

南京之道士多居住於雨花台、呂祖閣、朝天宮、飛霞閣、虎踞關之隱仙庵、丹桂陰庭、乾河之不二庵等地。

七　其他團體

（1）各地旅京同鄉會

名　　稱	地　　址
河北同鄉會	細柳巷二十三號
山西同鄉會	顏料坊九十號
涇縣同鄉會	
廣東新會同鄉會	
湖南同鄉會	二廊廟八號
山東同鄉會	昇州路一六四號
浙江同鄉會	城佐營三山里十七號
蘇州同鄉會	寧海路二十六號
江陰同鄉會	大石壩街白塔巷一號
寧波同鄉會	文昌巷桃源村
諸暨同鄉會	中華路二十一號

廿粵青會館	大輝復巷二一號
四川同鄉會	八條巷六號
南通同鄉會	
東北同鄉會	
陝西同鄉會	
宜興同鄉會	漢府路十六號
嵊縣同鄉會	
大埔同鄉會	
梅縣同鄉會	
雲間旅京同鄉會	臨時籌備處中山東路二九號

（包括：松江、青浦、金山、南匯、奉賢、川沙、上海等七縣）

四川榮昌縣同鄉會	籌備處在中山東路蜀味腴餐廳內
江西同鄉會	
句容同鄉會	

（２）同學會

名稱	負責人	地址
留美同學會	孫科、陳立夫等	太平路三〇一號（另一地址爲太平路太平巷十四號）

美國哥倫比亞大學師範

〜147〜

學院同學會中國分會		
留日同學會		淮海路一百二十號
留英同學會	王世杰	北平路六九號中英文化協會內
清華大學同學會		
滬江大學同學會		大行宮國民學校內
湖南大學同學會		
重慶大學校友會		
復旦大學校友會		
國立藥專校友會		
南開大學校友會		
河南大學同學會		
法比瑞同學會		漢口路底

（3）其他團體

新生活運動促進總會

總幹事　黃仁霖

副總幹事　徐觀餘（曾任童子軍總會祕書）

會　址　市府路

榮軍職業協會

總幹事　郝子華

副幹事　　郁瘦梅
主任祕書　吳羽白
設計委員　湯夢周
地　址　　南京鄧府巷四十六號

南京就業協進會

理　事　　喻兆明　孫本文　言心哲等七人
監　事　　朱濤濤　張鴻鈞等四人

華僑協會

常務理事　吳鐵城　陳慶雲　劉維熾　林慶年　丘漢平五人
常務監事　戴愧生
祕　書　　周雍能

交通協會

理　　事　龔學遂　錢公南等卅一人
監　　事　周鳳九　吳琢之等十五人

中教聯合會

常務理事　李清悚（京市參議員）
理　　事　李　燕

南京市各區救火會聯合會

理事長　　倪文芳
常務理事　魯伯滯，夏友柏
總幹事　　夏元芝

世界學生服務社南京分社

委　　員　楊少白、吳亮夫、沈慧蓮

～149

秘　　書　陳經綱
社　　址　北平路
　　　　　下關各機關團體聯誼會
主 持 人　下關警察局余局長
籌 備 人　曹頌慈（工人福利社輔導組組長）
　　該會包括下關黨、政、軍、警、憲、交通、學校、銀行、各公會負責人、社會領袖、參議員、及其他社會工作者。

南京業餘體育會	上海路八十六號
南京國際聯歡會	中山北路
中國合作事業協會	太平巷十九號
實業研究社	同仁街七十號
國父印刷工業計劃協進會	三條巷六十五號
中國青年服務協社	中山東路三〇五號
中國建設協會	大悲巷大高里十五號
南京市青年救濟協會	吳有訓，陳裕光等發起
軍人服務社	灌海路
中央聯誼社	設華僑總招待所內
公餘聯歡會	香舖營廿一號
中國戰後建設協會南京分會	木料市廿一號
中國航空建設協會	大悲巷雍園八號之一
江寧縣復員建設協會	東王府園五十三號
安徽省復員協進會	唱經樓西街六十五號

第十一 文化事業

一 學校

據一九四八年六月南京市『教育概覽』統計：南京現有初等學校共二百〇八校（包括中心國民學校十三所，國民學校一百四十七所、私立小學立案者四十七所、幼稚園一所），學生九萬七千二百八十五人，教員三千一百二十六人。中等學校共五十一校（包括市立中學六所、初中二所、女中三所、師範一所，職校二所、私立中學已立案者三十七校），學生共二萬六千一百三十三人，教職員約九百餘人。據一九四八年一月京中央日報統計：全市高等學校共十二所，正受高等教育之學生一萬九千五百九十七人。照上面統計，全市初等、中等、高等校生總計有十四萬三千餘人，約佔目前全市人口百分之十强。據一九四七年材料，全市文盲約四十萬人左右，其中有失學兒童五萬以上（據另一材料爲七萬八千餘兒童）。

據現得材料全市有大學四所（內國立者二所），專科學校十一所（內國立者九所），公立之中等學校十所。茲將各校介紹於後。

（1）大學

～151～

國立中央大學

中大擁有七個院，三十餘研究所，教職員六百餘人學生五千餘。校址分爲兩部，第一部在四牌樓，第二部在丁家橋。

校　長　周鴻經（朱家驊親信，僞立委）
訓導長　沙學俊

文學院（分四系及一專修科）

中文系主任　胡小石
外文系主任　范存忠
歷史系主任　賀昌羣
哲學系
俄文專修科

法學院（分五系）

經濟系主任　程紹德
邊政系主任　韓儒林
政治系主任　黃正銘（黃爲現任外交部亞東司司長，是否兼任系主任不詳）
法律系主任　何義均
社會系主任　孫本文

理學院（分八系）

數學系　物理系　化學系　生物系
地質系　地理系　氣象系　心理系

工學院（分七系）

電機系　土木系　建築系　化工系

～152～

航空系　水利系　機械系

農學院（分七系）

院　長　羅清森

農藝系　農化系　農經系　森林系

畜牧系　獸醫系　園藝系

醫學院（內分十九系，六年畢業）

院　長　戚壽南

附設大學醫院院長　康錫榮（一說為戚壽南兼）

師範學院（分三系）

院　長　羅廷光

教育系主任　趙　冕

體育系主任　江良規

藝術系

研究所有三十餘座，所分各系與大學本科各系大致相同。各院系主要教授有：吳祖（組）湘　郭斌龢　沈剛伯　黃正銘　宗白華　凌百䜣　徐悲鴻　陳之佛　吳有訓（曾任中大校長）　高濟宇　歐陽翥　張　更　胡家健（趙宗堯　趙步霞　邵鶴亭

一九四八年六月美國醫藥助華會與教育部醫教會聯合在中大開設生理學研究班。

該校設備，圖書館存有圖書雜誌三十餘萬冊，顯微鏡二、三百架。工學院有工場，農學院有牛奶場，農場等。戰後在丁家橋新建有各系實驗室。四牌樓、九分山、丁家橋新建有教員宿舍三百餘所。文昌橋農場新建學

生宿舍大樓七幢（可容三千五百人）。一九四七年並在高門樓及丁家橋建有教授住宅一百所，學生宿舍大樓三幢（可容一千人）。

國立政治大學

政大係由前國民黨中央政治學校，及三民主義青年團青年幹部學校合併而成，隸屬於教育部。校內分大學部、研究部、高等科三部份，並設新疆班（招收新疆學生）。大學部設三院十系，三院爲：法學院、政經學院、文學院；十系爲：法律、政治、經濟、地政、外交、新聞、教育、中國文學、哲學、歷史等。據一九四七年七月中央周刊材料，該校有教授百餘人，副教授講師及助教近一百人，高等科學生二百七十餘人，研究部學生近五十人，大學部約二千人左右。

校址在紅紙廊，並於孝陵衞擴充新址，目前已落成新屋數幢。

校　長　顧毓琇（C.C.系，歷任教育部次長）
教務長　陳石孚（C.C.系）
教育長　段錫朋（C.C.系，已死，現任不詳）
法學院院長　薩公權
　　法律系主任　梅仲協
　　外交系主任　蕭作梁
政治經濟學院院長　薩孟武
　　政治系主任　張金鑑（C.C.系）
　　經濟系主任　趙蘭坪（C.C.系）

地政系主任　蕭國鼎（C.C.系）

文學院

中國文學系主任　劉拘宣

歷史學系主任　沈剛伯

哲學系主任　方東美

新聞系主任　馬星野（C.C.系）

研究部主任　王鏡淸

主要教授　羅夢冊　胡次威　褚一飛　朱　俊　何浩若　湯惠蓀　張丕介　任純武　西門宗華　盧蔚野　范仁忠　馬潤庠　但蔭蓀　陶希聖等

該校附設新聞學研究會，會址在建鄴路一七四號；公務員訓練部設中山門外孝衛街。

私立金陵大學

金大爲國內美國教會大學之一。現設文、理、農三學院，以農學院最著名。圖書儀器爲南京各大學中之最充實者，現有中西書籍雜誌約四十萬冊。據一九四七年統計，全校學生共一千一百七十人。

校　長　陳裕光（曾歷見市參議會，接近馬超俊）

訓導長　范謙衷

教　授　吳　楨　史邁士　徐益棠　范定九等。外籍教授有伊禮克（Hlink）唐美森（Thomsan）

文學院　分中國文學、外國文學、歷史、社會（系主任陳文經）、政經、哲學、心理等七系

理學院　分數學、物理、化數、生物、化學工程、電機

～155～

工程等系。另設電化教育專修科及教育電影部（儲藏動靜影片一千部）。

農學院　分農業經濟、農藝、森林、植物、園藝、病蟲害、農業教育、蠶桑學等系。另設農業專修科，園藝專修科及農業推廣部。

全校面積佔地二千三百四十畝。建築物有行政樓一座、圖書館一座、科學館一座、農學館一座、附中教室三座、大禮堂兩座、體育館兩座、蠶桑館兩座、農業專修科教室及實習室各一座、乳牛房一所、冷藏、作物貯藏、煤氣房、水塔各一座、煤器池三座、溫室、實習工廠四座、教職員宿舍兩座、住宅五十六座、大運動場三處、網球及排球場二十餘處。此外附屬醫院有主要建築三座、護士宿舍一座、醫生及職員住宅十餘座，另有各地農場頗多。

校　址　鼓樓北陰陽營五十七號。

私立金陵女子文理學院

該校亦爲美國教會大學之一（由長老會、美以美會、浸禮會、基督會、聖公會等，宗教團體合作贊助而成）現分文理兩科、以文科中之音樂、體育二系著名。學生三百二十餘人。

校　長　吳貽芳（與宋美齡關係甚深）

文學院六系：

中國文學系主任　陳鍾凡

外國語文系主任　克馥灡

歷史學系主任　師以法

社會學系主任　龍冠海

音樂系主任　郭星麗

體育系主任　陳黃麗明（簡歷見市參議會）

理學院四系：

生物學系主任　柯象壽

化學系主任　吳懋義

地理學系主任　劉恩蘭

家政學系主任　芮仁德

主要教授　湯銘新　郭鄧如蓀　吳楡珍　毛起鵕

魯桂珍　陳玉淸

校　址　南京寧海路

2）專科學校

國立東方語文專科學校

在抗戰中成立。現該校有東方語九種，外國語六種。爲三年制，學生一百九十餘人。

校　　址　三牌樓紫竹林

校　　長　陳石孚（C.C.系）

研究主任　張禮千

主任秘書　左夢芹

主要教授　任美諤、李旭旦、韓儒林、史國綱、邵鶴亭，其它英、韓、荷、印語方面都有該國國籍教授，姓名不詳。

～157～

東方語現設九種：

暹羅語、越南語、緬甸語、印度語、馬來語、韓語、泰迦洛語（菲律賓）、阿剌伯語、土耳其語。

外國語六種：

英文、法文、俄文、日文、荷蘭文、西班牙文。

國立樂學專科學校

地　　址　丁家橋馬家街

校　　長　吳榮熙

教務主任　王殿翔

教　　授　蕭自的（中國樂界前輩，曾主持編纂中華樂典）　雷興韓　王殿翔　王紹鼎　袁開基　管光地（生藥學家）　劉常山（治瘧有精湛之研究）　張江樹　陳延炳　周太炎　王殿之　趙丹若　倪學則　周質民

講　　師　林啓壽　潘劍峯　金理文

出　　版　學術性的刊物『藥訊』

國立戲劇專科學校

該校於一九二五年創立，話劇等科爲兩年制。分理論編劇及劇場藝術兩組。

校　　長　余上沅

教務主任　閻哲吾

專科理論編劇組主任　陳泰來

劇場藝術組主任　閻葆明

附設高級職業話劇科主任。郭藍田

～158～

教　　授　萬家寶　黃作霖　張駿祥　孫朗琴　李曼瑰
　　　　　費　穆　楊村彬　劉靜沅　尹意娜

該校校址在大光路大光東村，建築有辦公樓、專科樓、高職樓、女生樓(包括宿舍及課堂)、禮堂、教職員及眷屬宿舍、球場、圖書館、排演教室等。曾購置地基二十四畝，西起大光路太陽溝，東至光華門內御街道。

國立音樂院

爲國民黨統治區最高音樂學府。全院分國樂、西樂兩系。除國樂僅一組外，西樂分理論作曲、鍵盤樂器、管弦樂器、聲樂四組。

院　　址　西康路古林寺後面（美大使館後面）

院　　長　吳伯超

教務主任　陳鶴田

研究班主任　楊蔭瀏

聲樂組主任　黃友葵

理論作曲組主任　江定仙

鋼琴組主任　易開基

教　授　Shushlin(俄國人，曾在中國音樂界二十餘年)

　　　　Frankel（德國猶太人）

　　　　Lasaroff（俄人）

　　　　Edler （義大利人）

　　　　陳　洪

　　　　陳德義

國立中央高級助產職業學校

～159～

地　址　石鼓路八十七號

國立邊疆學校

國立中央技藝專科學校　校長裴鳴光

國立中央工業專科學校　校長魏元光

國立遼海商船專科學校　校長士福金（曾任海軍第二艦隊司令部參謀，九龍海門海務專科機師，及遼海商船專科學校教務主任）

私立建國法商學院

董　事　陳果夫　蕭　錚　周炳林　吳開先
　　　　鄭震宇　湯惠蓀　薩孟武等

院　長　蕭　錚（CC系高級幹部）

教務長　楊幼炯（僞立委）

法律系主任　林　彬（國民黨中委）

政治系主任　楊幼炯

經濟系主任　樓桐孫（僞立委CC系）

合作系主任　壽勉成（CC系）

商業管理系主任　趙棣華（CC系高級幹部）

會計銀行系主任　聞亦有（CC系）

主要教授　伍叔儻　褚一飛　陳定閎　崔永楫
　　　　　傅統先　盧郁文　湯惠蓀

校　址　在海寧路匡廬路

私立重輝商科學校

董事長　方　治（CC系）

校　長　金祖懋

~160~

校 址 朱雀路三十八號

（3）中等學校

南京的中等學校計有五十一校（另一材料爲五十八校，包括師範及職業學校在內），全市市立中學教員三百餘人。現僅將國立、省立、市立者分列如下：

國立社會教育學院附屬中學 石鼓路一〇九號
省立江寧師範學校 太平路三五二號
市立第一中學 府西街，分校在白下路
市立第一女中 中華路許家巷四十四號
市立第二中學 鼓樓公園二號
市立第二女中 校長徐元璞 校址設竺橋
市立第三中學 校長周 行
市立第四中學 校長胡蔭瑗 校址龍蟠里四十七號
市立第五中學 石鼓路
市立師範學校 金鑾巷三十六號

二 社會教育機關

（1）博物館

國立中央博物院
地 址 中山門內半山園
負責人 李 濟杭立武（與朱家驊及英美系均有關係）
實際主持人 曾昭燏

該館爲僞教育部所立，所存古物大半係由故宮三殿移出者，共約五千箱；此外一小部份則係南京古物保存所之物。據最近材料，該館古物約有一萬箱，傳已被搬走兩千箱，甲骨古物等，聞已遷往台灣。

國立北平故宮博物院

館　址　朝天宮

該館爲僞教育部所立，保存古物共有一萬七千箱，傳最近已被搬走九千箱。

（2）圖書館

據現有材料，南京市圖書館國立者一，省立者一，黨立者一。玆分別介紹如下：

國立中央圖書館

館　址　成賢街四八號，城北閱覽室在頤和路二一一一號。

該館於一九三四年籌備時，即有圖書十三萬册，至今約有一百萬册（一九四二年敵僞時代統計有九四三，五〇〇册），其中有善本圖書達十三萬册，編有目錄者六千餘種，七千餘册。其來源大部份爲接收漢奸陳羣所辦之澤存文庫存書，及上海東亞同文書院之圖書，以中國善本書與日本人所作關於中國之調査資料爲最多。

近傳該館已將存書三千萬册搬走。

省立國學圖書館

館　址　蟠龍里四七號

館　長　柳詒徵

該館存書，據一九三五年材料共有二〇一，三三九冊，其中中文書有一九九，六〇四冊，內藏善本書兩庫：甲庫爲杭州丁丙之書；乙庫爲紹興范家之書，此外尚有一部爲滿清南洋大臣留下之資料，該館存書並未移動。

中正圖書館

館　長　蔣尙爲（三青團系，國民黨南京市黨部宣傳處長）

該館成立於一九四八年七月，爲南京市黨部紀念蔣匪介石六十生日，發動該黨全市黨員捐款所建者。館內有中外雜誌一百八十餘種，存書若干不詳。

（3）民衆敎育館

第一民衆敎育館

館　址　夫子廟五十七號

南京民衆敎育館

館　址　白下路二四三號

（4）國術館

中央國術館

該館爲張之江創立，館址在中山東路廖家巷二號

南京市國術館

館長爲馬元放（C.C.系），館址設堂子街禮拜寺二五號

（5）其他社敎機關

國立音樂館

館　長　汪　東

國立禮樂館

館　址　珠江路太平橋南八號

國立邊疆文化教育館籌備委員會

主任委員　淩純聲

開國文獻委員會

館　址　中山路

該館隸屬於黨史史料編纂委員會

南京市文獻委員會

會　址　夫子廟泮宮內一五五號

主　委　盧　前（與CC系關係甚深，簡歷見市政府。）

該會成立於一九四六年，主要工作爲出版南京文獻，整理舊誌，調査古蹟。

三　學術機關及團體

南京之學術機關及團體甚多，據一九四七年中央日報載，已登記之學術文化團體，較有歷史者，將近一百單位，其中包括科學、社會、經濟、邊疆、宗教、哲學等各方面，但除少數有固定之研究工作或出版聯絡工作外，大抵祇有招牌，一年開會一兩次而已。玆據現有資料，將各學術機關及團體，分述如後。

（１）國立學術機關

中央研究院

院址　總辦事處雞鳴寺路一號

院長　朱家驊

該院下設研究所十餘所，除歷史語言、社會科學、氣象、天文四部份外，餘均設上海。茲將該四部份分述如下：

歷史語言研究所

所址　雞鳴寺路一號

所長　傅斯年

該所共分四組：歷史、語言、攷古、人類。所內收藏文化資料甚富，如安陽遺物（甲骨、青銅器、陶器之類）、內閣大庫檔案、善本書及其它。據傳此種重要資料均已移往台灣，並有大部研究員隨行，將來恐將遷往美國。

社會科學研究所

所址　雞鳴寺路一號

所長　陶孟和

氣象研究所

所長　呂　炯（兼中央氣象局局長）

天文研究所

所址　紫金山天文台

所長　張啓哲

此外附有棉業實驗館一座。

國立編譯館

館址　山西路（一說爲天山路）

—165—

館　長　陳可中（聞現已易人）

該館主要工作爲編審『國訂本』教科書，並翻譯外國文書籍，隸屬於僞教育部。

地質調查所

所　址　珠江路

所　長　黃汲清

其中心研究工作，側重歷史地質及古生物學，該所隸屬僞經濟部。

中國地理研究所

所　址　山西路七十八號

所　長　林　超

其中心研究工作係地理調查及地形測量，尤其注重於四川境內。該所屬於中英庚款委員會，工作人員多爲朱家驊系。

中央氣象局

局　長　呂　炯

主要工作是航空、航海、農林、水利、漁撈等氣象測報工作。內分技術處、測政處、氣象總台、總務處、資料室。此外尙有會計、人事、統計三室。

敦煌藝術研究所

所　長　常書鴻

該所隸屬於教育部

（２）其他學術團體

中山文化教育館

館址　中山陵附近

館長　孫科

該館內分三部：民族組（組長黃文山，廣東省府委員）、民權組（組長楊幼炯，爲立法委員）民生組（組長諶小岑，爲立法委員）

科學團體聯合會

會長　朱家驊

副會長　沈怡

名譽會長　翁文灝

中國地理學會

通訊處　中央大學地理系轉

會長　翁文灝

理事長　胡煥庸

理事　竺可楨

總幹事　任美鍔

該會出版有『地理學報』雜誌。

中國物理學會

理事長　嚴濟慈

副理事長　饒毓泰

書記　周培源

該會設有四委員會：

—167—

學報委員會（幹事王竹溪、顧功敍）
物理名詞審查委員會（幹事蔭本棟（已死）、陸學善）
物理學教學委員會（幹事周銘、丁緒寶）
應用物理學彙刊委員會（幹事葛正權、李國鼎）

其工作爲編輯及出版『中國物理學報』：審查物理學名詞，由西文譯成中文，並加以標準化；釐訂各級物理學教材等。全國會員約五百六十餘人，北平、上海、西安均有分會。

中國氣象學會

理事長　竺可楨

各地會員共約二百餘人，出版氣象學報月刊一種。

中國化學學會

負責人　曾昭掄（民主同盟中委，已到解放區）
理事長　吳承洛
總幹事　高濟宇

該會出版會誌『化學』、『化學通訊』等刊物。全國會員共三千餘人，機關會員五十餘單位。該會會員致力於各種國防工業，如兵工工業、酒精工業、銅鐵、酸鹼、水泥、製革、肥料、陶瓷、油脂等工業。

中國地質學會

通訊處　珠江路九四二號
理事長　俞建章
主任編輯　黄汲清　謝家榮

出版有『中國地質學會誌』及『地誌評論』等雜誌

~168~

。會員分散各地，總計五百人左右。

中華自然科學社

社　址　中央大學內

理事長　吳有訓

總幹事　沈其益

曾先後出版『科學文彙』、『中國科學與建設』、『科學世界月刊』等刊物，傳播科學知識，並舉辦科學考察團，設立中華化驗所，以促進工礦事業之發展。各地社員兩千餘人，國內外各大城市均有分會。

中國地球物理學會

理事長　陳宗器

常務理事　李善邦　傅承義

監　事　趙九章　呂　炯　張宗燧

出版中國地球物理學報，會員約五十餘人。

中國心理學會

籌委會辦事處　暫設國立中央大學心理學系

籌委會主席　蕭孝嶸

籌委會會計　高覺敷

該會成立於一九二三年，抗戰中停止活動，一九四八年四月舉行心理學會復會籌委會。

中國教育學會

理　事　張伯苓　朱經農　章　益　袁伯樵　程其保
廖世承　吳俊升　程時煃　歐元懷　陳東原
羅廷光

—169—

常務理事　朱經農　常道直　羅廷光　程時煃　陳東原
　　　　　章　益　袁伯樵
監　　事　陳鶴琴　艾　偉　顧毓琇　鄭通和　郝更生
　　　　　俞慶棠　劉季洪　胡定安　趙　冕

中國教育學會南京分會

幹　　事　羅廷光　邵鶴亭　陳東原　程時煃　趙　冕
　　　　　相菊潭　袁伯樵　胡家健　吳俊升
候補幹事　程其保　趙迺摶　黃健中

該會於一九四八年秋會議決定在清涼山建築會所並附設圖書館及招待所。

中國人文科學社

負　責　人　戴克光　吳文輝等
京分社幹事　陳雪屏　田培林（兩人均朱家驊系，陳接近三青團）

一九四〇年成立，曾出版『人文科學學報』及叢刊叢書等。

中國天文學會

會　址　紫金山天文台
負責人　張鈺哲

該會工作爲：編譯天文圖書，編訂天文名詞，觀測變星，聯絡研究，學術講演，獎勵天文學著述等。各地會員有六百八十餘人。

中國統計學社

理事長　朱君毅（代理）

—170—

理監事　褚一飛　趙章黻　汪　龍　王仲武　衛挺生
　　　　芮寶公　艾　偉　陳長蘅　金國寶　吳大鈞
　　　　徐鐘濟　劉大鈞　倪　亮　吳宗汾　鄭彥棻
　　　　田克引　王萬鍾　谷春帆　陳　達

主持人　汪　龍

中國科學工作者協會

理事長　竺可楨

監事長　李四光

總會設南京，國內外大都市均有分會。會員一千二百人左右，團體會員十餘單位。

中國工程師學會南京分會

會　長　茅以昇

副會長　顧毓琇　薩福均

董　事　關庶華　吳蘊初　支秉淵　顧毓瑔　侯德榜
　　　　譚伯羽　惲　震　夏光宇　王星拱

該會為C.C.系所組織。會址設南京171號。

測量工程學會

主　席　花春培

會　員　萬煜斌　黃香蕃　黃恩基　丁　驕　王南原
　　　　陳永齡等二百三十餘人

中國會計學社南京分社

理　事　關亦有　龐家源　吳世瑞　劉樹東　王　璋
　　　　李耀西　石凌漢

監　事　潘序倫　江萬平

～171～

法學會南京分會

理　事　趙　琛　梅祖芳　謝徵孚　陳光虞　劉師篤

監　事　翁敬棠　汪兆彭　李士沅

中國遺傳學會

一九四四年成立，會員約百餘人。

南京科學促進會

主任委員　杭立武（與朱家驊及英美派均有關係）

中國心理生理研究所

所　長　郭任遠

中國農民經濟研究會

主　席　劉光華

南京社會工作學會

理　事　王傑儀（中央醫院病人服務部主任）

陳文僊（金大社會福利行政研究部主任）

等九人

監　事　張鴻鈞（偽社會部福利司司長）等三人。

心理衛生協會

理事長　吳南軒（CC系，國民黨中委）

該會成立於一九三六年，藏有關於心理衛生書籍甚多。

英語教學研究會

理　事　范存忠　沈同洽　張士一等廿一人

監　事　余坤珊　楊憲益　潘家洵等七人

中國合作學會

—172—

該會出版部設昇州路三三二號，曾出版合作月刊，及合作叢書等。

南京中華速記學社

理事長　梁寒操（原孫科系，現爲CC系。）

總幹事　徐溧萍

中國護士學會

理事長　聶毓禪（爲北平協和護士專校校長）

常務理事　周美玉　管葆眞

理　　事　徐藹諸　田粹勵等十一人

監　　事　伍祜英　余琼英　朱碧輝等

會　　址　雙龍巷十一號之三

中國地方行政研究所

所　　址　上海路七號

四　其他文化教育機關及團體

據現有資料所知，南京文教機關及團體，大部份爲國民黨所辦，或國民黨人所主持，純屬羣衆性者則寥寥無幾。茲將已有材料分別介紹如下：

中華教育基金董事會

董事長　蔣夢麟

副董事長　翁文灝　司徒雷登

名譽秘書　胡　適

名譽會計　霍寶樹　霍浦金斯（上海電力廠）

～173～

執行委員會委員　翁文灝　周詒春　霍寶樹
財政委員會委員　李　銘（上海銀行界）湯瑪士（美花
旗銀行）周詒春。
副會計　湯瑪士　葉良才
董　　事　任鴻雋　傅斯年　蔣廷黻
美大使館代表　參事克拉克
職　　員　葉良才　杜伯遜

世界社

創辦人　吳稚暉　張靜江　李石曾

該社所辦事業，大部均在上海。一九四六年在京籌備建築文化大厦，佔地約八畝。

中英文化協會

會　　址　北平路六九號
負責人　王世杰　施謅文（英駐華大使）
副會長　杭立武　蘭　姆（英駐華公使）
理　　事　張道藩　周鯁生
監　　事　王雲五　傅斯年

中英文教基金董事會

會　　址　山西路七十八號

中緬文化協會

會　　址　莫愁路八十一號

中法比瑞文化協會

會　　址　北平路四十八號

中蘇文化協會

會　　址　漢中路牌樓巷五十一號

中華全國體育協會

理事長　王正廷

總幹事　郝更生

常務理事　袁敦禮　郝更生　王正廷　江良規　宋如海

奚玉書　許民輝

童子軍總會

理事長　朱家驊

總幹事　蕭忠國

會　　址　碑亭巷泰山坊四號

童子軍緊急服務總團

團　　長　蕭忠國

副團長　張仁家

團下設指揮，宣傳，總務三部。

中國童子軍南京市理事會

理事長　馬元放（C.C.系，京市教育局長）

總幹事　葉養源

會　　址　白下路二百四十三號

童子軍教育會

常務理事　吳兆棠　袁宗澤　陳邦才　蕭忠國　蔣貿振

總幹事　蘇志敏

副總幹事　李樹森

南京童子軍友會

常務理事　沈祖懋（三青團系，國民黨中委，南京市黨

部副主委）

理　　事　蔣翼振

總幹事　俞綬之

中央文化資料供應社

理　　事　張道藩　李惟果　黄少谷　陶希聖　謝然之

馬星野　馮有眞等十五人

監　　事　陳雪屛　陳布雷（已死）

青年文藝作者協會

理監事　王含光　孫玉琳　李一之　劉　英　劉啓×

方涉蟾　鄧雲台　曹志宏　王維理　張立均

地　　址　金沙井四十九號

中華交響樂團

團　　長　司徒德

該團爲教育部主辦。

全國電影戲劇協會

理事長　余上沅

理　　事　張道藩　余上沅　梅蘭芳　洪　深　萬家寶

孫　瑜　田　漢　熊佛西　金　山　羅靜予

張駿祥　閻哲吾　向培良　黄佐臨　王瑞麟

李健吾　歐陽予倩　吳天保　王向辰等

常務監事　張道藩　閻哲吾　向培良　胡春冰　羅靜予

等

監　　事　顧一樵　羅學濂　史東山　齊如山　劉仲秋

徐裕如　周信芳　顧仲彝　劉靜沅等

—176—

新聞通訊協會

理　　事　劉啓瑞　楊先凱　許君武　張　峻　許　超
黃早陽　徐步青　穆慶山　戴友柏　羅智摮
馮勤文

監　　事　丁匡華　王清源　陳疇甫

常務理事　劉啓瑞　楊先凱　許君武　張　俊　許　超

常務監事　丁匡華

會　　址　琵琶巷十五號

成立於一九四七年八月

中國民衆法律教育社

理事長　顧汝勳

副理事長　嚴欣淇　葛存方

常務理事　何政涵　王　煥

總幹事　陶宗祥

該社於一九四八年四月成立，為CC系洪蘭友、顧毓琇所發起。

西藏文化促進會

會　　址　南京建康路二九三號

幹　　事　王安棟　赫旅朗吉

南京國際文化合作協會

發起人　甘乃光　胡一貫　曾虛白　陳東源

南京文化事業信用合作社

社　　址　國府路香鋪營二一號

首都文化社團聯誼會

— 177 —

該社成立於一九四六年

中國孔學會南京辦事處

地　址　中山東路四號

首都社教機關團體聯誼會

南京國民教育研究會

會　長　馬元放（C.C.系）

該會會員有程柏廬、羅廷光、薛天漢等。

南京華僑教育總會

負責人　石正中

五　報　紙

據『新聞學季刊』載，一九四七年八月南京記者公會統計南京有日報十四家，晚報三家，記者四百七十四人，外埠報紙駐京辦事處或特派員共七十四個單位，共計九十一個單位。

據現得材料南京報紙二十四家，其中日報十九家，，晚報五家，已確知其背景者有十三家即：

國民黨機關報（中央日報）

國防部機關報（和平日報）

C.C.系報紙（大剛報）

與軍統有關者三家（救國日報、中國日報、社會日報）

受國防部津貼者三家（中國時報、大道報、評論日

報）

與中統有關者（新中華日報）

市黨部機關報及與市黨部有關者（建設日報、南京日報）

天主教機關報（益世報）

（1）已知其政治背景的報紙

中央日報

社　址　中山路三九號

社　長　馬星野（任中宣部新聞處處長多年，C.C.份子，國民黨中委）。

總編輯　李荊蓀

副總編輯　耿修業

總主筆　陶希聖

主　筆　盧冀野（名盧前，現任市政府通志館館長，簡歷見市政府）　殷海光

採訪主任　樂恕人

董事長　陳立夫

董　事　于右任　余井塘　胡健中　葉溯中　陳石孚　陳訓畬　陶希聖　王新命　李荊蓀　張文伯等（另一材料：常務理事有馮有眞（已死）、詹文滸、馬樹禮、陳訓畬、袁業裕）。

監　察　戴季陶（已死）陳誠　狄膺　程滄波

—179—

蕭贊育等（另一材料：常務監事有潘公展
蕭中行）。

該報爲國民黨政府機關報。日本投降時該報曾接收僞中報及僞中央日報，估價約値四九五，〇七一，八一二元（僞法幣，約照接收時幣値）每日發行額約四、五萬份之間。該社財產計有機器四部（據聞又向美國訂購最新輪轉機一部）、房屋四幢、倉庫三所。社址由中山路擴充到高家酒館。

和平日報

社　　址　中山北路二五號，營業處在南區朱雀路二三號，中區山東路一〇三號。

社長兼發行人　黄少谷（三青團系）

總　編　輯　鄒若軍

總　主　任　陳鐘浩

該報前身卽掃蕩報，爲軍委會機關報，其後改組，名義上隸屬三青團，實際上仍受國防部之支持，全部經費由國防部津貼。每日銷數約萬份左右。

日本投降後，該報曾接收僞大陸新報，估價約値三百十六萬八千餘元（僞法幣，約照接收時幣値）。

大剛報

社　　址　南京中山東路一二一號

社　　長　温　麟

發　行　人　毛健吾（毛爲國民黨中央黨校畢業，係僞裝開明的C.C.系份子）。

—180—

社論主筆　毛禮鋭
董事長　陳立夫
常務董事　毛健吾　黄　强

據一九四七年山西國民日報稱，該報開始以民營姿態出現，標榜『大地方爲國民黨說話，小地方爲共產黨說話』。因經濟壓迫負債達兩億，於是成立新董事會，以陳立夫爲董事長，原帶有『自由主義色彩』之編輯人員均遭排擠離社，至今成爲C.C、系之報紙。每日銷數約萬餘份。

救國日報
社　址　太平路四一六號。印刷廠和編輯部在中正路曾公祠二號之二。
社　長　龔德柏（爲該報之創始人，龔與何應欽、張群交誼甚深）
總主筆　陳健夫（美帝支持之新社會革命黨負責人之一）

該報受何應欽之支持，反共最烈，有『反共先鋒』之稱。最初來京復刊時，曾得何應欽之助，接收一批器材。據傳一九四九年一月該報已部份南遷，並大批廉拋出存紙存貨。但目前仍按日出版。每日銷數約有二萬份左右，在軍人中銷路最廣。

中國日報
社　址　白下路二二四號
主持人　劉啓瑞（爲軍統頭子戴笠生前之得意幕僚

—181—

，任戴之私人秘書甚久，過去軍統總結報告多出其手，利用軍統一切文化物資而發家，大同通訊社亦為其主持）。

社長兼發行人　張一寒

該報背景與軍統關係極為密切，據云最近已轉由蔣經國主持，每日銷數不足三千份。

社會日報

社　　址　中山路一一三號

主 持 人　李士珍（國民黨中央警官學校校長）

該報為小型報，印刷與經費均由警官學校担當。日銷僅千份左右，大多為派銷。

中國時報

社　　址　中山東路一四九號

主 持 人　鄧文儀（復興社十三太保之一）

該報創刊於重慶，為鄧之私產。初以青年軍出版社之經費起家，現又得國防部之經費支持，受國防部新聞局控制，銷數有限。

大道報

社　　址　社長辦公室在建康路三五二號，編輯部在白下路，經理部在太平路。

社　　長　蕭作霖（接近少壯派之黃埔軍人）

據稱該報接受國防部之津貼，與國防部關係頗為密切，併利用國防部津貼及一億貸款積極籌備自辦印刷所。日銷約七千份。

—182—

評論日報
社　　址　科巷壽星橋五十八號
主　持　人　王乃昌（曾任僞國防部出版科長）
該報受僞國防部之津貼，並在該部新聞局之支持下創辦起來。以內幕新聞見長，日銷不足千份。
新中華日報
社　　址　漢中路與中商場內
主　持　人　孫慕迦（係國大反對派份子，接近黃埔系軍人，頗爲陳誠看重）
該報與中統有關，並受陳誠之津貼。據云該報系中統人員接收敵僞之中華日報資產。日銷僅二、三千份。
建設日報
社　　址　戶部街八十二號
主　持　人　卓衡之（C.C.系，前京市黨部主任委員）
據一九四七年二月山西國民日報載，該報主持人爲李景芳（川幫商人），開始時四川鹽業巨子藍文彬曾投有巨股。一九四七年六月材料稱：該報主持人爲卓衡之，成爲京市黨部所操縱之報紙。
南京日報
社址　碑亭巷一〇二號之二
主持人　喬一凡（南京影業公司所屬新都戲院經理，與市黨部頗接近）
該報在日本投降後接收僞浙江日報，估價約値五三

—183—

，五〇七，八〇〇元（偽法幣）。與市黨部有關。日銷不足二千份。

益世報

負責人　牛亦未

該報爲天主教于斌主辦，舘址設國府路二八一號，及鐵管巷七十八號兩處。據另一材料，該報尙出版晚報，負責人潘朝英，爲C.C.系，與于斌有關係。日報日銷約二千份以內。

（２）其他背景不詳的報紙

	社址	負責人
南京人報	太平路一三六號	社長 張友鸞 總編輯 鄭時學
民主日報	中山東路一四九號	
華夏日報	白下路二四八號	
新南京報	中山東路	
新生日報	白下路	
星報	石鼓路	
南京晚報	常府街桐蔭里一號	社長 張友鶴
首都晚報	林森路	
大同晚報	常府街	
京華晚報	中山東路	
江南晚報	朱雀路七四號	

—184—

六　通訊社

據一九四八年九月『報學雜誌』載，截至一九四八年八月十九日爲止，南京內政部已核准登記之通訊社共有八十三家，據現得材料有三十九家，其中已知其背景者有中央通訊社、大同新聞社、大道新聞社、警光通訊社、中國農工通訊社、改造通訊社、軍事新聞通訊社等七家。

（1）已知其政治背景的通訊社

中央通訊社總社

社　　址　中山東路七十二號

社　　長　蕭同茲（C.C.系）

主　　編　陳博生（C.C.系）

編輯部主任　唐際清

採訪部主任　陳叔同

該社爲國民黨中宣部於一九二七年創立，分社遍佈國內各大城市，海外分社計有新嘉坡、倫敦、華盛頓、莫斯科、印度等處。

大同新聞社南京總社

社　　址　大彩霞街五十一號（另一材料爲慧園街慧園里廿三號）

負 責 人　劉啓瑞（中國日報之主持人）

該社與軍統有密切關係。

大道新聞社京總社

社　　址　慧園路慧園里二十三號、與軍統有密切關係。

負 責 人　劉啓瑞

警光通訊社

社　　址　熱河路五號

主 持 人　李士珍（國民黨中央警官學校校長）

該社爲南京中央警校所辦。

中國農工通訊社

社　　址　中山東路二四三號。

負 責 人　謎小岑（C.C.系特務）等

改造通訊社

社　　址　石婆婆巷三十號之四

負 責 人　陳健夫（爲美帝支持的新社會革命黨黨魁）

軍事新聞通訊社

社　　址　林森路七十二號

負 責 人　褚伯思

該社爲僞國防部政工局所辦。

（2）其他背景不詳的通訊社

名　稱	負責人	社　址
新光通訊社	李光	

時時新聞社	王塡武	
國光新聞社京總社	戴友柏	中華路九十九號
中國工商通訊社	張　峻	國府路一八九號
徵信新聞南京版	刁民仁	淮海路金陽里一弄一號
商務通訊社	高允斌	
東方新聞社總社	劉建中	珠江路七九三號
中國聯合新聞社	胡秋原	秣陵路文佩里一號
大華通訊社	王仙舟	桃園新邨六十號
政治新聞通訊社	楊文生	中山東路一四九號
中國工業通訊社	李惕平	太平路二六五號
致中通訊社	潘學周	
中國新聞社總社	馬伯超	太平路文昌巷八號
楊子通訊社		紅花地三十八號
遠東新聞社京總社	許　超	娃娃橋十四號
經濟新聞社京分社		陶谷新邨八號
民主通訊社		秣稜路秣稜村二號
民生新聞社		大石橋六十二號
神州電訊社京辦事處		紅廟六號之二
眞理新聞社	許君武	太平路北首巷二號
新中國新聞社總社		中華路四〇二號
民力通訊社	陳仲明	
新新新聞社	陳時甫	八寶前街五十號
民本通訊社京分社	劉政岳（代理）	
華僑通訊社	毛智鵬	

— 187 —

中國聯衆通訊社京總社　　馬路街棉鞋營十五號
新國家新聞通訊社　董彭年
中國新聞資料供應社　　西華門二條巷三七號
新聞通訊社
公論通訊社
環與通訊社
志誠通訊社

七　雜誌期刊

據南京市偽社會局統計材料，截至一九四八年六月底，南京出版之雜誌期刊計有：三日刋七種，週刋七十五種，旬刊十八種，半月刊二十七種，月刊一百三十四種，季刊二十種，不定期刊二種，共計二百八十三種。此數可能包括各報定期附刊在內。惟根據現有不完全材料，已知其在一九四八年尙在出版或復刋創刋的雜誌期刊，共得八十一種，其中國民黨及其所屬機構主辦者四十四種，言論極爲反動者十八種，偽裝中間態度者九種，比較進步者一種，其他不詳者九種。玆分別介紹如下：

（1）國民黨及其所屬機構主辦的刊物

中央週刊

社址　西華門二條巷二號

發行兼主編　劉光炎

該刊係國民黨中宣部之機關刊物

中央日報週刊

社址　中山路三九號

主編　錢震

國民黨中央日報社發行

報學雜誌

社址　中山路三九號

主編　馬星野（C.C.系國民黨中委）

國民黨中央日報社發行

文化先鋒

社址　香舖營二一號

發行人　張道藩（C.C.系）

主編　林桂圃

該刊係國民黨中央文化運動委員會之機關刊物

文藝先鋒

社址　香舖營二一號

發行人　張道藩

主編　趙友培

該刊爲文化先鋒之姊妹刊，同係國民黨中央文化運動委員會機關雜誌。

華僑先鋒

社址　湖南路一八號

—180—

主　编　　王科祥
國民黨中央海外部發行
　　　　　農工月刊
社　址　　丁家橋
國民黨中央農工部機關刊物
　　　　　中國青年半月刊
社　址　　中山路張家菜園十號
發行人　　李俊龍（國民黨中宣部副部長，三青團系）
該刊原係國民黨三青團機關刊物
　　　　　婦女月刊
社　址　　國府路梅園新村三二號
主　編　　陸翰芩（女，前偽財次徐柏園之妻，國民黨中央婦女運動委員會委員）
該刊係國民黨中央婦女運動委員會主辦
　　　　　廣播週刊
社　址　　丁家橋
國民黨中央廣播事業管理處之機關刊物
　　　　　中國的空軍
社　址　　白下路東昇里二號
社　長　　簡　樸
發行兼編輯　　中國的空軍出版社
該刊係偽空軍總部第一署主辦
　　　　　國防月刊
社　址　　黃埔路御史廊

社　長　　鄧文儀

主　編　　趙泉澄

該刊係僞國防部政工局發行

新聞導報

僞國防部新聞局機關刊物

軍中娛樂（月刊）

社　址　　白下路一六九號

僞國防部政工局編行

軍事畫報月刊

社　址　　三牌樓柏果園三八號

僞國防部新聞局主辦

軍事雜誌

編輯兼發行　　僞國防部軍事雜誌社

指導兼審定　　僞國防部第五廳

法制月刊

社　址　　黃埔路御史廊

僞國防部政工局編行

國防科學簡報

社　址　　太平門御史廊

僞國防部第六廳編印

世界兵學

社　址　　四條巷仁壽里盛園一號

主　編　　李浴日

該刊係僞國防部世界兵學社發行

—191—

史政季刊

社 址　黄埔路

社 長　吳 石

主 編　蔡重江

該刊係僞國防部史政局機關刊物

曙光半月刊

通訊處　南京第五三七號信箱

僞國防部預備幹部局發行

鉄騎週報

社 址　中華門外東山鎭

發行人　劉清源

陸軍裝甲兵學校出版

運輸季刊

社 址　三牌樓

僞國防部聯勤總部運輸署編行

聯勤學術研究季刊

社 址　三牌樓

僞國防部聯勤總部第六處編行

傷兵之友

社 址　三牌樓

僞國防部聯勤總部政工處編行

軍醫月刊

社 址　中山東路四條巷

僞國防部聯勤總部軍醫署編行

教育通訊半月刊

地　址　　成賢街五十號

主　編　　田培林（朱家驊系，前偽教育部次長）

編　輯　　史次耘

該刊係偽教育部機關刊物

地政通訊

社　址　　林森路

偽地政部地政研究委員會編行

銓政月刊

社　址　　試院路

偽銓敍部銓政月刊社編行

司法季刊

社　址　　中山路三〇九號

偽司法行政部編行

統計月報

社　址　　林森路

偽行政院主計處統計局編印

財政統計通訊

社　址　　中山東路

偽財政部統計處編印

社會工作通訊（月刊）

社　址　　宗老爺巷偽社會部內

編輯兼發行　　社會工作通訊月刊社

該刊係偽社會部之機關刊物

— 198 —

社會行政統計

社　址　　碑亭巷一五八號

僞社會部統計處編行

社會建設（月刊）

社　址　　國府路東箭道街廿四號

主　編　　孫本文

該刊係僞社會部社會建設社發行

社會導報半月刊

社　址　　樓子巷四十三號

發行人　　陸京士（C。C．系工運頭子，國民黨中央農工部副部長）

社　長　　王培源

總編輯　　汪積恭

該刊係中國社會工作協會（僞社會部長谷正綱主持）主辦

農　報

社　址　　孝陵衛

主　編　　中央農業實驗所

僞農林部刊行

中農月刊

社　址　　太平路黨公巷四號

中國農民銀行經濟研究處編行

資源委員會季刊

社　址　　中山北路三牌樓

僞行政院資源委員會編行

邊疆通訊

社　址　　洪武路晉公祠四號

主　編　　張承熾

僞行政院蒙藏委員會發行

邊政公論

社　址　　洪武路晉公祠四號

主　編　　周昆田

僞行政院蒙藏委員會發行

蒙藏月報

社　址　　洪武路晉公祠四號

僞行政院蒙藏委員會編行

現代郵政月刊

南京郵政總局之機關刊物，社址在上海路四十號

儲匯服務

郵政儲金匯業局經濟研究室編印

（２）言論極爲反動的雜誌

政治嚮導

社　址　　碑亭巷慕德里五號

社　長　　湯如炎（三青團系，國民黨中委）

主　編　　嚴岳喬　葉　青

政衡月刊

社　址　　洪武路介壽堂二號

社　長　　張金鑑（C.C.系

—195—

主　編　何心冷　馬大英　羅志淵　陳學人

三民主義半月刊

社　址　中山路司法院對面巷內

發行人　楊玉清（偽立法委員）

建國評論

社　址　申家巷復成新村十一號

發行人　陶　素

主　編　李覺公

建國青年（月刊）

社　址　白下路二七九號

主　編　王沙邨

時代週刊

社　址　白下路二七九號

主　編　林溥倫

士兵週刊

社　址　白下路二七九號

婦女文化

社　址　碑亭巷慕慈里

主　編　李曼瑰（女，三青團系，國民黨中常委很反動）

自由天地

社　址　昇州路秤屯巷十四號

主　編　趙錦華

民　生（半月刊）

社 址 林森路七五號

編輯及發行 民生半月刊社

文藻月刊

社 址 石鼓路一〇〇號

社 長 陳哲敏

主 編 李善修

益世週刊

社 址 石鼓路一〇〇號

天主教益世報股份有限公司發行

週末觀察

社 址 中華門高備里八號

發行人 李鹹三

主 編 謝東閩

中國文摘

社 址 香林寺佛心橋三〇號

發行人兼主編 楊 懿

社會新聞（週刊）

社 址 琵琶巷十五號

發行人 黄旱陽

大衆新聞（半月刊）

社 址 中山東路一七〇號

C・C・系主辦

中國新聞

社 址 碑亭巷三八號

～197～

發行人兼主編　　唐賢龍

新聞雜誌（半月刊）

社　址　　林森路一一七九號，總管理處珠江路68號

發行人　　馮愛羣

社　長　　林　眞

主　編　　朱邁之

（3）僞裝中間的雜誌

世紀評論

社　址　西華門三條巷九號之一

發行兼編輯　世紀評論社

主　流

社　址　林森路田吉營五號

發行人　羅夢册

C.C.系所支持

自由與進步（半月刊）

社　址　太平路五十號二樓

天下一家

社　址　高樓門二〇號之三

主　編　劉不同（特務份子）

大學評論

通訊處　南京一〇一二三號信箱

社　長　倪青原

代理人　劉不同

新政治家（月刊）

社　址　林森路一七九號

發行人　鄒琳玲

社　長　馬星雲

中國論壇

社　址　國府東街四號

發行人　謝士尊

主　編　胡聖時

中國社會經濟研究社出版

社會公論

社　址　莫愁路天妃里八號

發行人　邵鼎勛

主　編　胡煥庸

現實與理想（月刊）

社　址　大光路利業村八號

發行人　劉　斌

主　編　劉士艾　江際雲

（4）比較進步的雜誌

中蘇文化

社　址　漢中路牌樓巷五一號

主　編　郁文哉

中蘇文化協會發行

（5）其他背景不詳的雜誌

中國評論

社　址　上海路四〇號

發行人　顧葆常

社　長　徐漢豪

主　編　陳止一

中西新聞（旬刊）

社　址　馬道街七號

中國輿論

社　址　昇州路秤它巷十三號

國際文化（月刊）

社　址　成賢街晒布廠六號

主　編　湯一雯

中英文對照刊物

工商新聞（週刊）

社　址　白下路五福巷一七號

發行人　呂　健

土地改革

社　址　匡廬路二〇號

發行者　土地改革編輯委員會

進步週刊

社　址　馬路街復成新村二〇號

海　王

—200—

社　址　大悲巷六號

詩星火

南京唯一的詩刊

八　出版社及書店

據現有材料，南京之出版社及書店約有四十二家，已知其政治背景者有九家，但大部份出版社均在上海出書，南京只是門市銷售而已。

（1）國民黨辦的出版社及書店

正中書局

總管理處地址　　黃家灣十九號

分局地址　　太平路楊公井

編輯部部長　　葉溯中（C.C.系）

該社爲國民黨中宣部之出版機關

中國文化服務社南京分社

社　址　中山東路一一七〇號

承印部　珠江路一五〇號

該社爲C.C.系所主持，並附設資料供應部。

獨立出版社

總管理處　常府街中營巷二十一號

編審部　金銀街十六號

門市部　中山東路三一一號（另一材料爲大同路十一

號）

社　長　張九如（C.C.系）

該社爲國民黨中宣部之出版機關。

拔提書局

地　址　太平路三七一號

負責人　李　旭

該局爲三民主義青年團中央團部所辦

青年軍出版社

辦公處　吉兆營七十二號及白下路二七九號兩處

該社隸屬於僞國防部新聞局

新中國出版社

社　址　白下路二七九號

該社屬國防部政工局

中國的空軍出版社

社　址　白下路東昇里二號

社　長　簡　樸（曾任國防部空軍總司令部新聞處處長）

副社長　褚祖蔭

該社屬國防部空軍總司令部新聞處。

世界兵學社

社　址　南京四條巷仁壽里沂廬一號

負責人　李浴日

該社爲僞國防部所辦

國防書局

～202～

地　址　中山東路碑亭巷五十號

該局爲僞國防部所辦，總經售僞國防部所出版之書報雜誌。

（２）其他出版社及書店

名　稱	地　址
大新書局	珠江路一一八號
上海書店	太平路二六一號
南洋書局	珠江口
光華書局	太平路二一八號
新國民書局	珠江路十三號
建國書店京分店	太平路七十七號
廣益書局	太平路二三九號
新亞書店京分店	太平路一五〇號
中外書局	太平路八一號之一
共和書局	太平路二三三號
大公書局	太平路一九八號
翰文書局	朱雀路
商務印書館京分館	太平路二五二號
中華書局京分局	太平路楊公井口
世界書局京分局	太平路二五三號
知識書局	中正路
五洲書報社	山東路二一二號
春明書店京分店	狀元境三十一號

國際文化服務社京分社 一北鄰路一三八號
帕米爾書店 （任卓宣創辦） 中山路
開明書店京分店 太平路一〇三號
大東書局京分局 太平路二一六號
上海聯合編譯社京發行所 太平路楊公井六號
北新書局 羊皮巷八號
東方出版社 遊府西街六五號之五
啓明書店 朱雀路一〇九號
中國科學公司京分公司 太平路二六七號
龍門聯合書局京分局 太平路二六七號
大中國圖書局 戶部街八十二號
文風書局 大行宮
軍用圖書社 中山東路二三二號
現實出版社 石婆婆庵慕慈里四號
正風出版社 東海路十二號

九 廣播事業

據現得材料，南京廣播電台共有十座，其中屬於國民黨官方的五座：中央廣播電台（屬於國民黨中宣部）、軍中廣播電台（屬國防部聯勤總部特種勤務處）、空軍廣播電台（屬空軍司令部）、資源廣播電台（屬資源委員會）、青年文化廣播電台（屬青年團南京支團部，但以民營姿態出現，經濟來源一部接受補助，另一部靠本身收入維持）。

此外業經交通部正式核准之民營電台計有五座：益世廣播電台（天主教所設立）、建業、金陵、首都、青年五廣播電台。據一九四七年七月京中央日報載，除益世廣播電台有補助來源外，其餘四家皆靠本身收入維持。現將各台詳情介紹如下：

中央廣播電台

電台及各部地址：

台長室、工務科、傳音科均在祠堂巷二十五號

收音台在光華門外　　職員宿舍在成賢街沙塘園一號

播送機房及鐵塔均在江東門北圩東面（該地台址佔五〇〇畝）

週率　　中波六〇六千週、九七三〇千週

波長　　四五四、三〇八公尺

該台有中波R.C.A.二十瓩報機兩架，中波一〇〇瓩發報機一架。對外廣播所用之短波R.C.A.4.5瓩、75瓩各一架，係抗戰初期向美國訂購，電力較小，音波不能遠及。現該兩短波機，已移作輔助十瓩中波機，專對國內播音之用。又曾於一九四一年向英國標準公司訂購二十瓩短波機（Standard Radio）兩架，裝設於江東門，以波長十九米（一五一〇五K.C.）者對美播音；以波長二十五米（一一八八〇K.C.）者對歐播音。該兩短波機之天線，分成兩組，一組爲定向天線，共有菱形式對美對歐各二副，對重慶及印度一副。另一組爲不定向天線

，共有水平半波式天線七副，專對南洋一帶及國內各地應用。此項天線之裝設，需廣大空地，故江東門機房雖佔地不多，而天線所佔水田達三百餘畝。

一九四九年一月國民黨政府所屬各單位在上海討論遷留問題時，該台下層人員均主不撥。

軍中廣播電台

週率　一二〇〇千週

波長　二四。六公尺

該台屬於國防部聯勤總部特種勤務處，台址不詳。

空軍廣播電台

週率一〇〇〇千週、七一〇〇千週、一一六八〇千週。

該台屬於空軍司令部，台址不詳。

資源廣播電台

台址　珠江路二七四號

週率　一三五〇千週

波長　二二二·二公尺

該台爲資源委員會主辦，機器及設備係由資源委員會中央無線電器材公司製造裝置。

青年文化廣播電台

週率　一二〇〇千週

電力　二五〇瓦特

該台屬於青年團南京支團部得兼以民營方式播送廣告。

益世廣播電台

台　址　新街口鐵管巷七十八號

週　率　九四〇千週

電　力　二〇〇瓦特

董事長　于　斌

台　長　楊慕時

該台與益世報爲姐妹事業，爲天主教會所設立。

金陵廣播電台

台　址　建康路三一八號

週　率　一一三〇千週

建業廣播電台

台　址　中正路五七二號

週　率　一一七〇千週

電　力　二〇〇瓦特

董事長　穆華軒

總經理　朱光正（美帝所支持的新社會革命黨負責人之一）

經　理　王　前

台　長　吳瑞鴻

該台於一九四七年五月成立，廣播對象爲工商界，節目注重工商知識介紹。

首都廣播電台

台　址　延齡巷四〇號

週　率　八五〇千週

—207—

電　力　二五〇瓦特
創辦人　朱品三　鄒達善
　　　　青年廣播電台
週　率　一〇九〇千週
電　力　一〇〇瓦特

第十二　社會事業

一　衛生事業

南京市的衛生事業，多係偽中央直屬的衛生機關，市立的較少，私立的醫院則更少。據現有材料統計，全市共有公私立醫院及衛生所約四十餘家。又據一九四六年十月偽衛生局統計：南京市各醫院所有病床總數不及一千張，以後雖略有增加，然如根據一般城市人口百分之五爲病人的比例，南京市病人當在五萬人以上，應住院者至少爲二萬餘人，則病床仍感不敷。茲就衛生機構及衛生管理分述於下：

（1）衛生機構

（一）偽中央直屬衛生機關

南京市偽中央直屬衛生機關，計：直屬於偽衛生部者九；直屬於偽國防部者一；附屬於偽教育部之國立中央大學者一，總共十一所。

直屬於偽衛生部者

中央醫院

院　長　姚克方

院　址　黃浦路

該院設內、外、眼、牙、放射學科等十餘科，病床約六百五十張，工作人員約四百人，設備頗完善。並與中央衛生實驗院合辦細菌血清檢驗室及放射學科技術人員訓練班，此外附設有中央高級護士學校（與偽教育部合辦），專科醫師進修班及護理行政班等機構。

中央衛生實驗院

院　長　朱章賡

院　址　黃浦路一號

該院與中央醫院合辦有細菌血清檢驗室及放射學科技術人員訓練班等機構，並在市立醫院內設防癆門診部，有X光機器兩套。

中央生物化學製藥實驗處門市部

負責人　　楊永年

地　址　太平路四〇二號

麻醉藥品經理處

處　址　太平路四〇二號

醫療防疫總隊

隊　長　查良鍾

地　址　該隊宿舍在天目路十一號

精神病防治院

該院有病床五十張

結核病防治院

中央防疫實驗處

處　長　湯元飛

黑熱病防治處

處　長　左　吉

直屬於僞國防部者

首都陸海空軍醫院（詳見軍事部分）

國立中央大學附設者

大學醫院

代院長　戚壽南

院　址　丁家橋

該院設有病床二百五十張。

此外尚有一鐵路醫院，是否爲僞交通部所設，尚待調查。

（二）市立衛生機關

據『中華民國統計年鑑』統計，一九四七年六月底，附屬於僞南京市衛生局之衛生機構計有：市立醫院四所；衛生實驗所、婦嬰保健院、婦嬰保健所各一所；衛生事務所十三所；藥品供應處一處；清潔隊九隊；其他衛生設備（包括屠宰場、火葬場等）三所。共有衛生醫事人員四百七十三人（醫生五十九人、藥劑師九人、護士九十三人、助產士四十六人、藥劑員七人、檢驗員五人、衛生稽查五人、醫護佐理員二十三人、其他技術人員九人、事務人員二百一十七人）。據現有材料，市立醫院五所、衛生事務所十處、清潔總隊一隊、衛生實驗所一所。

南京市立醫院

名稱	負責人	地址	備註
市立醫院	楊樹信	中華路下江考棚內	有病床一百五十張，醫師三十七人，護士三十八人，及X光照像器材
城南醫院	張翼生	中華門外雨花路	有病床五十張
產科醫院	劉福林	下關二板橋	有病床三十五張
傳染病院	翟俊升	下關南阜街	有病床七十五張
戒煙醫院	張錦江	中華路鶯鶴岡	

市立衛生事務所

南京市立衛生事務所，據一九四六年十二月偽衛生局長王祖祥報告稱，全市共有衛生所二十餘所；而一九四八年十月二十八日偽中央日報息，南京市立衛生所因無錢支付房租，已由二十八所縮減至十所。茲根據一九

～211～

四七年九月寧中央日報所載，共得衛生所十五所（內有五所已停辦，但詳情待證）如下：

名稱	地址	備註
第一衛生事務所	下江考棚	
第二衛生事務所	石鼓路	
第三衛生事務所	山西路	
第四衛生事務所	下關商埠街一五二號	在四所村設有分所
第五衛生事務所	三茅宮	
第六衛生事務所	蔣王廟	
第七衛生事務所	小火瓦巷	在七里鄉設有分所
第八衛生事務所	三汊河	
第九衛生事務所	豐富路	
第十衛生事務所	燕子磯	
第十一衛生事務所	塘坊巷	
第十二衛生事務所	湯山	
第十三衛生事務所	上新河	
第十四衛生事務所	五福街	
第十五衛生事務所	浦口	

此外屬於僞衛生局者，尚有南京市衛生實驗所（所址在秣陵路秣陵村）及清潔總隊二機構。

（三）私立醫院

名稱	負責人	地址	備註

鼓樓醫院	謝景初	鼓樓南	係美國的基督會所辦有病床一八〇張
鼓樓外科醫院		唱經樓周必由巷四號	係鼓樓醫院之一部
X光檢診所		中山路二七五號	中國紅十字會總會所辦
太平路診療所		太平路	紅十字會南京分會所辦
陵園診療所		陵園	紅十字會南京分會所辦
玄武湖服務站診療所		玄武湖	紅十字會南京分會所辦
金陵醫院		許家巷	
省三醫院		遊府西街四五號	
聖心醫院		陰陽營六二號	
鮑正療養院		漢中路上海路口鋼銀巷七號	
中青牙科醫院		遊府西街四五號	
李士偉婦產科醫院	李士偉	武夷路四號	
濟生療養院	何濟生	龍王廟大火瓦巷二九號	
約翰痔科醫院	吳約翰	珠江路五二號	

—213—

廣東醫院　　　　　　中華路
重慶醫院　　　　　　淮海路稻園五號

（２）衛生管理

垃圾、糞便和汚水的淸除。是南京市公共衛生的三大問題，茲分述如下：

垃圾的淸除

南京市淸除垃圾的工作，據一九四七年寧中央日報載，僞衛生局淸潔總隊有淸潔夫八百八十多名，運送垃圾車輛五百四十輛。計：手推車四百四十輛、木板車七十輛、卡車三十輛。一九四六年共淸除垃圾四萬七千六百多噸；一九四七年一月至四月共淸除垃圾二萬二千三百二十噸，平均日運垃圾約一百八十六噸；至一九四八年三月，始增至每日淸除垃圾四百噸。但據一九四六年十一月僞衛生局長王祖祥報告稱，京市平均日產垃圾約七、八百噸，一九四七年九月王氏又稱：『本市人口增加，已使垃圾較以前多三倍』，雖不免誇大，然垃圾之堆積，確爲南京市公共衛生之一大問題。

糞便的處理

南京市人口衆多，公廁過少，市民隨地便溺，街巷常多糞便。據『週末觀察』二卷六期稱：『京市城區每日約有一百二十公噸的糞便需要處理，如用三公噸重的汽車裝運，至少要四十輛汽車備用』。而據一九四七年材料，南京私人經營的益衆糞便處理所僅有手推糞車一百二十輛，糞伕一百二十人來收運糞便。

下水道問題

據一九四七年寧中央日報載，寧市大街道的水管常常淤塞，小街道根本沒有下水道的設備；陰溝又都淤塞，街道兩旁，多積臭水，有些較小的街巷如科巷、糖坊橋等低窪之處，更是污水常積。而向爲城南排水之用的秦淮河，亦已淤塞失效，且藏垢納污，臭氣四溢，如遇水漲，更倒流入城，市民深受污水之苦。故秦淮河之疏濬，下水道之修設，實爲寧市公共衛生之急務。

二　救濟事業

據『中華民國統計年鑑』統計，截至一九四七年六月底止，南京市各種救濟機關共有十五單位，計一般救濟者三、育嬰者一、育幼者四、施醫者一、其他臨時救濟者六。茲依現有材料統計：南京市共有公私立各種救濟機構二十二所。官方主辦者八、私人和社團主辦者十四。

（1）官立的救濟機構

南京傷殘重建院

院　址　南京光華門外中和橋二十號

該院各種設施，皆具有新式設備，並附設有傷殘用具製造廠。該院隸屬於偽社會部。

南京兒童福利實驗區

～215～

該機關爲僞社會部所辦，共設有第一兒童福利站，實驗兒童福利站（是否卽下關實驗兒童福利站待證），第一日間托兒所等機構，共收容男女兒童八百餘人。

南京兒童急救工作審議委員會

總幹事　蔡兆祥

會　址　中華路四六三號

該會爲僞社會部所設，附設有兒童急救膳食供應站。

遊民習藝所

據一九四八年十月材料稱，該所共收容十八歲以上五十歲以下之無業遊民，小偸等近一千人，該所爲僞內政部首都警察廳所辦。

下關實驗兒童福利站

負責人　張靄眞（新運婦女指導委員會總幹事）

地　址　南京下關

該站爲國民黨婦女指導委員會主辦，一九四七年五月時該站共收容四歲至十四歲之兒童四百餘人。

戰時兒童保育會

會　址　光華門外大光新村十六號

該會爲國民黨婦女指導委員會主辦。

南京市實驗救濟院

院　長　王健吾

院　址　剪子巷廿號

該院爲僞社會局所設，院內分：安老所（主任蔣俊生)、育幼所、婦女教養所(主任蕭元春)、乞丐收容所、殘廢教養所、習藝所等六單位。並附設有農場及印刷、縫級、習藝等工廠,此外在中華路四三二號設有義診所一所。

據『南京市統計季報』載,截至一九四八年六月底止,該院總共收容二千一百三十五人,計:安老所六百八十人;育幼所三百九十三人;婦女教養所及節婦堂有五百五十人;乞丐收容所七十六人;殘廢教養所二百七十人;印刷班二十六人;縫級班十四人;服務隊有九十五人。

另據一九四八年十月寧中央日報息,該院安老所共收容四百四十名年逾半百的老人;婦女教養所,共收容娼妓、寡婦、貧婦等七十五人;育幼所收容孤貧兒童三百七十六人;乞丐收容所共有乞丐八十一名;殘廢教養所共有殘廢者二百九十二人。

南京傷殘軍民習藝所

地　址　南京中央醫院對面

(2)其他救濟機構

信德孤貧兒童救養院

院　長　馬兆瑞

負責人　陳慈愛

該院係基督教自立神召會所辦,一九四七年時共收容兒童三十四人。

~217~

南京佛教慈幼院

名譽董事長　李清悚　盧冀野　張簡齋（三人均爲地方人士）

名譽理事長　洪蘭友

院　長　任心白

地　址　下關三汊河

該院係仰光（和尚）及京滬熱心人士馮夢華、王一亭等發起組織，成立於一九二三年。據一九四七年材料該院共收容兒童一百三十五人，共有員工三十餘人。

世界紅卍字會南京分會

會　址　小火瓦巷廿四號

中國紅十字會總會

會　長　蔣夢麟

地　址　傅厚崗五號

附設有X光檢驗所

中國紅十字會南京分會

會　長　沈慧蓮（C.C.系）

副會長　彭　湖　傅況鱗

會　址　太平路四十二號（另一材料爲朱雀路一一九號）

據一九四七年二月材料稱，該會共有會員七萬四千八百一十人，在太平路、玄武湖及陵園等處分別設有診療所三所；在新街口設有義診所一所，并有玄武湖服務站，兒童營養站等機構。

中華婦女福利社難童救濟院

南京市慈愛育嬰院

董事長　毛慶祥（蔣匪內親）

名譽理事長　蔣經國

院　長　邱珊英（毛慶祥之妻）

院　址　太平門外環湖村。

該院共收容約五十餘名嬰孩。

聖心孤兒院

院　址　莫愁路七十八號

私立南京孤兒院

院　長　楊叔平

院務主任　蔡遂人

院　址　北固山安懷村。

據一九四六年材料稱，該院共收容孤兒八十餘人。

婦女福利協會服務站

負責人　馬碧蓮

站　址　新街口交通銀行附近。

首都聾啞學校

校　長　孫祖惠

校　址　朱雀路三十八號

樂善堂

負責人　王應勤

地　址　下關

仁育堂

～219～

南京同善堂

經　理　周幹如

地　址　中華門外雨花台

該院設有同善殯儀館及同善公墓等。

第十三　外　僑

一　外僑人口

居寧外僑爲數不多，而且變動不大，其中大部份係公務人員，一般商民較少。茲將最近兩年間外僑人數統計摘錄如下：

據一九四七年二月四日南京中央日報載僞首都警察廳戶口調查統計：外僑人數爲一，二七九人，其中美僑五一六人，蘇僑一一三人，英僑五六人，法僑四五人，日僑一三八人，德僑三四人，韓僑八九人，印僑九一人，奥僑二五人，荷僑二一人，其他國籍一五一人。

另據一九四七年五月十二日南京中央日報載：四月份留寧外僑數爲一，三六一人（男一〇五七人，女三〇四人）。其中無國籍者三一人，餘佔四十個國籍，內美僑最多計有五八一人，次爲蘇僑一四六人。如按職業劃分，則軍界最多計有四四四人，次爲政界三三八人，商界人數最少。

至一九四八年一月，僞首都警察廳又有戶口調查，據二月十八日南京中央日報載該次調查統計，外僑數一，二〇一八。其中美僑爲四五八人，蘇僑八二人，英僑六八人，法僑一一人，加僑六人，其他國籍者五七六人。

又據一九四八年六月僞南京市民政局統計材料，南京外僑人數共計一，〇六九人，按其國籍列表如下：

國別	男	女	合計
美國	139	299	438
英國	42	42	84
蘇聯	41	29	70
法國	8	12	20
荷蘭	4	1	5
比利時	2	9	11
捷克	2	4	6
波蘭	1	5	6
奥地利	38	14	52
意大利	9	2	11
葡萄牙	14	14	28
加拿大	9	6	15
印度	88	6	94
韓國	40	23	63
德國	38	15	53
日本	26	17	43

白俄	13	2	15
無國籍	12	15	27
其他	19	9	28
總計	545	524	1,069

一九四八年十二月間，南京外僑曾有很大遷動，惟現尚無是項統計數字，僅據本年一月十九日美大使館公佈：現留南京之美僑，包括美政府的官方人員在內，總共爲九〇人，內男五一，女三四，小孩五。另據一月二十二日路透社南京電稱：在寧英僑共約兩百名。

二　外國使館

南京係國民黨中央政府所在地，故外國使節皆駐留該地；截至一九四八年底，外國駐在南京的大公使館，共計有三十六個，茲按國分述如下：

（1）大使館

法國大使館

館　址　百子亭五二號

大　使　梅理靄（南京外國使團領袖）

參　事　羅賀海（一月間移駐廣州）

文化參贊　葛羅波斯

美國大使館

館　址　西康路一八號

大　使　司徒雷登（私人秘書傅涇波）

公使　克拉克（一月間移駐廣州）
武官　馬德華　馬　丁
商務參贊　亨　克
一等秘書　傅人傑
秘　書　藍凱德
該館留駐南京者，至二月初尙有司徒及其僚屬三十九人。

英國大使館
館　址　薩家灣一三號
大　使　施謫文
公　使　藍萊納
參　事　高賀祿（一月間移駐廣州）

加拿大大使館
館　址　天竺路三號
大　使　戴維斯
商務參贊　高士脫

澳洲大使館
館　址　北平路三四號
大　使　歐輔時
商務參贊　胡　登
一等秘書　李貴槼（一月間移駐廣州）

墨西哥大使館
館　址　天竺路一五號
大　使　艾吉拉

巴西大使館

館　址　寧海路一四號

大　使　黎奥白倫柯

代　辦　彭　納

智利大使館

館　址　（不詳）

大　使　白朗柯

秘　書　羅特烈

秘魯大使館

館　址　陶谷新村三號

大　使　莫多亞

代　辦　沙拉斯

阿根廷大使館

館　址　中央路中央新村三號

大　使　安斯古柏

挪威大使館

館　址　五條巷一五號

大　使　華　理

代　辦　愷爾達

瑞典大使館

館　址　傅厚崗九號之一

大　使　阿馬斯頓

代　辦　拉麥爾

荷蘭大使館

館　址　湖北路二三三號
大　使　艾　森
公　使　楊連山
參　事　魏懋庠（一月間移駐廣州）
商務參贊　　史塔克
比利時大使館
館　址　湖南路一五——一七號
大　使　賴　愷
代　辦　魏　悝
商務參贊　候席德
意大利大使館
館　址　傅厚崗七號
大　使　馮雅德
參　事　計必果（一月間移駐廣州）
希臘大使館
館　址　（不詳）
大　使　艾奇樂
土耳其大使館
館　址　中山北路四四八號
大　使　陶　盍
代　辦　賈貝爾
埃及大使館
館　址　（不詳）
大　使　伊斯馬儀

〜225〜

武　官　隆台德
伊朗大使館
館　址　中山路板井八四號
大　使　華　樂
參　事　加地美
秘　書　巴　沙
印度大使館
館　址　北平路四二號
大　使　潘尼迦
參　事　賈國砥
武　官　泰戈爾上校
一等秘書　栗　南　（一月間移駐廣州）
緬甸大使館
館　址　（不詳）
大　使　宇密登
秘　書　台文藻
二等秘書　吳　辟（一月間移駐廣州）
暹羅大使館
館　址　（不詳）
大　使　阿彼巴
代　辦　宋　才
參　事　沙雅尼堪杏
陸軍武官　拉釆尼越
蘇聯大使館

館　址　赤壁路一三一一一五號
大　使　羅　申
代　辦　費德林
一等秘書　　古列科夫
該館於本年二月初由羅申大使率領至都遷穗。
捷克大使館
館　址　劍閣路一〇號
大　使　李立克
代　辦　高乃義
波蘭大使館
館　址　水佐崗一〇三號
大　使　樸寧斯基
代　辦　郭泰基

（2）公使館

瑞士公使館
館　址　陰陽營六三號
公　使　陶倫德
代　辦　畢弗蒂
丹麥公使館
館　址　（不詳）
公　使　穆　克
奥國公使館
館　址　（不詳）

公　使　史丹翻

葡萄牙公使館

館　址　（不詳）

公　使　樊西嘉

羅馬教廷公使館

館　址　（不詳）

公　使　黎培里

秘　書　陳哲敏神父

阿富汗公使館

館　址　蘆蓆營四號

公　使　泰爾齊

菲律賓公使館

館　址　（不詳）

公　使　謝伯襄

巴拿馬公使館

館　址　（不詳）

公　使　布瑞森諾

多米尼加公使館

館　址　（不詳）

公　使　左斯曼

委內瑞拉公使館

館　址　（不詳）

代　辦　菲悅爾

古巴公使館

館　址　（不詳）

代　辦　奎泰那博士　（女新聞記者）

三　外國宣傳機構

駐寧外國宣傳機構，已知者有文化機關三個（蘇、美、英各一）；新聞機關十一個（美國五，英、法、蘇各二）；外國記者十五人，惟其中有些現恐已離寧；茲分別列述於後：

（1）文化機關

蘇聯對外文化協會駐華代表處

地　址：中山北路二四三號

英國文化委員會駐華代表處

地　址　中山東路二三號

代　表　葛麗亞女士

該處內設圖書館一所，藏有西書逾五千冊，自由開放。該處並進行放映教育電影、唱片音樂會、圖書照片等展覽會的各種文化活動。據葛麗亞自稱，該處與英國大使館『保持密切合作』。

美國在華教育基金總會

地　址　西康路五五號

美方董事　美大使司徒雷登

美大使館二等秘書梅爾登

～229～

美大使館文化專員赫里斯
上海花旗銀行代表格林羅氏
基金會遠東區辦事處代主任華德遜
中國顧問　胡　適　薩本棟（已死）　吳貽芳
韓慶濂

該會係於一九四七年十二月十六日依據美蔣所訂之傅爾布萊特協定成立於南京；該協定規定在美蔣售買剩餘作戰物資之款項中，撥出二千萬美元，用以派遣美國教員、學生、專門人材赴華及中國教員學生赴美。

（2）新聞機關

美國新聞處南京分處
地　址　中山路三五八號

該處並設圖書館一所，內有大批西書報紙雜誌，自由開放，爲南京兩大英文圖書館之一（另一即爲英國文化委員會圖書館）。

美國聯合通訊社南京分社
地　址　平倉巷一號
美國合衆通訊社南京分社
地　址　傅厚崗五號之三
美國國際新聞社南京分社
地　址　平倉巷一號
美國時代及生活雜誌駐華特派員辦事處
地　址　三牌樓十字街三號

~230~

英國新聞處

地　址　附設於薩家灣一三號英大使館內，係該館新聞發佈機關。

英國路透社南京分社

地　址　平倉巷一號

法國新聞處

地　址　附設於百子亭五二號法大使館內，係該館新聞發佈機關。

處　長　甘　默

南京法國新聞社

地　址　平倉巷一號之二

蘇聯大使館新聞處

地　址　江蘇路二四號

該處每週出版『新聞類編』，免費贈閱；並設閱覽室，備有中、俄及英文書報雜誌多種，每日開放，且有蘇聯音樂放送。此外該處經常放映蘇聯影片，免費招待各界。

蘇聯塔斯社南京分社

地　址　中山北路六〇四號

（3）外國記者

密爾克斯（Harold Milks）——美聯社記者

托　平（Topping）——美聯社記者

南柏特　——美聯社記者

～231～

諾瑞克（Gerald Nozick）——合衆社記者
張國興 ——合衆社記者
仁金斯（Graham Jenkin）——路透社記者
派爾洛 ——路透社記者
卡平 ——美國國際新聞社記者
巴印思 ——法國新聞社記者
格魯因（F. Grain）——美國時代及生活雜誌記者
李博文 ——美國紐約時報記者
斯蒂爾 ——美國紐約前鋒論壇報記者
桑慈伍恩 ——美國紐約世界電訊報記者
傅恩哈 ——瑞士蘇黎世日報記者
夏赫麟 ——印度自由通訊社記者
附：外籍記者招待所
地址 平倉巷一號

四 其他外國機關

駐寧其他外國機關，已知者計有下述六個，其中有的可能已不存在：

美國經合總署中國分署
地址 （不詳，傳該署已於一九四九年初遷滬辦公）
署長 賴普漢
副署長 葛里芬
工業建設組長 葛林

~232~

該署下設南京、上海、青島、廣州、北平、天津、台灣、汕頭等八個辦事處。南京辦事處主任爲克芬荷。

中美農村復興委員會

地　址　西康路一七號

委　員　美方爲莫葉和貝克兩人

蔣方爲蔣夢麟、晏陽初、沈宗翰三人

主委爲蔣夢麟，總幹事晏陽初。

組　織　總部設南京，並在西安、北平、重慶、長沙、桂林、廣州等地設立辦事處。總部下又設農業增產組，農業復興計劃設計組，社會教育組，自力啓發組等四組。

該會係根據一九四八年美帝四億美元援蔣法案成立，雖不直屬經合總署中國分署，但實際由經合總署中國分署支配，由該署管理的二億七千五百萬美元中抽出百分之十（最高額），作爲該會運用基金。

中美技術合作團

地　址　成賢街南園一一號

中美特種技術合作所南京氣象站

地　址　馬路街復成新村

蘇聯駐華商務代表處

地　址　赤壁路一二號

蘇聯物資供給所

地　址　中央路厚載巷六四號

～233～

五 外國宗教團體

南京外國宗教團體，主要爲天主教和基督教兩大宗派。天主教自滿清康熙後漸趨衰落，而基督教自滿清道光後漸趨盛行。此點亦可自以後兩教信徒人數對比中證之。據一九三五年『首都志』載：南京天主教徒數爲二七六人，而基督教徒數爲二三八七人。

（1）教會、教堂

據一九四二年日人出版的『華中現勢』載，南京外國教會教堂共有十六所，其中除法國系天主堂一所，餘十五所皆屬美國系統；由此可見，南京外國宗教活動，幾乎完全受美國教會所控制。茲將該十六所教會教堂名稱引錄如下：

美國系

衛生理堂、漢中堂、沛恩堂、城內堂、福音堂、鼓樓會堂、花市會堂、道勝堂、聖公會、聖保羅堂、來復堂、聖潔會堂、浸信會堂、救世軍福臨安息會、貴格會（以上信徒合計三五六〇人）。

法國系

天主堂 （信徒三五〇人）。

另據一九三五年『首都志』載，南京基督教會計有八家，教堂二十三所，列表如下：

教會	教堂	所在地
中華聖公會	聖保羅堂	太平路門帘橋
同上	道勝堂	下關挹江門外
同上	道勝外堂	浦鎮金湯門大街
來復會		城北大石橋
遠東宣教會	聖潔堂	大香爐
美以美會	城中會堂	估衣廊
同上	福音堂	水西門講堂街
同上	福音堂	上新河
貴格會	靈恩堂	螺絲轉灣
同上	靈恩堂分堂	下關寶塔橋
同上	靈恩堂分堂	蔣王廟
同上	靈恩堂分堂	三道高井
中華基督教會	沛恩堂	戶部街
同上	長老宗福音堂	紅紙廊
同上	自立會	門東半邊營
同上	城南會堂	門西雙塘
同上	益友社	府東街
同上	淡中會堂	漢西門四根桿子
同上	城南會堂	顏料坊
神召會	福音堂	三道高井欣欣閣
基督會	基督教堂	興中門外大街
同上	基督教堂	南門花市大街
同上	基督教堂	鼓樓街

～235～

至於天主教會教堂，現缺是項完整材料，僅知下列兩所：

天主教聖保祿會

地 址 下關大馬路天保里三四號

南京天主堂

地 址 石鼓路

（２）外國教會所辦事業

（一）學 校

據一九三五年『首都志』載，基督教在南京所辦的大、中、小各級學校共計二十八所，茲列表如下：

校 名	地 址	所屬教會
金陵大學	天津路	大美浸禮會差會、美以美會、美國長老總差會及基督會等合辦。
金陵大學附屬中學	乾河沿	同 上
金陵女子文理學院	陶 谷	英美兩國教會合辦
附屬實驗中學	同 上	同 上
金陵神學院	漢西門黃泥巷	美以美會、美國監理會、美國北長老會、美國南長老會、基督會等合辦。
金陵女子神學校	五台山	同 上

中央神學院	武廟藍家莊	美國聖公會、英國聖公會、英行教會合辦。
赫德聖道女校	估衣廊韓家巷	美國長老總差會。
進德聖道女學院	漢西門四根桿子	中華基督教會
婦女半日學校	花市街基督會	基督會
中華女子中學校暨附屬小學	鼓樓保泰街	基督會
青年會中學校	府東街	中華基督教青年會（Y.M.C.A.屬美國系）
匯文女子中學校	乾河沿	美以美會
育群初級中學及附屬小學	中華路	不　詳
聖保羅小學	太平路門帘橋	中華聖公會
道勝小學校	海陵門外	同　上
崇文小學	興中門外大街	基督會
益智小學校	戶部街	中華基督教會
匯文小學	講堂街	美以美會
智德小學	紅紙廊南長老會	中華基督教會
半邊營小學校	門東長老會	同　上
益智第二小學	門西雙塘長老	同　上

~237~

	會	
明德小學校	漢西門四根桿子長老會	中華基督教會
匯文女小學校	富民坊	美以美會
畬淸女小學校	不　詳	不　詳
鼓樓小學	鼓　樓	基督會
信德女子工藝學校	三道高井欣欣園	美國神召會
中日女小學校	顏料坊長老會	中華基督教會

（二）醫　院

鼓樓醫院

地　　址　鼓樓南

所屬教會　美國美以美會、北長老會、基督會合辦

（三）其他會社

中國天主教文化協進會總會

會　址　太平路

會　長　于　斌

南京基督教協進會

會　址　估衣廊韓家巷三——五號

南京基督教青年會

會　址　中華路二二號

南京基督教女青年會

會　址　中山路一八七號

基督教女子服務社

社址　花市大街

世界基督徒領袖總會遠東理事會

主席　荆磐石

據荆磐石自稱：『該會工作以中國爲中心，準備先在立監兩院組基督徒團契，次第再在其他機關學校組織之……爲協助推動此項工作，華府總會將再派專員來華，期於五年內，政府公務員、工、商、銀行、學校內有三分之二爲基督徒』。

六　外商企業

就已知的材料，外商在南京的企業共有十二單位，內銀行一，工廠一，貿易七，碼頭三。屬於美商者三，英商者九。貿易諸單位中，火油公司壟斷了南京的火油市場，烟公司的一動一靜亦有影響整個烟市場的能力。至於碼頭，爲以前外商有內河航行特權時所設，在外商亟思恢復這一特權，而國民黨又已繼續拍賣了這一主權的情況下，這些碼頭定仍由原主掌握。

今將各外商企業單位分述如後。

（1）金　融

匯豐銀行南京分行（英）　設山西路人和街六號

（2）工　廠

和記洋行（英）　設下關保堪街，從事卵粉製造及冷藏，據一九四三年日人出版『諸外國對華投資』一書，該廠當時有工人一，二〇〇人。

（1）金　融

匯豐銀行分行（英）　　設山西路人和街六號。

（2）貿　易

美孚火油公司（美）　　設寶善街四五號，依據一九四八年二月一日中央日報，該公司在浦口永生洲有基地一塊，僞市政府並准其在上建立油庫。依據上引『外國對華投資』一書，稱該公司在南京設碼頭一座（佔地一〇，一三五・六畝），倉庫三棟（一爲五，六五五平方呎，一爲一，四八五平方呎，一爲四，四一六平方呎），儲油庫三棟（一爲容量五〇噸，一爲三〇〇噸，另一不悉）。該公司在京所設加油站地址，不悉。

德士古火油公司（美）　　設中山北路大方巷口，並在漢成門設有油庫，中山北路一八八號，中山路七號，中山北路三九三號及中山碼頭京滬鐵路下關東站諸地設有加油站。副經理Mr・Hanson・

衛利韓公司（美）　　設普陀路一號。該公司傳早即爲孔匯祥氏收買。

亞細亞火油公司（英）　　設中山東路六四號及南祖師庵九號。據前引『外人對華投資』一書，稱該公司在南京有倉庫四棟，（內二棟佔地六，二七二平方呎，另二棟佔地一，七七九平方呎），小貯油庫兩個（容量六〇〇噸），製罐所一個（佔地一，〇六八平方呎）。

～240～

頤中烟草公司南京分公司（英）　設南賢師巷四號，經理孫永貞，推銷該公司在滬工廠所產捲烟，有壟斷市場的能力。

永泰和烟公司（英）．　爲頤中烟草公司子公司，設昇州路安仁里，並在薩家灣設有倉庫。

中國電氣公司營業部駐京辦事處（英）．設華僑路高家酒樓一號。該公司爲英國通用電氣公司子公司，在滬設有工廠，製造電氣設備。

（3）其　他

太古碼頭　屬英商太古輪船公司，設下關江邊。據前引一九四三年材料，該碼頭佔地一一、三〇九公尺，並附有倉庫一個，建築物兩個。另據一九四七年中華書局出版南京地圖，該碼頭對岸，另有該公司碼頭一座。

怡和碼頭　屬英商怡和公司，設下關江邊。據前引一九四三年材料，該碼頭附有收容量一三，〇二八噸的倉庫。另據上引南京地圖，該碼頭對岸，另有該公司碼頭一座。

開灤碼頭　屬英商開灤煤礦公司。

（註）1、英商原在下關永寧街設有祥泰木行，該行可能即爲上海祥泰夾板廠之分行。該上海廠已於日降後，由英人賣與鹽業銀行，中國建設銀公司及東南建築公司，如南京祥泰木行確爲上海祥泰廠分行，則亦可能同時出賣，今附於此，以供參考。

2、據一九四八年僞南京市政府出版之南京市統計季報載，南京外商資本額中有瑞士法郎數字，則南京當有瑞士商企業。

～241～

第十四　其　他

一　娛樂場所

據一九四八年九月中央日報載，南京現共有電影院八家，較大者四家，院內可容一千五百人以上；較小者四家，只能容觀衆數百人。此外，有平劇院四、話劇院二、越劇場三、評劇場二、維揚戲場四、戲茶廳五、音樂茶座四、[illegible]劇場與鼓書場各一。全部影劇業從業人員總計二百三十餘人。玆將各影院、劇場分列如下：

電影院

大華電影院　中正路六六號
新都電影院　中山路
國民電影院　楊公井一六號
首都電影院　貢院東街二八號
世界電影院　中山路
中央大舞台
大光明電影院　夫子廟平江府十一號
明星電影院　下關

平劇院

南京戲院、明星戲院、介壽堂、新亞戲院四家

話劇院

大都會、飛龍閣二家

越劇場

大鴻樓、萬利，中央餐室三家

評劇場

月宮、得意樓二家

維揚戲場

秦淮、共樂、業餘、鴻運樓四家

戲茶廳

中華、羣樂、安全、月宮、新亞五家

音樂茶座

重慶安樂廳、都城樂府、龍門酒家、百齡餐廳四家

雜劇場

金谷一家

鼓書場

天香閣一家

二　舞女、娼妓等

南京的妓女、歌女、舞女、嚮導女郎都集中在夫子廟，大小石壩街，釣魚巷一帶。

據南京『警廳專刊』一九四六年十二月刊載，京市娼妓以南區、中區、下關爲最多。另據同年中央日報息，僅南區私娼妓女即有四百餘人。

歌女多在廟上各戲茶廳賣唱，至於舞女，自南京禁

～243～

舞以後，一部分轉移上海，一部分則淪爲娼妓，其詳細數目不詳。

嚮導女郎多在南區夫子廟一帶之咖啡廳、酒樓、畫舫中時有出現。嚮導社已知者有平江府街十三號、九號二十二號、六號及安全旅館十三號、華中旅社二十八號等六家。南京市警察局曾下令取締。

三 旅 館

南京旅館甚多，據所知只下關一帶卽有大小旅社百餘家，現將南京較大之旅館十一家介紹如下：

安樂飯店	太平路
南洋旅館	朱雀路二四號
泰來旅館	白下路
春台旅館	貢院東西街五號
珠江飯店	珠江路三〇〇號
揚子飯店	寶善街二號
中央飯店	中山東路
首都飯店	中山北路
大上海飯店	慧園街六號
交宮飯店	慧園街四號
東方飯店	

四 名勝古蹟

南京名勝古蹟甚多，這些古蹟因年代的湮沒和戰爭的破壞，有的尚有遺蹟，有的却已坍毁，茲將較著名者分列於下：

夫子廟　秦淮河北岸文德橋旁。
白鷺洲　武定門內小石壩街南端。
烏龍潭　潭中有宛在亭，爲晉代所建。
清涼山　漢西門內，有清涼寺一座。
鼓　樓　在全城中央，一九二三年改建公園。
北極閣　在鼓樓雞鳴寺間，現中央研究院設氣象台於其上。
雞鳴寺　成賢街北端，俗稱之爲觀音樓。
棲霞山　距下關二十九公里。
湯　山　在中山門外三十公里之湯泉鎮，有溫泉出於山麓，水中含礦質，可洗澡醫治皮膚病。
靈谷寺　在鍾山左獨龍崗，有國民黨陣亡將士公墓。
中山陵園　中山門外六公里，位於孝陵之東，面積四萬五千八百餘畝。
明孝陵　在中山門外，舊陵谷寺基。
雨花台　在中山門外。
莫愁湖　湖在漢西門外。
玄武湖　一名後湖，周圍約三公里，有五洲，故名爲

～215～

	五洲公園。
燕子磯	在觀音門外江岸。
龍蟠里	盔山石城之間。

百萬雄師過大江——渡江史料叢刊

南京概況

（上册）

書報簡訊社 編印

南京出版社
南京出版傳媒集團

圖書在版編目（CIP）數據

南京概況：上册、下册 / 書報簡訊社編印.

南京：南京出版社, 2025. 6. -- (百萬雄師過大江：渡江史料叢刊). -- ISBN 978-7-5533-5270-1

Ⅰ. K295.31

中國國家版本館CIP數據核字第20252SC510號

書　　名	南京概況：上册
作　　者	書報簡訊社
出版發行	南京出版傳媒集團
	南 京 出 版 社
社　　址	南京市玄武區太平門街53號
郵　　編	210016
聯繫電話	025-83283873、83283864（營銷）　025-83112257（編務）

學術顧問	盧海鳴
策劃統籌	謝　微
責任編輯	謝　微
裝幀設計	王　俊
責任印製	楊福彬

排　　版	南京新華豐製版有限公司
印　　刷	南京凱德印刷有限公司
開　　本	787毫米 × 1092毫米　1/16
印　　張	34.25
字　　數	470千
版　　次	2025年6月第1版
印　　次	2025年6月第1次印刷
書　　號	ISBN　978-7-5533-5270-1
定　　價	276.00元（上下册）

總序

章百家

中國共産黨領導的人民解放戰争氣勢磅礴，史無前例。渡江戰役是中國人民解放軍在解放戰争的戰略追擊階段發起的首場重大戰役。這套『百萬雄師過大江——渡江史料叢刊』，由南京出版傳媒集團（南京出版社）聯合江蘇省檔案館、渡江戰役紀念館等單位共同策劃和編纂，是迄今關于這一專題規模最大、内容最豐富的史料集。

一九四六年六月底，國民黨當局不顧全國人民的反對，撕毀于當年一月達成的停戰協定和政協協議，派兵向中原解放區發動大規模進攻，全面内戰由此爆發。此後兩年多時間，人民解放軍先後粉碎了國民黨軍隊發動的全面進攻和重點進攻，從戰略防禦轉入戰略進攻。一九四八年九月至一九四九年一月，在戰略决戰階段，解放軍取得遼瀋、淮海、平津三大戰役的勝利，并以鋭不可當之勢，直逼國民黨的統治中心南京。在長江以北地區的戰略防禦崩潰之後，國民黨當局試圖憑藉長江天塹負隅頑抗，以實現『劃江而治』。爲早日結束戰争，實現真正的國内和平，從四月一日起，以周恩來爲核心的中國共産黨代表團和以張治中爲核心的國民黨政府代表團在北平舉行談判。四月二十日，南京國民黨政府拒絶在雙方代表團達成的《國内和平協定》上簽字，談判破裂；人民解放軍隨即發起渡江戰役這一中國軍事史上規模空前的强渡長江的進攻戰。

四月二十一日，中國人民革命軍事委員會主席毛澤東和中國人民解放軍總司令朱德發布向全國進軍的命令。以鄧小平爲書記的總前委，統率第二、第三野戰軍和華東軍區、中原軍區百萬雄師，在西起湖口、東至江陰的千里戰綫上分三路强渡長江。七十萬國民黨軍苦心經營三個半月的長江防綫頃刻瓦解。二十三日，解放軍占領南京，標志着國民黨在大陸二十二年反動統治的崩潰。接着，解放軍乘勝進軍，解放杭州、漢口、武昌、漢陽、南昌、上海等大中城市及縣城共二百一十座；解放江蘇、安徽兩省全境，浙江省大部分地區和江西、湖北、福建等省部分地區。整個戰役歷時四十二天，以六月二日解放軍占領長江口外的崇明島爲結束。此戰役，人民解放軍以傷亡六萬餘人的代價殲滅國民黨軍四十三萬餘人。這場勝利爲隨後解放華東全境及華南、西南地區創造了有利條件。

渡江戰役能够順利推進，與充分的戰前準備分不開。早在一九四八年初，中央軍委就開始籌劃渡江戰役并做出周密部署，除軍事方面外，還包括接管和後勤等方面。爲了快速有序地接管國統區的大中城市，華東局社會部、中國人民解放軍第二野戰軍等指導地下黨組織開展了一系列調查研究工作，編印了一批江南沿綫主要城市的調查資料和城市概況，對這些城市當時的土地人口、政治機構、公共事業、文化教育、黨派社團及軍、警、憲、特等情況進行了詳細介紹。同時，在中共中央、中央軍委的統一部署和渡江戰役總前委的統一指揮下，江北解放區政府和廣大人民群衆進行了一場長達五個多月的轟轟烈烈的支前運動，共發動民工三百二十萬人，徵用民船五萬多艘，籌運糧草四億五千萬斤及大批作戰器材和軍需物品，可以説，這場戰役的勝利是『老百姓用小船划出來的』。

渡江戰役是一段值得銘記的歷史。從戰役準備到戰役結束，積累了大量資料，涉及多個研究領域，具有珍貴的史料價值。迄今，關于這場戰役雖有不少學術成果、文藝作品面世，但史料的整理和出版工作却一直有所不足。渡江戰役的史料大多散見于各類檔案館、紀念館、圖書館中，不少史料從未公開出版過，一些早先出版的現也不易找尋。更緊迫的是這批史料的保護問題。民國後期的原始檔案和文獻，其使用的紙張百分之八九十已嚴重老化，而隨着時間推移，其老化、損壞的程度還將加劇。上述問題已受到學界的關注和檔案部門的重視。

渡江史料叢刊内容豐富，包括：介紹長江沿綫主要城市信息的概況和調查資料，如《南京概況》《南京調查資料》《蘇州概況》《無錫概況》等；展現軍民一心的渡江戰役支前檔案，如《渡江戰役支前檔案精編》等；還有渡江戰役勝利後我軍的作戰總結，如中國人民解放軍第二十七軍政治部編印的《渡江淞滬戰役政治工作總結》等。同時，這套叢刊采用科技手段，儘可能呈現史料原貌，以精緻的方式出版這批珍貴的紅色史料，對其而言，不僅是搶救和保護，也可以説是化身百千，必將有利于其日後的傳播和利用。

習近平總書記指出：『中國革命歷史是最好的營養劑。』這套叢刊的出版，再現了『打過長江去，解放全中國！』渡江戰役的光輝歷史，展現了軍民團結、萬衆一心，誓將革命進行到底的堅定信念和英雄氣概。時至今日，這筆寶貴的精神財富，必將激勵我們排除萬難、奮勇争先，以中國式現代化全面推進中華民族偉大復興。

導讀

盧海鳴

《南京概況》上下册，書報簡訊社編印。

一九四八年底至一九四九年初，解放戰争捷報頻傳。隨着『三大戰役』——遼瀋戰役、淮海戰役和平津戰役的相繼勝利，中國人民解放軍打過長江去、攻占國民黨首都南京、解放全中國，自然而然地提到議事日程上來。爲占領南京并順利地接管南京，解放南京的主力之一——中國人民解放軍第二野戰軍組織編寫了《南京概況》，并化名『書報簡訊社』予以印製出版。

《南京概况》上下兩册，上册正文二百五十四頁，下册正文二百四十六頁，共計五百頁左右，約三十萬字。上册第一至第五部分，依次是『概論』『土地、人口』『僞政治機構』『軍警憲等僞軍事機構』『反動政黨各機構』；下册第六至第十四部分，依次是『官營事業及公産』『逆産』『公用事業』『重要工商業』『黨派社團』『文化事業』

『社會事業』『外僑』和『其他』。

《南京概況》爲横排本，左讀，繁體字印刷。封面上方居中位置印有楷體横書的『南京概況』書名，書名下方印有黑體横書的『秘密』二字，在『秘密』這兩個字下面打了兩個表示强調的圓點，强調它不是公開出版物；在『秘密』二字之下，印有宋體『上册』或『下册』字樣。封面下方印有宋體的『書報簡訊社編印』和出版時間『一九四九年三月』字樣。

中國人民解放軍第二野戰軍組織編寫的《南京概況》，爲何要化名『書報簡訊社』印製出版？『書報簡訊社』到底是一個什麽性質的團體或機構？

據有關資料記載，在一九四六年至一九四九年全國解放戰争時期，周恩來任中央軍委副主席，同時兼任中央城市工作部部長，并領導中央社會部（即中央情報部），中央社會部負責國民黨黨政軍情報的搜集及統戰策反工作。在周恩來的指導下，中央社會部在延安專門設立了公開的情報研究部門『書報簡訊社』。時任中央書記處政治秘書室主任、毛澤東的俄文翻譯師哲《在歷史巨人身邊：師哲回憶録》（中央文獻出版社一九九五年四月版）回憶：『我在社會部辦了個「書報簡訊社」。那時，邊區要訂外面的報刊很困難，但在我們那裏，通過各種渠道，竟集中了國統區、敵占區和國外的許多報刊。這些報刊除社會部本身使用外，還供總參謀部使用。爲了有序工作，安排了幾個人管理這些書報，并做研究摘録，印送給中央領導和「七大」部分代表參閲。』學者薛鈺《周恩來與黨的隱蔽戰綫——試談民主革命時期周恩來對我黨情報保衛工作的貢獻》（《中共黨史研究》一九九八年第一期）一文寫道：各地情報組織運用各種辦法收集大量報刊書籍運往延安。如晋綏邊區情報組織設法系統定購日文報紙十三種、中文報紙十種及大量書刊、年鑒，并專門建立了兩條交通綫，源源不斷地運送敵僞書報。這些資料經積累、研究後，形成對重要事件、問題、人物、組織的系統情報。如抗戰期間中共中央公布的國民黨中央委員（二十名）和少將以上軍官（五十八名）的降日名單（一九四一至一九四三年八月）、一九四八年公布的國民黨戰犯名單，都是根據平時積累的資料提供中央的。在全國解放前夕，『書報簡訊社』編寫了南京、北京、天津、上海、武漢等十幾個省市總計數百萬字的資料，如《南京概况》《北京概况》《上海概况》《武漢概况》等。其中對各個城市國民黨重要機構、企事業，以及社團、幫會的歷史沿革、現狀、主要人物都有系統、全面、詳盡的介紹，對解放和收管城市提供了大量翔實的材料和情報。

《南京概况》其實并不是書報簡訊社編印的，書報簡訊社衹是一個挂名。據時任安徽省委書記、省政府主席、軍區政委兼金陵支隊大隊長宋任窮《接管南京前後》（《南京古都學會通訊》二〇〇九年第十一期）一文回憶：『渡江戰役前，我們在大力支前的同時，爲了搞好接管南京的工作舉行了緊張的準備。……爲了使解放區幹部瞭解南京的情況，我和張霖之、彭濤同志組織一些從南京來的地下黨員，編寫了一套介紹南京概況的資料。這些同志積極性很高，多方收集資料，在不長的時間裏編印出了介紹南京的土地、人口、風俗習慣，國民黨的政治、經濟文化機構、黨派、社團、公共事業、工礦企業、手工業以及軍、警、憲、特組織等情況的材料，供南下的同志們參考。』宋任窮未説出『從南京來的地下黨員』的名字、編寫的一套書名以及編印的具體時間。當年參加金陵支隊的隊員許荏華在《南京是如何解放的》（《炎黄春秋》二〇〇九年第五期）一文中回憶，南京解放前夕，南京的百餘名中共秘密黨員撤退到蘇北解放區，被編入金陵支隊，隨軍南下。『其中一部分人員在三野聯絡部整理的材料的基礎上，將南京各方面的調查資料，彙編成《南京概況》上下兩册，共三十餘萬字，内容包括南京土地、人口、國民黨的黨政軍警憲特機構、公私營企業、外僑等各方面的情況，爲順利接管南京提供了翔實的資料。』

金陵支隊隊員陳淦《爲解放南京做準備：憶金陵支隊趕編〈南京概況〉》（《南京史志》一九八九年第二期）一文回憶：一九四九年二月，安徽省委辦公室主任彭濤來到支隊部，對陳淦、陳震東、許荏華、薛文等人説：『你們都是從南京來的地下黨員，有的還是老南京，對南京情況熟悉。我們很快要打過江去，解放和接管南京，但我們的幹部對南京情況不瞭解，你們要在最短時間内，編寫出一套南京的文件資料，供營、團以至師以上幹部閱讀參考。一定要在渡江前搞好。』在這之前，金陵支隊已抽調安徽公學的學生和合肥報社留用人員，編寫了《南京概況》初稿；華東局社會部在楊帆領導下，也已花了近三個月時間，弄了許多資料，并付印出了校樣。金陵支隊支隊部的陳淦等人根據上述兩方面的資料，結合在淮海戰役中俘虜的敵方人員所交代的有關南京軍、警、憲、特、政的資料，編寫出了《南京概況》一書，同時還編寫了十幾種專題小册子，内容涉及中統、軍統以及青紅幫等方面。在編寫過程中，宋任窮（金陵支隊領導人）同志非常關注進展情况并時時鼓勵編寫人員。

二〇〇九年，《南京晨報》記者成崗采訪當年的『金陵支隊』成員李承郃、徐静斐等人時，新華日報社老報人李承郃對于《南京概况》一書仍有印象，他認爲編寫這本書的南京地下黨對接管南京起到了重要作用。一九四九年四月二十九日，當李承郃和工作人員乘車來到現在中山路五十五號原國民黨中央日報社時，當時的中央日報社采訪部主任、地下黨員李廉已經穩定住了報社局面。四月三十日，也就是南京解放後的第八天黎明，《新華日報》在南京復刊。與其他戰友接管報社、通訊社以及官僚機構不同的是，徐静斐（徐悲鴻與蔣碧薇的女兒）接到的任務比較棘手：前往夫子廟解散當地的妓院。徐静斐和同伴們來到夫子廟時，這裏大大小小的妓院大都還在彷徨觀望，徐静斐通過地下黨的協助，一家家登記，向老板們宣傳黨的政策，并向妓女們表示，願意留下做工的可以做工，願意回家的可以提供路費（成崗：《神秘的『金陵支隊』接管十萬舊職員》，《南京晨報》二〇〇九年四月七日）。

根據上述回憶，我們可以確定，《南京概況》是在利用《南京調查資料》的基礎上，吸收各方面資料精編而成。該書編者在前言中寫道：『《南京概况》中使用的材料，除一部分是調查材料以外，大部分是采集自國民黨統治區公開出版的書報雜誌，這些材料雖然經過鑒别和選擇，且不少是接近于真實，但其可靠性是有限度的；加上材料的時間不一致，和整理工作的急迫；尤其是客觀情况將隨着時局的發展、以及敵人的撤退和轉移而變化，所以這裏所反映情况，將與實際情况有一定的距離。因此這些材料就僅能當做參考，不能當做根據。其次是由于材料的殘缺，所反映的情况是不完全的，有的部分僅粗有其輪廓，有的部分則盡付闕如，（如幫會的組織與活動即無具體材料）。關于特務的組織與活動，因另有專册介紹，這裏除涉及其公開組織和掩護組織以外，一般的就不再重複。』

《南京概況》爲中國人民解放軍掌握國民黨政府機構、財產、人員情況提供了切實的依據，發揮了無可替代的作用；同時爲中國共産黨人接管好民國首都南京，完成新舊政權的交接，在政治、軍事、經濟、文化、外交等方面都具有特别重要的意義。當時指揮部隊解放南京的三野八兵團司令員陳士榘評價該書：『使我軍準確掌握了國民政府各院、部機構，軍、警、憲等軍事機構和反動政黨組織，以及重要工商、文化、社會公用事業和外僑方面的情況，保證了接管工作的順利開展。』（中國人民解放軍歷史資料叢書編審委員會：《渡江戰役》，解放軍出版社一九九五年三月版）

《南京概況》與中國共産黨領導下的華東中央局社會部組織編寫的《南京調查資料》相互補充，互有短長，是研究民國南京政治、經濟、軍事、文化、科技、外交乃至南京解放後工業發展軌迹的寶貴資料。

《南京概況》一書的措辭具有鮮明的時代特徵和階級特徵，『反動』『僞』『匪』『蔣匪』『國民黨反動派』等字眼屢見不鮮。如第一部分概論寫道：『南京爲國民黨反動統治的神經中樞，該黨黨、政、軍、特之最高首腦機關均集中于此，機關林立，組織龐大。……這些都是國民黨殘餘力量及蔣、美特務將來活動的綫索和空隙。』第四部分第二節『僞海軍總司令部及其所屬機構』寫道：『該部爲蔣匪嫡系所把持，前任總司令陳誠與現任桂永清均爲蔣匪之親信。』第十三部分第一節『外僑人口』寫道：『又據一九四八年六月僞南京市民政局統計材料，南京外僑人數共計一〇六九人……』而在民國政府機構和政黨前基本上都會加上『僞』或『反動』字樣，如『僞政治機構』『僞總統府』『僞立法院』『僞考試院』『軍、警、憲等僞軍事機構』『僞首都衛戍司令部』『僞首都警察廳』『反動政黨各機構』；等等。

《南京概況》原書縱十七點五厘米，横十二點五厘米。二〇一一年一月，南京出版社將此書合爲一册，納入『南京稀見文獻叢刊』中，由專家點校出版。二〇一四年二月，南京出版社將此書按照原來的上下册，分爲兩册，納入『南京市重點文化産業項目特色品牌』——《金陵全書》中，略微放大，影印出版。二〇一四年十一月，中共南京市委黨史工作辦公室將此書合爲一册，納入『中共南京歷史資料叢書』中，再次點校出版。此次『百萬雄師過大江——渡江史料叢刊』收入本書，以南京市檔案館藏原書爲底本，略微放大影印出版。因原書印製于資源匱乏、技術落後的戰争年代，紙質較差，墨色不均，印工比較粗糙，加上出版時間將近八十年，紙質泛黄，有些地方模糊不清。鑒于此，在影印過程中，在充分尊重該書原貌的前提下，對于一些模糊不清的地方做了一些技術處理。

值得一提的是，南京解放後，『南京概況』一名的影響力持續存在。如，一九五二年十月，南京市招待委員會編印的《南京概況》，是一本關于南京的簡介，薄薄的一册，開本大小與一九四九年三月編印的《南京概況》相同，封面上印有編號和『對内參考　不得外傳』字樣。一九五六年九月，南京市外賓接待辦公室編印的内部資料也以《南京概況》命名，開本未變，封面上印有編號和『宣傳參考資料』字樣。一九五七年四月，中共江蘇省委暨南京市委國際指導委員會編印的内部資料仍然以《南京概況》命名，開本大小一致，封面上還印有編號和『參考資料　注意保存』字樣。

财委会收

南京概況

秘密

（上册）

書報簡訊社編印

一九四九年三月

前言

『南京概況』中使用的材料，除一部分是調查材料以外，大部分是採集自國民黨統治區公開出版的書報雜誌；這些材料雖然經過鑑別和選擇，且不少是接近於眞實，但其可靠性是有限度的；加上材料的時間不一致，和整理工作的急迫；尤其是客觀情況將隨着時局的發展、以及敵人的撤退和轉移而變化，所以這裏所反映情況，將與實際情況有一定的距離。因此這些材料就僅能當做參考，不能當做根據。

其次是由於材料的殘缺，所反映的情況是不完全的，有的部分僅粗有其輪廓，有的部分則竟付闕如，（如幫會的組織與活動即無具體材料）。關於特務的組織與活動，因另有專冊介紹，這裏除涉及其公開組織和掩護組織以外，一般的就不再重複。

南京概況

（上册）

目　錄

第一　概　論

南京地居長江下游，扼華中水陸交通的樞紐，東接全國第一大海港上海，溯江而上，並能控制西部諸省，爲孫吳、東晉、宋齊梁陳、南唐、明初八代及太平天國的故都，二十年來國民黨反動統治的軍政中心。

南京幅員廣闊，市區東西三十公里（六十市里），南北四十公里（八十市里），面積五百五十九平方公里（八十三萬八千餘市畝）。南京市區係由南京城、浦口、湯山及四郊組成。南京城周圍三十五公里（七十市里），比北平城還要大，城區面積（包括下關）四十四平方公里，（六萬六千餘市畝）。惟城北地多空曠，城中宮殿經反革命的破壞，又蕩然無存，只有城南及下關，爲全市精華所在，人口最密。現在全市共分十三個區，城區七個區，郊區六個區。全市共分四百零九保，七千八百零四甲。

南京人口，據一九四八年八月國民黨調查，爲一百三十五萬餘人。據僞社會部統計，產業工人二萬七千餘人，軍事工業工人估計約一萬人，連職業工人總數約六萬五千餘人，佔全市人口百分之五。店員估計約四萬餘人，佔全市人口百分之三。全市學生十四萬餘人（其中大、中學生四萬五千人），佔全市人口十分之一以上。

教員約八千餘人。

南京為國民黨反動統治的神經中樞，該黨黨、政、軍、特之最高首腦機關均集中於此，機關林立，組織龐大。據國民黨官方統計，各機關公務人員在十一萬人以上，幾佔全市人口總數的十分之一，警察有八千餘人，憲兵共九千五百餘人，另有防護團九千餘人。國民黨員約五萬餘人，以人口計算，則南京人口比北平幾乎少一倍，但國民黨員數目却比北平幾乎多一倍。這些公務人員和國民黨員，將來雖然大部分有被爭取、改造的前途，但另方面他們和國民黨反動派、甚至特務份子仍直接或間接的存在着親戚、朋友、同鄉、同學、同事等千絲萬縷的關係。而且由於國民黨在南京的特務統治已有長遠的歷史，他們在社會各階層也潛留了不少的社會關係，這些都是國民黨殘餘力量及蔣、美特務將來活動的線索和空隙。

且南京的黨派社團衆多，除國民黨及民青兩黨以外，已知道的政治性的黨團有三十四個，絕大部分是被國民黨反動派所操縱或支持，其中為特務所控制或打入的有六個，受美帝國主義支持的有兩個，幫會團體有三個。其他如工會、同業公會、職業團體、婦女團體、文化團體、宗教團體等，參加的份子也良莠不齊，且多被C.C.系以『社會訓練』和『派遣書記』等辦法，加以控制。

此外南京是五方雜處，社會複雜，下關、夫子廟等地尤爲三教九流匯集之所。幫會勢力伸入各階層，有的且與國民黨軍、警、憲、特相結合，成爲反動勢力及社會罪惡的淵藪。據僞市政府統計，一九四八年四、五、六、三個月發生搶刧案件共四十九起，四月份幾乎每日發生一件；發生竊盜案件共六百三十七起，每月平均在二百起以上；他殺案件共七十四起，死亡九十一人，卽平均每日死亡一人；破獲煙毒案件一百零二起，其中運售案件有十二起。以上情况都說明將來南京的治安是亟需重視的問題。

其次是南京公務人員十一萬人，如以每人平均養活家屬二口計算，則靠衙門吃飯的不下全市人口的四分之一。又據僞市政府統計，以僕役爲業的男女人數常在八、九萬人以上，這些人連他們的家屬在內也大部分是間接靠機關維持生活者。復據該市政府一九四八年六月統計，無業人數有三十三萬餘人，約佔全市人口的四分之一。因之將來對這些直接或間接依靠國民黨機關謀生的龐大人口，以及流氓、地痞、舞女、娼妓等一切無正當職業的龐大人口，如何改造教育，解决其職業問題，使之從事生產建設，是亟應注意的問題。

南京爲一消費城市。全市金融業共有公私銀行六十家，錢莊二十三家，保險公司三十三家，連信用合作社總數達一百五十單位。商號一萬五千餘家。而眞正從事生產的公私大小工廠，除軍事工業三十五單位、建築業一千單位外，僅八百八十餘家，其中使用動力僱用三十

— 3 —

工人以上的工廠僅三十六家。南京工商業基本上爲國民黨官僚資本所操縱。在六十家銀行中，國家行局佔七單位，僞省市縣銀行佔二十二單位，官商合辦銀行佔五單位。在三十六家工廠中，國營工業如中央電工器材廠等佔十六單位。南京市民所需要的必需品，如米（每月需要四千二百二十餘萬市斤）、煤（每月需要八萬噸）、食油、鹽、糖、布等，一部或全部由國民黨官僚資本、官辦合作社和政府機關所管理和控制。因此南京工商業只能在一定的範圍內滿足國民黨龐大的軍政機關及公務員的特殊需要。如承包國民黨政府房屋建築的營造業，截至一九四八年六月底止，已向僞市政府登記的，即達一千零四十六家之多，比全部工廠數字還要大。經營建築材料的五十四家窰廠，工人達一萬八千，爲八百餘家工廠工人的二倍。又如商號中的烟酒、娛樂、旅餐館及裝飾品等業，達一千三百五十一家之多，佔全部商號百分之九。

第二　土地、人口

一　南京市的轄區

南京市由南京城區及浦口、湯山等郊區組成，東BY

烏龍山外廓遺址、湯山，南以鐵心橋、西善橋、大勝關界江寧縣，西以長江、浦口鎮界江浦縣，北以長江界六合縣。全市幅員東西三十公里，南北四十公里，據一九四八年六月僞市政府南京市統計季刊發表，總面積五五九·二七六平方公里（八三八，九一五市畝）。

城區普通分爲城南、城北、下關三部份。面積四四·一〇四平方公里（六六，一五六市畝）。

城南爲商業集中地方，人烟稠密。城北地多空曠，農圃多於市街。二者均在城內。城很大，據葉楚傖等著『首都誌』計算，城牆週圍三十五公里（七十市里），其規模爲全國第一，所闢新舊城門共十九門，城南正中有中華（南門），東面有雨花（小東）、武定、通濟、光華（洪武、正陽）、中山(朝陽)、自由（太平）、玄武等七門，西面有水西（三山）、漢西(石城)、清涼、草場、定淮、凱旋（海寧、挹江）等六門，北面有興中（儀鳳）、金川、鍾阜、中央、和平（神策）等五門。

下關爲城區的一部分，位於挹江門外沿長江岸，爲輪船碼頭及京滬車站所在地，商業繁盛。一八五八年英法侵略軍侵陷大沽，訂天津條約，規定闢南京爲商埠，當時因南京爲太平革命軍首都，未克實行。一八九九年滿清政府開放下關，設金陵關，帝國主義勢力得以進一步的侵入。一九二七年革命軍攻克南京，美英法帝國主義駐南京的兵艦向城內開炮，幫助國民黨反動派屠殺中國人民。至今下關碼頭，大部分仍在帝國主義手中。

郊區包括浦口、湯山及四郊，面積五〇五·六〇一平方公里。浦口於民國元年（一九一二年）開爲商埠，爲津浦鐵路的終點，浦口市街甚少，商業集中於浦鎮（江浦縣管）。湯山位於南京市的東部，在外廓之外，一九四八年五月始確定劃歸南京市管轄。

二　南京市的行政區

南京市共分十三個行政區，計城區七個區，郊區六個區。玆將各區的四至與特點分述於下（括弧內係警察區番號）

第一區（東區）城內，東南以中山門、光華門、通濟門城牆爲界，西至中山路、中山東路、護城河，北至太平門城牆，考試院路，保泰街、黃泥崗。爲軍政中心區。

第二區（中區）城內，東至護城河，南至東關閘和中正路之間的秦淮河，西至中正路，北至中山東路。爲商業中心區。

第三區（南區）城內，東起東關頭，東南以武定門、雨花門、中華門城牆爲界，西至中正路（包括天青街、馬巷、銅作坊、鐵作坊），西南與第四區交界處界址不詳，北至東關閘和中正路之間的秦淮河。爲商業區。

第四區（南區）城內，東至中華門，西南以中華門、水西門城牆爲界，北至建康路（昇州路），東北與第三區交界處界址不詳。爲住戶區。

第五區（西區）城內，東至中山路、中正路（包括天青街馬巷），南至建康路（昇州路），西至水西門、清涼門、草場門之間的城牆，北至漢口路。

第六區（北區）城北，東至玄武門城牆，南至雞鳴寺、保泰街、漢口路直達草場門，西至定淮門、挹江門城牆，北至金川門與和平門之間的城牆。爲風景區、學校及外人住宅多在此。

第七區（下關區）下關面臨長江，背接定淮、挹江、興中、金川諸門，南至三汊河，北至煤炭港、五所村。爲水陸交通中心區。

第八區（浦口區）浦口，東南臨長江，西北與江浦縣爲界（界線未確定）。爲碼頭區。

第九區（北郊區）包括七里鄉、八卦洲、下霸、笆斗山、堯化門、邁皋橋、寶塔橋、燕子磯。爲風景區。

第十區（東郊區）東至湯山，南至光華門沿河埠，西至中山門外，北至太平門外岔路口。爲農業區與風景區。

第十一區（南郊區）包括養虎巷、珍珠巷、七里街、花神廟、飛機場、西善橋。南門外雨花路一帶，緊接城區，市面繁盛。

第十二區（西郊區）包括三汊河，江心洲、螺絲橋、毛公渡、大勝關、頭關、新河口。頭關爲長江小輪停泊處。

第十三區（湯山區）西與第十區為界，原屬江寧縣，一九四八年五月歸南京市管轄。

南京市警察區的劃分，基本上是與行政區一致的。只是將第三、第四兩區合併為一個警察區（即南區），第十三區合併於第十區（即東郊區），另從第七、第九、第十一、第十二等區各劃出一個保為水上警察區。

三 南京市的公地

南京淪陷時期敵偽佔用的民地，至今仍被國民黨軍政機關佔用者約有七千餘畝。

市有公地為一，一一〇坵（各坵大小不一）面積二，〇二七畝。其中確定市有者為五三〇坵，一，〇五五畝；假定市有者為五八〇坵，八三一畝。

四 南京市的人口

據一九四八年八月國民黨官方調查，全市二五一，〇一七戶，共一，三五一，九五一人。後因我軍先後包圍殲滅東北、濟南等地敵軍，國民黨軍政人員及其家屬紛紛南逃，南京人口曾一度激增，但自去年十二月起，他們又繼續向台灣、廣州逃竄，除留下一部份難民外，總人口不會比八月多多少。

三年來南京市的人口統計

一九四六年四月	七〇三，九〇六人
一九四七年七月	一，〇三七，六五六
一九四八年八月	一，三五一，九五一

一九四八年六月南京市人口密度

	人口	土地面積（市畝）	每平方公里人口密度
第一區	178,644	13,269	20,184.62
第二區	133,291	9,513	21,006.92
第三區	82,509	3,273	37,794.42
第四區	105,682	3,259	48,618.48
第五區	175,455	9,687	27,155.17
第六區	122,429	22,645	8,105.63
第七區	97,888	4,510	32,540.39
第八區	37,440	14,772	3,799.89
第九區	58,133	270,480	322.28
第十區	42,954	106,968	602.04
第十一區	94,328	79,497	1,178.95
第十二區	84,871	160,708	791.76
第十三區	19,714	140,334	210.61
總計	1,233,338	838,915	2,204.13

（錄自南京市統計季報一九四八年六月）

一九四八年八月各區人口統計

	戶數	口數	男口	女口
第一區（東區）	33,229	202,258	116,767	85,491

第二區（中區）	23,677	134,429	75,452	58,977
第三區（南區）	14,980	83,240	46,946	36,294
第四區（南區）	21,925	106,574	53,177	53,397
第五區（西區）	34,633	183,891	101,863	82,028
第六區（北區）	33,522	192,604	107,077	85,527
第七區（下關）	22,277	102,663	59,225	43,438
第八區（浦口）	8,045	39,436	22,855	16,581
第九區（北郊）	12,378	65,876	34,849	31,047
第十區（東郊）	7,625	40,460	22,163	18,297
第十一區（南郊）	19,205	89,984	48,754	41,239
第十二區（西郊）	16,398	86,856	47,407	39,449
第十三區（湯山）	4,033	23,680	14,831	8,854
總計	251,927	1,351,951	751,357	600,619

（錄自南京中央日報一九四八年八月十五日）

五　南京市人口的分析

據僞南京市民政局資料，一九四八年六月南京全市人口一，二三三，三三八人，已達職業年齡（十二歲以上）者九六八，〇〇〇人，內男五五九，六四〇人，女四〇八，三六〇人。茲根據不完全的材料，將南京各階層人數分述如下：

（一）工人

a. 產業工人

— 10 —

據一九四七年九月至十二月僞全國經濟委員會調查，南京市八八八家工廠，（建築工業、磚瓦工業、軍事工業不在內）共有工人九，一一八人，職員二，八九二人，合計一二，〇一〇人。另據僞南京市工務局材料，截至一九四八年六月底止，南京營造廠申請開業登記累計數達一，〇六四家，建築工人數不詳。又一九四八年五月出版的中國工商要覽載，全市瓦廠五十四家，工人約一萬八千人。故全市產業工人至少在二萬七千人以上。建築工人尚不在內。

b. 軍工工人

根據一九四七年底京、滬、漢聯勤總部各被服廠產量的比例，單是首都被服廠的工人，估計有四千人之多。聯勤總部第六十兵工廠，規模很大，工人數亦當以千計。聯勤總部在南京的工廠不下四十單位，工人總數估計近一萬。

c. 職業工人

根據平、津、滬等地郵政、電訊員工的數字，南京市郵政員工估計在一千人以上，電訊員工估計在一千人左右。江南、首都兩汽車公司工人一千六百餘人。鐵路工人，京滬線有一萬三千餘人，南京附近有多少不詳，津浦路浦鎮機廠職工一千七百餘人，江南鐵路京蕪段有鐵路員工二百餘人（一九四八年十月材料）。南京市自來水廠工人二百餘人。以上就已知的數字計算，已達五千之多，京滬、津浦兩線及京市鐵路員工尚不在內。

— 11 —

此外，同樣屬於職業工人的，有浦口新炭場運輸工人共三千餘人（均係戰時被日寇俘虜的抗日官兵）。下關及西郊碼頭工人尚不在內。據一九四八年一月材料，南京市共有人力車八，三八二輛，照兩三個人換班拉一部車計算，估計人力車夫約二萬人。

以上產業、軍工、職業三種工人，就已知的數字計算，約六萬五千餘人。爲數很大的建築工人、碼頭工人、京滬、津浦兩路鐵路工人尚不在內。

（二）店員

據一九四七年十一月材料，南京市共有商店一五，六七九家，估計店員約四萬人。

（三）農民

據偽南京市民政局材料，一九四八年六月農業人口爲八六，三六五人，除去十分之一的地主富農外，農民估計約七萬餘人。

（四）工役　九一，〇三七

男工役　二二，五二一

女工役　六八，五一六　（一九四八年六月）

（五）攤販　一〇，〇〇〇餘　（一九四八年一月）

（六）學生

大學生　一九，五九七　（一九四八年上半年）

中學生　二六，一三三　（一九四八年上半年）

小學生　九七，二八五　（一九四八年上半年）

學生總數　一四三，〇一五

大中學生數　四五，七三〇

（七）教職員

大學　三，一一九　（一九四七年第二學期）

中學　二，二六二

小學　三，二三八

合計　八，六〇九

（八）公務員　一一二，〇〇〇餘（一九四八年三月）

（九）其他自由職業者

醫師公會會員　五〇〇餘（一九四八年八月）

律師公會會員　二〇〇餘（一九四八年三月）

影劇從業員　二三〇餘（一九四八年九月）

（十）無業　三三七，五四二　（一九四八年六月）

男　一二三，二六三　（一九四八年六月）

女　二一四，二七九

難民　　四二，〇〇〇餘（一九四八年三月）

第三　僞政治機構

自去年十一月以來，僞政府機關就在進行逐步撤退，今年一月中旬，由於解放軍逼近長江，威脅京滬地區，僞行政院卽於一月十二日決議各機關除必要留京人員外其餘分別疏散至後方各地，計劃在兩星期中撤退檔案，設備及物資。據合衆社消息，僞政府計劃是：（一）把南京不需要的一切檔案，設備及物資運往台灣，廣州及華南各地；（二）用裁員或撤退辦法以減少各機關人員，只保留最少數的人員辦公；（三）撤退非必要機關。但實際執行並不像他那樣理想。交通擁塞，運輸困難；公務員不願離開，到達廣州的因生活費昂貴打算回來，特別是中下級普遍希望和平談判，存有觀望。到現在爲止，僞行政院在南京重建，立法、監察兩院尙在南京，考試院聲稱遷到梧州，司法院也說在廣州辦公，僞總統府據悉也把主要文件遷往廣州，但軀體都還在南京，這樣看來當時反動份子紛紛逃到廣州及華南各地，原是出於分崩離折，鷄飛狗散，並無統一計劃，撤退是很有限的，尤其是中下級公務人員，有些被辭退，滯留南京大部是不願做『白華人』而決定留下。至於地方機關，則未見遷動消息。

一　僞總統府

總統府係由僞國民政府改組而成，其編制大體仍舊，秘書長即前僞政府文官長改名，職權較前擴大，參軍長即原僞政府參軍處參軍長，職權較前縮小；六個局原係僞國府文官處下屬政務、文書、印鑄各局及原參軍處軍務，典禮，總務各局，現統歸秘書長管轄。本部實有人數一千五百零九人，附屬機關三百二十二人。

原僞總統府內部派系分佈情形如下：資政委員會爲元老及有特勳者而設，無實權。綜理一切的秘書長與處理政務機要案件的二局爲政學系掌握。專管軍務宣達的三局與機要侍衛二室，均爲蔣匪親信與黃埔復興系掌握，掌管財務的六局由二陳親信担任。其他一般文案性質的部門，如一、四、五等局，由原僞國府的老官僚們担任。蔣匪下台後，李宗仁代掌總統職權，二局、三局轉入桂系手中，機要、侍衛兩室人事亦均有更動，其他則變動甚少，今將其組織，人事，職權，編制分述如下：

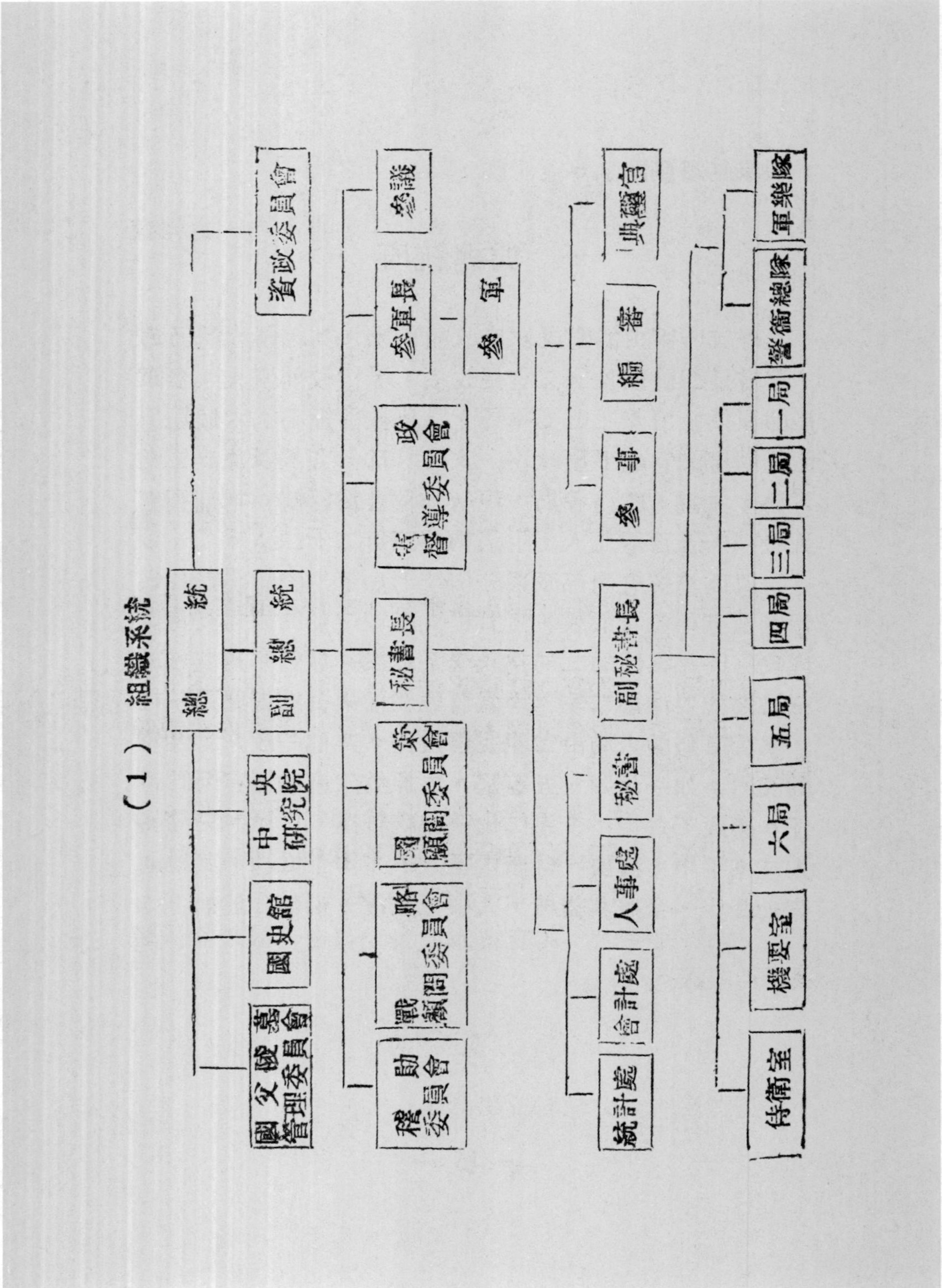
（1）組織系統
總統
副總統
國父陵園管理委員會
國史館
中央研究院
資政委員會
秘書長
稽勳委員會
戰略顧問委員會
國策顧問委員會
督導委員會
參軍長
參議
參軍
統計處
會計處
人事處
秘書
副秘書長
參事
編審
典禮官
侍衛室
機要室
六局
五局
四局
三局
二局
一局
警衛總隊
軍樂隊

（2）各處、會、局、室之職掌

資政委員會　　提供意見，以備諮詢，由總統遴選聘任之。

典璽官　由第一局局長兼。

國策顧問委員會　　政治顧問性質

戰略顧問委員會　　軍事顧問性質

第一局　　掌管法令文告文書印信之宣達保管事項。

第二局　　掌理機要文件，案件之撰擬，查簽，調查材料之研究整理。

第三局　　掌理有關軍事命令，文件之宣達及軍報事項。

第四局　　掌管典禮閱兵授勳接待外賓等事項。

第五局　　掌理印信，關防，勳章，及府內法規等鑄造，編印事項。

第六局　　掌理府內庶務、出納、交際等事項。

機要室　　掌管有關機要電務事項。

侍衛室　　掌管有關侍衛事項。

中央研究院　　具有科學顧問委員會性質，全國最高學術機關。

（3）重要人員

秘書長　翁文灝（政學系）

— 17 —

參軍長　（原爲親蔣的粤系李漢魂）
秘　書　陳恆安　梁昇俊
參　軍　陳明仁　唐生明　徐會之（黃埔復興系）
第一局局長　許靜芝　（在僞國府任職多年的老秘書）
　副局長　朱雲光　（僞國府老秘書）
第二局局長　黃雪邨（桂系）
　副局長　李白虹
第三局局長　劉士毅（桂系）
　副局長　賀楚强（復興系曾在軍委會侍從室任職）
　秘　書　方亞雄
　參　謀　于天龍（少將）
　　　　　蔡大冶（上校）
　　　　　王春祿（中校）
第四局局長　吳思豫（一九四六年起卽任職於僞國府）
　副局長　劉迺蕃（在僞國府任職多年）
　秘　書　樓初民
　專門委員　孫忱熙
　科　長　蔡順理
第五局局長　周仲良（一九二七年後卽任職於僞國府）
　副局長　吳　椿（一九四六年起任職於僞國

府）

第六局局長　陳希曾（二陳之姪）

副局長　徐本生（一九四六年起任職於偽國府）

機要室主任　李揚典（隨李宗仁上台）

副主任　張廷楨

侍衛室　侍衛長李宇清　（隨李宗仁上台）

副侍衛長 柳元麟、竺培基、吳中相（以上竺、吳等均為蔣親信，恐已撤換）

少校參謀　呂如金

典璽官　許靜芝（兼）

人事處處長　梅嶙高（曾為李濟琛部下）

國策顧問委員會

顧問　邵力子　李文範　茅祖權　俞飛鵬　張作相

萬福麟　王樹翰　鄧家彥　蔣夢麟　張難先

余家菊　何魯之　戢翼翹　胡海門　鮑爾漢

張　鈁　羅桑堅贊

戰略顧問委員會

主任委員　白崇禧（桂系領袖）

委員　龍　雲　于學忠　鹿鍾麟　張發奎　鄒作華

孫連仲　劉　峙　蔣鼎文　賀耀祖　陳濟棠

俞濟時　王東原　陳紹寬　何　健　熊式輝

楊　杰　萬耀煌　孫蔚如　蔣光鼐

— 19 —

憲政督導委員會

會　長　莫德惠（東北元老，親蔣）

副會長　左舜生　方覺慧

　　　　徐溥霖　洪蘭友

秘書長　洪蘭友（兼）

委　員　汪崇屏　戴天球

資政委員會

資政　吳敬恆　張人傑（靜江）　孔祥熙　許崇智

　　　李石曾　章　嘉　吳忠信　張君勱　徐傅霖

　　　曾　琦　李　璜　莫德惠

（4）直屬機關

中央研究院　院長一職，自蔡元培死後一向由教育部長兼，下轄十三個研究所，內有四百多個研究工作者。

國史館　掌管撰修國史事宜，下分史料處暨徵集處，館長原爲戴傳賢，戴自殺後，繼任者不詳。員額法定一百七十四人。

國父陵園管理處　掌管中山陵之護衛、管理、建設等事宜，下設林園設計委員會，秘書室，園林處，拱衞處，會計處等組織。人事不詳，法定員額一五〇人。

附　地址一覽表（一九四七年未改組前的情形）

國民政府　林森路

　文官處　林森路

印刷工廠	黄家塘
宿舍	板橋新村
印鑄局職員宿舍	黄家塘22號
國府警備旅司令部總隊長室	毗盧寺
國府警備旅司令部營房	興中門
國府警備旅司令部職員宿舍	四條巷良友里27號
國府警備旅第一團政治部	鄧府巷同慶里
國府警備組	林森路206號
國府警備組	下關綏遠路1957號
國府警備第二組	中山北路 331號
主席官邸警衛室第一組辦公室	薛家巷，黃埔路
參軍處	廣州路36號
總務局文書科	秣陵路文佩里5號
公費股	王老橋25號
軍務局局長室	頤和路39號
副局長室	國府西花園
特警組	薛家巷6號
軍事參議院	西八府塘1號
職員宿舍	洪武路25號

— 21 —

	福建路24號
中央設計局	太平路福建里24號
經濟計劃委員會	秣陵路秣陵新村17號
政治委員會	大悲巷鼎新里1號
宿舍	大悲巷大高里8號
國防研究院	復興里14號，中山路薛家巷
國防最高委員會	北平路54號，海寧路
秘書室	丁家橋新11號
秘書廳	馬台街15號
專門委員會	香舖營18號
工作競賽推行委員會	遊府新村18號
第二辦事處	碑亭巷122號
國父陵園管理委員會	中山門外
城內宿舍	白下路136號
主席休息室	光華門飛機場
國史館	中山東路

二、偽行政院及其所屬各部會

今年一月底消息，偽行政院在撤退機關和公務員，粮食部公務員大多數已離開南京，交通部三分之二人員已疏散，外交部裝載檔案和設備在撤退，衛生部、新聞局也要搬。以後消息又稱：財政部各局署在上海辦公又傳財部將遷福建，外交部二百餘人員擱淺在吳淞，教育部大部人員也滯留在上海。撤退情形很混亂，呈土崩瓦解狀態，已遷往廣州的行政院也是支離破碎，十七個部會中有八個沒有負責首腦。這是一方面。

另一方面，死硬派反動份子的確在幻想以廣州為中心集結力量，以阻我大軍南下；ＣＣ系的頭目在那裏常常叫喊，政學系也到那裏加緊活動，中常會在那裏舉行，行政院也聲稱在那裏辦公。後來孫科被迫回南京，僅見一些部門的代表回來，李賊說偽政府要遷回南京，外國通訊社評為『純粹報紙上的話』；他們說：可能名義上在南京重建政府，以便向共產黨表示談判的『誠意』，同時實際的政務則在廣州進行。戰犯何應欽上台前也說：『今後的政務中心仍在廣州』。戰犯吳鐵城回到廣州又重覆這句話。

何匪上台後，偽行政院由十七個部會縮為八個部兩個會；衛生、地政、社會三部裁併歸入內政部，農林、工商、水利、資委會等合併改為經濟部，粮食部改署歸財政部，主計部改成處，新聞局取消。但新班子仍然是舊演員。故本章材料除了已公佈的首腦人物外幾全爲一九四八年甚至--九四七年的材料：同時把現在仍保留的部會放在前面，把裁併的部會放在後面，加以說明，便於參照。

何匪上台後的僞行政院機構及其負責人

院　　長　何應欽

副 院 長　賈景德　（原閻系老官僚，後靠近國民黨中央）

政務[redacted]　張治中　朱家驊　賀耀組

內政部長　李漢魂

外交部長　傅秉常

國防部長　徐永昌

財政部長　劉攻芸

教育部長　杭立武

司法行政部長　張知本

經濟部長　孫越崎

交通部長　端木傑

蒙藏委員會　委員長　白雲梯

僑務委員會　委員長　戴愧生

主 計 長　龐松舟

秘 書 長　黃少谷

何匪上台前偽行政院組織系統表

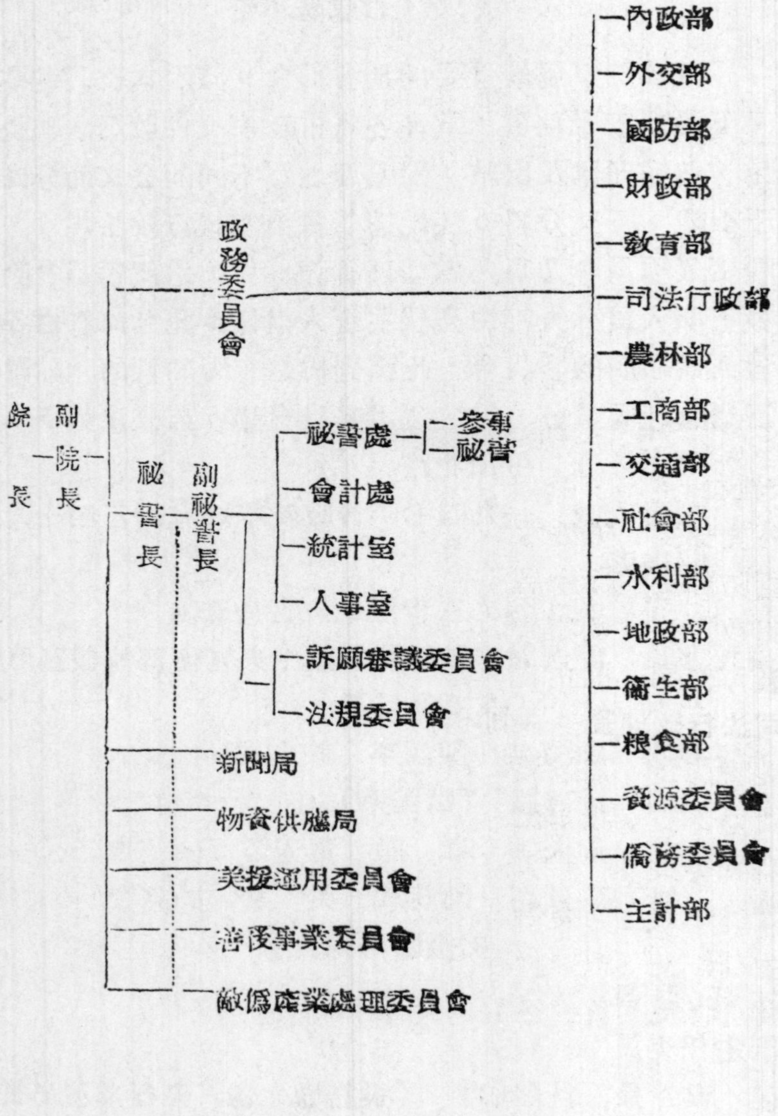

— 25 —

（1）行政院本部

行政院下屬最重要的是各部會。該院本部設秘書處，下設參事及秘書，掌理各省市政府文件收發，職員任免，典守印信及出納，因處理性質不同的公文而分成若干小組，下又分科。法規委員會『審議行政法規』，訴願審議委員會乃專門處理再訴願案件，這種委員會除少數下級人員外大都由高級主管人担任。此外尚有由各部會人員組成的委員會，此種機構是有時間性的，如敵僞產業處理委員會，美援運用委員會等。茲分述如下：

地　　址　中山北路

職員人數　一九四七年行政院本部有四百四十人。

秘書處

秘 書 長　黃少谷（三靑團系忠實於蔣匪）

副秘書長　倪炯聲（曾任國民黨中央宣傳部特種宣傳處文藝科科長）

簡任秘書　徐肇基　陳漢平　許自成

參　　議　浦薛鳳（歐美系）

參　　事　周大訓　章　熊　黃憲儒　徐紹煌

編　　審　嚴欽亮　鄔建章　吳　熹　計品章

美援運用委員會

主任委員

副主任委員

秘 書 長　沈熙瑞　（張嘉璈之甥，央行業務局長）

副秘書長　嚴家淦　　（政學系專與美方代表團聯絡）
物資處長　彭開煦（正）徐宗壽（副）
財務處長　林兆棠（正）吳君實（副）
技術處長　許邦友（正）李國鼎（副）
計核處長　李福景（副）
秘書處長　黃祖耀（正）陳　錫（副）
技術團員　李　榦
參　　事　林同濟
專門委員　王念祖　陶履中
簡派秘書　周舜華

善後事業委員會

主任委員　蔣夢麟　（歐美系與宋子文關係密切）
參　　事　徐百齊　張廣輿
簡任秘書　徐梗生

〔註〕偽行政院善後事業委員會負責行總遺下的長期善後物資之執行、處理，由此種物資組成之事業有：漁業善後物資管理處、農業機械公司、製藥工廠籌備處、鄉村示範工業處、機械農墾處、黃泛區復興局、船舶修理廠、水運大隊等。

物資供應局南京辦事處（地址：常府街十號）。
主　　任　陳介夫

敵偽產業處理委員會

主任委員　張肇元（一九四九年一月任命，原偽立法院秘書長，孫科的老同學）

— 27 —

（2）內政部

從歷史上來看，內政部最初不是閻錫山就是馮玉祥的人在那裏當部長，雖然在制度上它是政府的首席部，但蔣匪常把這位置作爲籠絡其他派系的禮物，其後如地政、衛生、水利、社會事業的救濟部份又紛紛脫離，自立門戶，該部地位更無足輕重。但自國民黨企圖用加强保甲制度，來壓制人民，以便加緊徵兵徵糧進行內戰，並假藉民意，施行民選以後，四年以來 ，始終以CC系的張厲生，彭昭賢等掌握該部，並極力擴充其權限。去年十二月，僞立法院通過一個法案，把CC系的特務機關中央調查統計局改名調查局，隸屬在內政部之下，冀使其取得合法地位。最近立法院又通過一個議案，將衛生部、地政部、社會部都縮編爲署或司歸入內政部，其結果將使這部門權力範圍又擴大起來。下面介紹的組織和人事除部長外皆爲未改組前的材料。

地　址　中山北路，瞻園路一百二十二號；一百二十四號大方巷華安新村三號，太平路四百三十九號。

職員名額　一九四七年本機關實有人數八百五十三名。

組織系統

- 部長 — 政次、常次
  - 秘書處
  - 參事處
  - 民政司 轄四科
  - 方域司
  - 禮俗司 轄四科
  - 營建司 轄四科
  - 總務司 轄四科
  - 會計處
  - 統計處
  - 人事室
  - 人口局
  - 禁烟委員會
  - 調查局
  - 警察總署
  - 首都警察廳
  - 中央警官學校
  - 第二警察總隊
  - 電影檢查處
  - 中央古物保管委員會

重要人員

部　　長　李漢魂（親蔣的粵系軍人，新自美回國）。

政務次長　胡次威　（原C.C.系，與政學系亦接近）

常務次長　張壽賢　（抗戰期間任中央黨部秘書處編輯

科長）

秘　書	杜芝庭	張敬原
參　事	馬博庵	孫克寬
會計長	陳恕鈞	
專門委員	張涵清	李保謙
視　察	趙喜柱	曹源松　徐寶圃
編　審	施織絲	鄧如剛　楊懷仁
民政司長	楊君勱	（當民政司長已七年，在內政部七年以上。）
方域司長	傅角今	（當過教授，技術人員，担任這工作已八年以上。）
禮俗司長	聞鈞天	（中央組織部總幹事，湖北省黨委，當禮俗司長十年。）
營建司長	周鐘南	（C.C.張厲生系，曾任中央黨部總幹事。）

人口局

局　長	包惠僧	（黃埔軍校政治部主任，軍委秘書處，主持戶政已十三年。）
副局長	朱祖晦	
主任秘書	蕭明新	（黨務出身，在內政部十年。）
秘　書	姚聯華	李　安　程　鵬　王　章
專門委員	陳振鑿	楊受智
第一處長	楊振青	（在內政部八年以上，當過編審和秘書。）

— 30 —

第二處長　朱祖晦　（兼）
第三處長　周中一　（警校出身，在內政部已七年。）
第四處長　張國棟　（中統特務，一九四二年任中央調統局科長）
第五處長　胡承鈞　（在內政部八年）
簡任技正　張澤仁　王冠三　羅雪林
簡任視察　張國權　（到內政部已六年）
統計主任　譚雄才
戶政督導專員　史國源
禁烟委員會　（住常東路三百六十六號，其職員宿舍住昇州路糯米巷二十七號。）
主任委員　王德溥　（東北C.C.才幹人物）
副主任委員　馬　亮　（C.C.系）
第一處長　齊繼宗　（C.C.系）
第二處長　（未詳）
第三處長　劉勇暄
視　察　屠　晉

調查局　據一九四八年十二月初僞立法院通過之該局組織法爲局長，副局長下設四處及人事、會計、統計等三室，另有專門委員及督察之編制。
電影檢查處處長　劉國憲。

（3）外交部

僞外交部派系複雜，矛盾甚多，現在掌有最大實權者爲王世杰系，王爲政學系要角，掌握該部已三、四年，曾做過武漢大學校長，故又稱武大系。現任部長傅秉常，原是孫科系，但與王系有關係。而中下級幹部三分之一爲政治大學外交系畢業生，這是蔣賊一度兼任外長時湧進去的；另有一批因父兄姊妹及『裙帶關係』進去的，具有潛勢力，但無多大作爲。據一九四七年底材料，外交部內人員四百九十人，外放人員一千零九十人，駐外大使館二十三個，公使館十八個，總領事館三十二個，領事館四十七個，副領事館五個，另有派駐遠東委員會代表團一，駐奧代表公署一，聯合國代表辦事處一，駐日代表團一，駐德代表團一。又據一九四八年底材料，駐南京各國大使館和公使館共五十七個，正式外交人員一百八十多人。

地　址　中山北路，白下路二百零九號；鼓樓四條巷西橋二號，鼓樓三條巷一號。

職員人數　一九四七年本機關實有人數四百八十七名。

組織系統

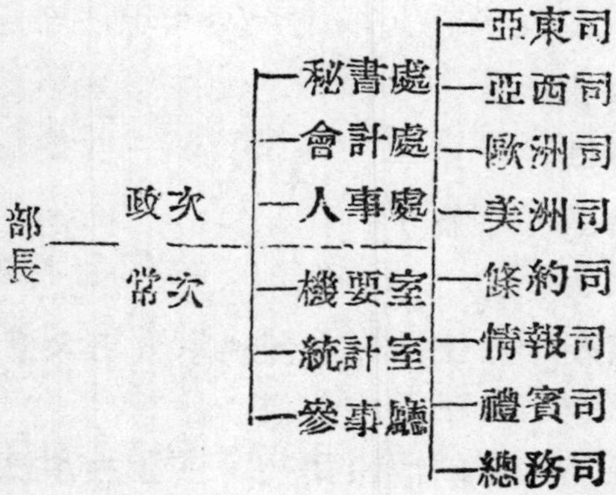

重要人員

部　長　傅秉常　（孫科系，與王世杰有關係）

政　次　葉公超　（一九四二年任國民黨中宣部駐倫敦代表）

亞東司長　黃正銘　（留英，中大教授，屬中大系，C.C.支持。）

亞西司長　卜道明

歐洲司長　尹葆宇　（留美中大教授，在外交部已六年。）

美洲司長　董　霖　（C.C.系留美，當過大學教授，國防最高委員會參事，立法委員。）

美洲司幫辦　王季徵　（留比，當過交通部秘書，在外交部已五年）

條約司長　胡慶育　（抗戰前張羣當部長時曾任該部

國際司第五科科長。）

條約司幫辦　汪孝熙

情報司長　時昭瀛

情報司幫辦　周書楷

禮賓司長　王季徵　（兼）

總務司長　馮宗蕚

祕　　書　王德芳　（王世杰之侄，掌人事大權）

參　　事　張忠紱　（王世杰親信）

張沅長　（前情報司長，王世杰親信）

李　幹　（宋子文親信）

顧　　問　吳藹嬀

諸昌年

朱世明　（曾任中國駐日代表團團長職）

附屬機構

國際聯歡社　住中山北路六百七十一號

（4）財政部

作爲一個直接搜刮壓榨人民的總機關，財政部的重要性，在國民黨講來，是僅次於軍事部門的。因之，二十一年來該部便始終爲孔宋所控制。一九四八年王雲五曾一度任財長，帶入三數政學系人物，但基本上無更動。該部組織龐大，人員衆多，亦僅次於軍事部門而遠超過其他任何部會。最近糧食部改田糧署隸於該部，組織將更形龐大。其本部各單位中，獲取財政收入的主要機構爲鹽政總局及國稅署，其組織亦較其他單位爲大。鹽政總局於各鹽產區設管理局；銷區設辦事處，下又設分局、分處及鹽場公署等。全國鹽務人員據云有十萬人之多。鹽務過去由外人管理，立有『稽核制度』；現在鹽務機關主腦人員，大多均由稽核出身。國稅署係前直接稅署、貨物稅署於一九四八年合併成立。目前可能仍分處辦公。

財政部職員有許多是任職時間很長的。根據一九四四年材料，四百二十餘名科員中（不包括戰時成立之緝私、國庫兩署，及專賣、地方財政兩司科員），有四十名是在一九三一年以前即在該部任職的，佔科員數百分之十弱。目前雖無具體材料，但估計類此人員爲數當仍不少。

地　址

（A）本部設中山東路一六一號對門。

（B）專用電台設童家巷六——二號；發報台設江西路二十一號。

（C）職員宿舍設：慈悲社（巷）十二號；城左營金谷村一號；順德邨十六號。

（D）鹽政總局設江蘇路二十二號，淮海路九十七號，中山門內老旗街半山園；辦事處設建康路二四七號；職員宿舍設四條巷四海里七號。

（E）前直接稅署設童家巷十——一號；署長室設靈隱路三號。

— 35 —

（F）前稅務署設中正路一一五號。

（G）關務署設祠堂卷二十五號。

職員人數　一九四七年六月材料：本部實有一八八八人。另一九四二年材料：鹽政總局應有四三九人，其鹽警管理處據最近材料應有三十六人。財政部所屬各單位在事員工，據云約在萬名以上。

組織系統

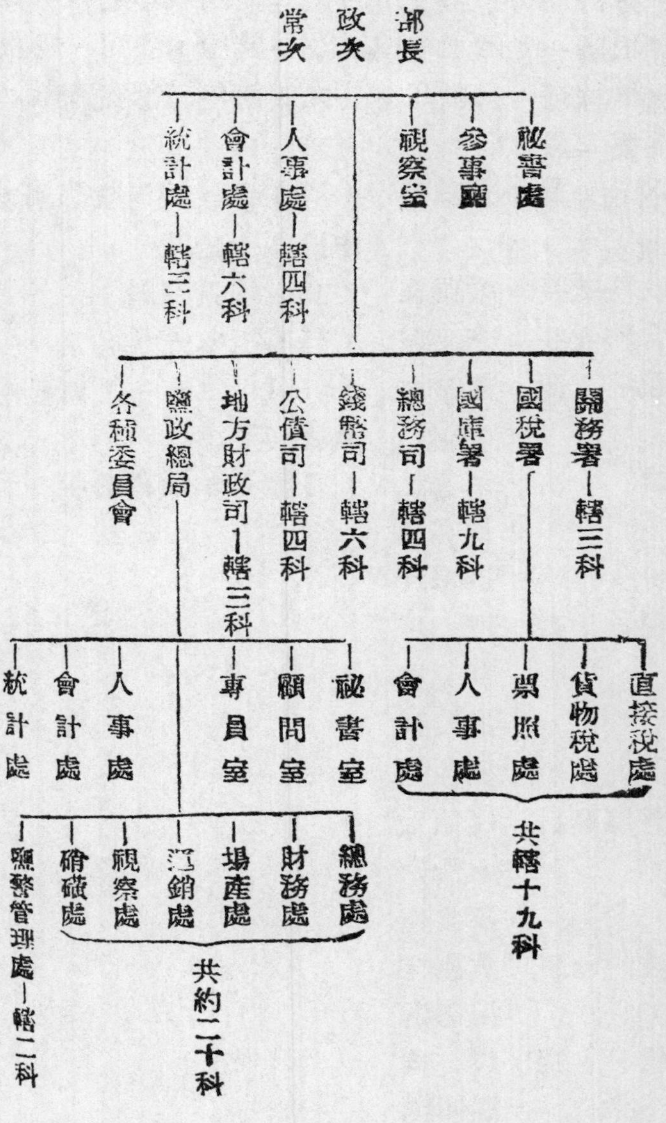
部長
政次
常次
秘書處
參事廳
視察室
人事處—轄四科
會計處—轄六科
統計處—轄三科
關務署—轄三科
國稅署
國庫署—轄九科
總務司—轄四科
錢幣司—轄六科
公債司—轄四科
地方財政司—轄三科
鹽政總局
各種委員會
直接稅處
貨物稅處
票照處
人事處
會計處
共轄十九科
秘書室
顧問室
專員室
人事處
會計處
統計處
總務處
財務處
場產處
運銷處
視察處
硝磺處
鹽警管理處—轄二科
共約二十科

— 37 —

（材料時間：國稅署根據一九四八年七月材料。鹽政總局根據一九四二年組織法。其餘，各司、處根據一九四八年材料；科數根據一九四四年該部實有數。）

重要人員

部長	劉攻芸	（英美系、接近政學系，原任中央銀行總裁）
政務次長	梁穎文	（與政學系有關）
常務次長	李儻	（任職五年餘，孔系）
顧問	戴銘禮	（任職已二十年，與孔祥熙關係密切）
參事	梁敬錞	（任職七年餘孔系）
	賀其燊	
	張澤垚	
秘書	趙琯	
	申慶貴	
	張天澤	
	房啓明	
督導專員	楊伯元	
	陳松光	
	孫葆蒼	
技正	黃國材	
	湯壽康	
視察	姚曾	
	鄒仲融	

統計長	楊壽標	（任職七年餘）
關務署長	張福運	（宋系）
國稅署長	姜書閣	（任職八年餘，孔系）
副署長	陳　琮	（任職五年餘，曾任中訓團指導員）
	王傳曾	
第一處長	呂若謙	
第二處長	劉大柏	
第三處長	馬自强	（任職七年餘）
人事處長	趙佩璽	（任職六年餘）
國庫署長	謝耿民	（一九四五年後歷任黔建設、財政廳長等職，與王雲五有關係）
副署長	石光鉦	（任職五年餘中央政校畢業）
總務司長	吳培均	
錢幣司長	吳興周	（任職已十三年餘，孔系）
幫　辦	楊慶椿	（任職已十六年）
公債司長	陳炳章	（任職六年餘，孔系）
地財司長	孫靜工	（任職七年餘，曾任甘肅省黨委）
鹽政局長	王撫洲	（任職五年餘，軍統特務，曾參加緝私工作）
場產處長	何維凝	（任職五年餘）
會計處長	張正國	（孔系）

— 39 —

附屬機關

名稱	負責人	地址
金陵關務司公署		①下關江邊②南祖師庵一號
下關鹽務掣驗局		下關商埠街一五三號
輸出口處理委員會	陳雋人	
外匯基金平衡委員會	陳輝德	

附錄

江蘇區直接稅局南京分局：設二郎廟四十五號。局長任尙。

江蘇區貨物稅局南京分局：設東牌樓一三六號。局長陶祖。

安徽區貨物稅局駐京通訊處：設長樂街六十六號。

（5）教育部

偽教育部長期爲陳立夫和朱家驊輪流交替，彼此爭奪，現在是朱系的把持下，中級幹部以黨務訓練班出來的爲主幹，高級幹部有吃庚款的留英學生，如現任部長杭立武，在朱任中英庚款委員會董事長時便出任總幹事，一直幹了十多年。偽教育部主要業務是在高等教育司，該部經費十之八九是用在高等教育司上，這職位大都留給部長的親信。

地　址　成賢街五十一號，成賢里爲其職員宿舍

職員人數　一九四七年本機關職員六百三十九名

組織系統

- 部長
  - 政次
  - 常次
    - 祕書室
    - 參事室
    - 資料室
    - 督學室
    - 高等教育司 轄四科
    - 中等教育司 轄四科
    - 國民教育司 轄三科
    - 社會教育司 轄三科
    - 邊疆教育司 轄三科
    - 國際文化教育司
    - 總務司
    - 人事處 轄三科
    - 會計處 轄三科
    - 統計處 七科
    - 國民體育委員會
    - 教育研究委員會
    - 國語教育推進委員會
    - 訓育委員會
    - 醫學教育委員會
    - 國民教育輔導委員會
    - 學術審議委員會
    - 設計攷核委員會
    - 僑民教育輔導委員會
    - 航空教育委員會

重要人員

部　長　杭立武（朱家驊重要幹部，與歐美系有關係。）

常　次　田培林（留德，曾任河南省黨部主委，朱家驊系。）

總務司長　鄧傳楷

高等教育司　唐培經

中等教育司　吳兆棠（辦童子軍出身，三青團中央幹事曾任三靑團訓練處長、與朱家驊有關係。）

國民教育司　吳研因（在部已二十一年）

社會教育司

邊疆教育司　郭廷以

國際文化教育處長　韓慶濂（曾任燕大教務長，在部五年，與朱家驊有關係。）

秘　書　方志懋

參　事　王伯琦　劉英士　黃龍先

督學主任　黃曾棟

督　學　黃銘鑑　王旋慶　楊文藩　葉松坡　張友仁　蔡若水　張克年　郝更生、（體育專家，在部已十六年）

專　員　陳可中

國語教育推進委員會編輯　蔡繼賢

教育研究委員會專員　蔣勵材

訓育委員會主任　　俞承徵
輔導處主任　　胡雪峯

附屬機構

單位	負責人	地址
青年復學就業輔導委員會		山西路七十八號
青年輔導委員會		石鼓路一百零九號
輔導委員會職員宿舍		莫干路十九號
國立中央博物院		中山門內半山園
國立北平故宮博物院		朝天宮
江蘇省立國學圖書館		龍蟠里四十七號
國立中央圖書館		成賢街四十八號
國立中央圖書館城北閱覽室		頤和路一至二號
國立編譯館	館長陳可忠 副館長趙士卿	天山路
國定中小學教科書聯合供應組		太平路世界書局
中華文化教育基金委會員	董事長：蔣夢麟 總幹事：任鴻雋	
中華教育電影片廠		
中華交響樂團	團長：司徒德	
博物標本及科學儀器兩製造所		

中央國術館		中山東路廖家巷二號
國立邊疆文化教育館	凌純聲	
特設盲啞學校		
敦煌藝術研究所	常書鴻	
國立禮樂館		珠江路太平橋八號
中國地理、蠶桑兩研究所		地理研究所在山西路七十八號
國語小學社		

註：一九四七年，中央氣象局尙屬敎育部時在中山北路西流灣第六區一帶曾購地十四畝三分餘，另外南京測候所亦曾一度屬敎育部，該所爲僞中央所屬八十八個測候儀中唯一有高空測候儀者。

（6） 司法行政部

該部原爲司法院中的一個部份，於一九二八年隨着司法院的成立而產生，一九三一年改隸行政院，一九三四年一度重劃入司法院，一九四三年又改歸行政院。該部工作主要對象現在是總務司所掌關於司法機關之設置、廢止及統轄區域之劃分、變更等事項，和監獄司所掌關於監獄之設置、廢止及管理等事項。其組織自部長次長以下設五司、五處、一室，直轄三十七個高等法院和首都、上海監獄及法醫研究所等。

地址　中山路

職員人數　據一九四七年六月材料，該部本部實有五百三十一人，其下轄全國司法行政人員實有六萬七千六百五十五人。

組織系統

部長
次長
- 秘書處
- 參事處
- 人事處
- 會計處
- 統計處
- 編查室
- 總務司　轄五科
- 民事司
- 刑事司
- 監獄司
- 技正司

重要職員

部　長　張知本（在司法界有聲望，與居正同鄉。與孫科間亦有拉攏。何應欽長政院後張調任現職。）

政　次　趙琛（原首都高等法院院長，在司法界資歷不深。）

常　次　汪楫寶（曾任司法院簡任秘書，一九三八年任本部人事處長。）

民事司長　吳興新

刑事司長　楊兆龍

— 45 —

監獄司長　葉在時（一九四三年起任本部首席檢查官）

人事處長　周祖承

主任秘書　馬志辰

秘　　書　王　煥　杜世珍

統 計 長　鄒慎夫

直轄機關

直轄首都監獄　（在老虎橋）

法醫研究所所長　孫逵方（大學醫科教授，一九三五年卽任現職。技正　胡兆煒、趙廣茂、張頤昌。

司法調查團團長　龐德（美籍，並爲該部顧問），副團長楊兆龍，團員陶天南，陳文藻、姜樹滋、馮澤昌、唐秉鈞。

（7）　經濟部

經濟部（前工商部）長期由政學系所控制，自抗戰前實業部時期卽然。抗戰初期實業部裁撤，與其他經濟建設部門合併成立經濟部。其後農林，水利，糧食各部陸續於一九四零年劃出成立部會。勞工行政及合作事業則撥歸社會部管轄。迄一九四七年五月政學系組閣，又將其改爲工商部，資源委員會劃出直隸於行政院，由青年黨陳啓天任部長。今年何應欽組閣，復稱經濟部，由與孔宋及翁文灝均有密切關係的孫越崎主持，其數年來所陸續劃出之各單位，除糧食部外，亦全部收回。本節所述，係前工商部之情況，餘另詳。

工商部本身之組織並不龐大，但其附屬機關則甚多；且在國外派有機關，如駐美商務參事辦事處、駐越代表等。其附屬機關大致可分四種：一種是調查研究性質的，如工業實驗所等。一種是特殊經濟行政性質的，如商標局等。一種是營業性質的，如中國紡織建設公司等。另一種是管制性質的，如燃料管理委員會等。前二者多集中南京；後二者則分散各地。在陳啓天任職時期，曾趁機大量安插並吸收黨員。在本部，據一九四八年七月報紙材料稱：『科字以上人員，多為青年黨人』。在附屬機關則集中於營業及管制性機關；其中除中紡，輸管會外，大多均由青年黨接收。

地　　址　鐵湯池二十四號

職員人數　一九四七年六月材料本部實有四三五人。

組織系統

部長
政務次長
常務次長

- 祕書廳
- 參事廳
- 技術廳
- 會計處——轄三科
- 統計處——轄三科
- 人事室

- 總務司——轄三科
- 管制司——轄三科
- 礦業司——轄三科
- 工業司——轄三科
- 電業司——轄二科
- 商業司——轄三科
- 國際貿易司
- 投資事業管理委員會
- 特種經濟調查處——轄四科

— 47 —

（材料時間：科之數目根據一九四四年實有數，餘據一九四七年十二月及最近材料）

重要人員

部　　長　孫越崎（與翁文灝、宋子文等均有密切關係。）

政務次長　簡貫三（孫科系、僞立委。）

常務次長　劉愷鍾（一九四五年熊斌主陝時曾任省府委員兼糧政局長。與于右任有關係）

主任秘書　黃鐵錚（孫科系，曾任僑委會秘書長。）

參　　事　高叔康

統 計 長　吳宗汾

總務司長　王嵐僧

管制司長　丁潤身（任職八年餘）

鑛業司長　李鳴龢（任職十一年以上）

工業司長　顧葆常

電業司長　葉維鈐

商業司長　龍大鈞

國際貿易司長　楊樹人

投資事業管委會主委　劉泗英（青年黨員。）

副主委　費明揚

特種經濟調査處處長　鄭克梓

副處長　姚仲良（原劉文輝親信）

附屬機關

名稱	負責人	地址

中央工業實驗所	顧毓珍	①白下路二六二號②三條巷三十七號③大同新村一號
機械工廠		漢中路十一號
礦冶研究所	朱玉崙	
中央地質調查所	周贊衡	珠江路九四二號
中央標準局	戴經塵 向賢德	菱角市五號
商標局	吳承洛	（其第二辦事處設衛巷新安里十六號）
燃管會南京辦事處	林　華 周目拔	①朱雀路七號②廣州路
液體管理委員會		①青石街新村②上海路合羣新村五號
加油站管理處		東昇里五號
運輸隊		淮海路一四一號之七
美國救濟物資委員會		寧海路陰陽營二十二號之十
技工訓練處		科巷壽星橋四十八號
駐越代表辦事處		鼓樓五條巷勤園一號之三
燃煤調節供應處 南京辦事處	伍縉齋	大悲巷雍園十號
第一煤棧、		浦口

（8）交通部

該部原稱鐵道部，抗戰後始易今名，部長由原鐵道部長張嘉璈繼任，爲政學系的勢力範圍。一九四三年

ＣＣ系曾養甫取而代之。一九四五年初蔣匯嫡系俞飛鵬一度出長該部。次年五月，親美並接近政學系的俞大維上台，在位達三年，現始改由黃埔系的端木傑繼任。該部與交通大學有歷史淵源，中下層交通界人事系統很少變，技術人員中很大一部份爲青年大學生。據一九四八年八月材料，該部轄下有船舶一百零三萬噸，飛機八十餘架。

地　　址　①本部設中山北路。②政務無線電台設：薩家灣紫金里；薩家灣戴家巷八號；三牌樓妙兒山。③職員宿舍設：樓字巷九十號；珠江路五十八號；纂巷十三號；淮海路三益里六號；薩家灣五號；上海路九號；上海路永慶里二號。

職員人數　一九四七年六月材料本部實有六百六十人。

組織系統

- 部　　長
- 政務次長
- 常務次長
  - 祕書廳
  - 參事廳
  - 技術廳
  - 設計考核委員會
  - 人事處——轄四科
  - 會計處——轄四科
  - 統計處——轄三科
  - 路政司——轄五科
  - 郵電司——轄五科
  - 航政司——轄三科
  - 材料司——轄三科
  - 財務司——轄六科
  - 總務司——轄四科
  - 國際組

材料來源：科之數目根據一九四四年實有數，科以上機構根據一九四七年十二月材料。

重要人員

部　　長　端木傑（黃埔系，僞立委。曾任軍需署司長，及軍政部軍需監，後方勤務部副部長，與何應欽俞飛鵬有關係。）

政務次長　凌鴻勛（在部任職十年以上，爲交通工程界領導人才。）

常務次長　薩福均（在部任職十年以上，鐵路工程家，曾任該部總工程師。）

參　　事　金士宣（在部已六年餘）

簡任技正　程　璘

　　　　　徐節元

技　　正　凌樹藝　王鴻韶　張瑞隆　孫嘉猷

朱復炎　石壽椿　閔詔浦　發　唐嘉衣　成綸生
劉怡儔

督　　導　張志公

顧　　問　裴　來　　（可能爲美人）

統計長　王仲武　　（在部已八年餘）

路政司長　薩福均　　（兼）

郵電司長　陶鳳山　　（在部已六年餘）

航政司長　李景潞

材料司長　莊漢開

財務司長　周自安

總務司長　李祖冰

附屬機關

公路總局

地　　址　①中山東路一七八號；白下路中正路口；國貨大樓（副局長辦公室）。②電訊總台設五條巷揖華里。③高級職員宿舍設：五台山（路）五十五號；廣州路八十五號。

已知人員　局長方兆鎬；工務處長成希顒；材料處長陳伊通；器理處長顏樑森；運務處長陳樹玉、副處長張孝通；會計處長丁碘荇（五年以上）；主任督察工程司孫玉泰；督察工程司莫干成、王懋勛；技正夏鼎、張啓宗、張元清、魯若愚。

所屬機關

汽車器材總廠：設於①淡中路牌樓巷十號。②中央路盧席營。③中山北路一九七號。

第一機械築路工程總隊：設中央路一四七號。

第一運輸處南京分處：設林森路三零六號。（該處一九四七年二月在中山東路半山園路購地二十二畝四分弱，建築修理廠。）

第一運輸處南京營業所：設於①林森路三零四號。②林森路吉田營二號。

郵政總局

地　　址　①下關大馬路。②業務處、聯郵處設建康路郵局內。③會計處、視察室設白下路二零九號。

已知人員　局長李清祿；副局長沈養義。

其　　他

電訊總局：設薩家灣。局長陳樹人。南京第二區管理局長安鍾瑞。

民用航空局：設薩家灣。局長戴安國（戴季陶之子）；副局長左紀彰；航路處長袁葆康。

儲運總處：處長陳廣沅，副處長張元×、鈕金澤。

中央氣象局：設北極閣三號。局長呂炯；簡任秘書李鹿苹；氣象總台台長盧鋈。該局南京測候所為其所轄八十八個測候所中唯一有高空測候器者。（該局一九四七年二月在中山北路西流灣第六區一帶購地十四畝二分强。）

國際無線電南京支台：設於①中山北路三號。②中山北路二零五號。

交通警察總局（略）

交通技術標準委員會：人和街十六號

全國引水管理委員會：下關大馬路一百二十號

南京港工程處，處長王作舟

塘沽新港工程處：普通路四號

測量總隊：隊長陳永齡

（9）蒙藏委員會

地　　址　曾公祠四、五、十號。

職員人數　據一九四七年六月材料，該會本機關實有一百八十二人，其附屬機關另有五百四十一人。

組織系統

	祕書室	
	參事室	
	人事室	
	總務處	轄四科
委員長	蒙事處	轄三科
副委員長	藏事處	
	編譯室	
	調查室	
	會計室	
	統計室	

重要職員

委員長　白雲梯（CC系　，一九三二年起歷任該會委員、副委員長。）

副委員長　周昆田（曾任黔省府秘書，一九三六年即到會任簡任秘書。）

主任秘書　姚光鼐

秘　　書　陳木天

蒙事處長　楚明善（山東人，一九二九年即到會，一九三三年底任現職。）

藏事處長　熊耀文（山西人，一九二九年即到會任職。）

總務司長　黃啓鑾

參　　事　張中微

委　　員　章嘉、周昆田、金鼎銘、馬鶴天、高長柱、達理札雅、敏珠策旺多濟、羅桑堅贊、吳友仁、土丹參烈、玉家齊、土丹桑布、劉家駒、孔慶宗、張鎮林、黃鎮清、邱甲、陳效濂、馬步青、邦達饒幹、趙錫昌、曾少魯、李燡、白鳳兆、黎伯豪、吳書敖、劉華、馬雲文、金庸、王樂階、吳化鵬、卯化部、×正清、史秉麟、紀貞甫。

（10）僑務委員會

地　　址　老爺廟巷行政院舊址及東海路十號。

職員人數　據一九四七年材料：該委員會本機關實有人員一百三十五人，附屬機關另有一百二十四人。

組織系統

委員長
副委員長
- 秘書室
- 參事室
- 視察室
- 第一（僑務管理）處
- 第二（僑民教育）處
- 第三（僑民經濟）處
- 第四（總務）處
- 人事室
- 會計室
- 統計室

重要職員

委員長　戴愧生（國民黨中委，老僑務工作人員，與孫科系劉維熾有關係）

副委員長　章淵若、陳耀垣（國民黨中委，僑務工作人員中學派，接近孫科）

秘書處長　郭威白（曾任國民黨中央民訓部及海外部主任秘書。一九三九年底即任現職。）

參　　事　魏學志、張禮千。

視　　察　鄭善政　陳家儒。

— 56 —

第二處長　梅公毅

常　　委　蕭吉珊（CC系）呂渭生、李綺庵、馬湘、譚貞林、龐兆辰、謝作民（接近CC）。

（11）主計處

該處原爲僞國民政府直接管轄，一九四八年五月僞國府改組後改稱部，並改隸僞行政院管轄，近又改爲處，該處爲一業務機關，主管人不參加政務。下設一室三局及處、室等，掌理『全國』歲計、會計、統計事宜，又按僞組織法規定部內置特任主計長及簡任副主計長、主計官（八人至十二人並兼各局正副局長）、總務司長、秘書（三人）視察（五人）及人事處長以下四百餘人。

地址　國府路、舊國府、職員宿舍住碑亭巷泰山坊六號及三碑樓柏萬園二九號，統計局住林森路。

職員人數　法定爲四百十六人

組織系統

- 主計長、副主計長
  - 總務司
  - 歲計局
  - 會計局
  - 統計局
  - 主計官
  - 秘書室
  - 視察室
  - 人事室
  - 預算審議委員會

重要職員

主計長　龐松舟（與徐堪關係久遠）

副主計長　梁穎文（政學系翁文灝主閣時代任行政院副秘書長，對院中情形極爲熟悉）

主計官　陳長蘅　楊汝梅　范宗成　吳大鈞　錢荔浦（以上楊、范、吳三人均係一九三一年四月隨陳其采到本處）

總務司長　羅定文

歲計局長　王耀（兼）

會計局長　陳長蘅（兼）

副局長　王瑋

統計局長　趙章黼（一九三四年到本處）

簡任秘書　范融　汪元

視　　察　王秀春

人事處長　陳朗秋

（12）農林部（合併於經濟部）

僞農林部從來就是統治者攏絡一部失意官僚的禮物，第一回送給陳濟棠，第二回送給沈鴻烈，第三回送給盛世才，像這些下台人物，那裏有心搞什麼農林，所以該部人稱之爲『養老院』，到了第四回，却又送給賣身投靠的青年黨。

該部實權，一向爲金陵大學農學院出來的一批人所把持，形成所謂『金大派』，青年黨份子雖然充斥了秘書處和總務司，但仍未能控制該派勢力。該部內部的派系鬥爭很厲害，金大派的技術人員仇視青年黨的政客，可能青年黨也在內部拉黨員。農林部於一九四八年一月在上海成立中華水產股份有限公司，爲青年黨的買賣，在南京設有辦事處，並有製冰廠。比較值得重視的是該部的附屬機關，內有一部技術人員和資財設備。

地址　本部在大石橋一號之五，高級職員宿舍在大光路新六十號。

職員人數　一九四七年本機關實有人數二百九十八人。

組織系統

- 部長
  - 政次
  - 常次
    - 秘書處
    - 參事處
    - 技術處
    - 農事司
    - 林業司
    - 畜牧司
    - 農村經濟司
    - 墾殖司
    - 漁業司
    - 總務司
    - 會計處
    - 統計處
    - 人事處
    - 考核委員會
    - 中央農業實驗所
    - 中央林業實驗所
    - 中央水產實驗所
    - 中央畜牧實驗所
    - 中央農業經濟研究所
    - 農業推廣委員會
    - 棉產改進處
    - 菸產改進處

重要人員

部　　長　左舜生

政　　次　謝澄平　（青年黨）

常　　次　周昌蕓　（地質學家，隨青年黨上台。）

農事司長　馬保元　（馬君武之子，金大派。）

林業司長　李順卿　（金大派，當過安徽大學校長。）

畜牧司長　虞振鏞　（清華出身。）

農村經濟司長　葉謙吉　（金大派。）
墾殖司長　李積新　（金大派。）
漁業司長　劉發煊　（金大出身。）
總務司長　何　驥　（左舜生之同鄉，商人。）
首席參事　唐啓宇　（金大出來的農殖專家，當過中訓團農墾班副主任。）
參　事　陳士廉　侯朝海　徐澂豪　胡雲翼
秘書處主任　徐天縱　（左舜生親信）
秘　書　朱祖貽　周寶三　陸瀫青
視　察　賴功奏　李吉蘭
會計長　羅維琪　（非農業技術人員）
人事室主任　凌　權　（青年黨員）
考核委員會秘書　喬昇榮　（金大出身）
附屬機關　（所長以下人事不全，已知者都爲新近任命）
農業推廣委員會　地址在藍家莊。這機關共有二百多人，十之八九爲金大學生
主任委員　喬啓明　（金大派，並兼中國農民銀行農貸處處長。）
秘　書　陳文茂　王榮樹
督導專員　胡印川
技　正　張　勗　王兆泰　沈宗生　張石城
朱甸餘　李鴻勛　李振綱　尹鶴九

徐滿琳　陳家祥　任碧魂
中央農業實驗所
所　　長　　沈宗瀚　（金大派，小麥專家）
技　　正　　歐世璜　梅藉芳　吳留青　蔣彥士
　　　　　　戴松恩　姜誠貫
中央林業實驗所　地址在太平門外櫻駝村。
所　　長　　葛　曉
會計主任　　周壽祺
技　　正　　孫醒東　王　戢　姚憲權　汪秉權
　　　　　　沈在階
技　　士　　李　灝　陳桂陞　譚炳杰　姚開元
　　　　　　程崇德　陳其勣
中央畜牧實驗所
所　　長　　程紹迥　（清華出身）
副 所 長　　許康祖
中央水產實驗所
所　　長　　林紹文
副 所 長　　劉廷蔚　（金大出身，吳鼎昌之婿，學
　　　　　　　　　　昆虫却幹水產。）
人事室主任　桂　馨
技　　正　　鄒源琳
技　　士　　李仲璆
中央農業經濟研究所
所　　長　　李慶麐　（在農業界頗活動，當過金大

教授，僞立委。）

副所長　孫文郁

技正　陳啓華　倪紹琪　武源澄　楊開道

課長　何駿超　邵循岱　陶建章

棉產改進處

處長　孫恩麐　（清華出身，第一批留美學生，從事棉業頗久，在農林部所有附屬機關中棉改處較有成績。）

秘書　俞啓賢

技正　李雲　王敬儒　黃質夫　章祖純　趙伯基　沈文輔

技士　李黎元　楊叔裁

菸產改進處　地址在孝陵衛

處長　沈宗瀚（兼）

副處長　余茂勛

簡任技正　姚祖舜

技士　葉正棪　鄭建楠

中國農業機械公司南京分廠　地址在大光路。

廠長　陳錫辛

病虫藥械廠南京供應站　地址在孝陵衛

八角洲機械農業實驗區　地址在八角洲

中華水產公司南京辦事處　有兩處，一在傅厚崗三十一號，一在下關魚市場。

華洽冷藏製廠　兩處，一在傅厚崗三十一號，一在下關三汊河。

（13）水利部　（合併於經濟部）

水利部一向是作爲『禮品』而存在的，其前身水利委員會的成立，是爲了攏絡西北軍系——由馮玉祥之老幹部薛篤弼任委員長；一九四七年改部，則是打算安插青年黨，但因顧忌馮玉祥，乃由薛繼任。『水政』亦爲『肥缺』之一，因之，國民黨內各派系也多思染指；CC系抓到了淮河水利工程局（黄河水利工程局可能不由CC掌握）、孔宗系則取得長江水利工程局（珠江水利工程局亦可能由其掌握）。一九四七年改部後則由陳立夫之姻親沈百先任政次。

水利部本部河南人很多，自成系統，是由前常次馬兆驤多年來所培成者。目前雖無具體材料，但在一九四四年時，自秘書長以下一百一十一人中，十九人爲河南籍，佔全數五分之一弱，由此可見其一斑。

地　　址　黄家塘五十五號

職員人數　一九四七年六月材料本部實有二六三人

組織系統

部長
政務次長
常務次長
- 秘書廳
- 參事廳
- 技術廳
- 會計處
- 統計室
- 人事室
- 水政司
- 防洪司
- 渠港司
- 水文司
- 器材司
- 總務司

材料時間：一九四七年十二月。

重要人員

部　　長　鍾天心　（孫科系，僞立委。）

政務次長　王培人

常務次長　宋　浵　（在部七年以上，曾任該部工程處長。）

技　　監　須　凱　（任職六年以上）

技　　正　郭玉現　武元昌　胡建芬　劉宅仁

貢　　霖　林國璋　鄧志瑞　耿繼昌　張智斌

參　　事　呂　達

秘　　書　楊式達

統計主任　張文鑄

水政司長　韓壽晉　（任職七年餘）

防洪司長　吳又新　（任職七年餘）

渠港司長　楊乃俊　（任職七年餘）

水文司長　蔡　振　（任職六年餘）

— 65 —

器材司長　章元義　（任職六年餘）

總務司長　段爽青　（任職七年餘，馬兆驤的人。）

附屬機關

中央水利實驗處　設於：①荳菜橋景星里二號②清涼山③荳菜橋三十四號④龍蟠里四十七號。

中央水利航則隊　設於：①二條巷五號②廣州路龍蟠里三十八號。

水利示範工程處　設於獅子橋街三十六號。處長彭篤生。

長江水利工程總局　設於鋼金巷二號。局長沈百先。總務處長劉　焯。工務處長邢維堂。技正蔣滌泉。

長江堵口復堤工程處　設於①寧海路九十一號②宿舍：設於陰陽營二十五號。

水工實驗所：所長鄭權伯

淮河水利工程總局　設於①寧海路三十四號②普陀路六號。局長林平一。副局長雷鴻基。

工務處長　陳和甫。

（14）社會部（裁併入內政部）

社會部之前身，原隸屬於國民黨中央執行委員會之社會組訓工作部門，後爲擴大社會組訓工作，加强控制社會活動，乃設社會部，改隸於行政院。首任部長谷正綱自一九四〇年起連任至今。谷原係改組派，後投靠CC系，故社會部中主要人物，頗多汪系殘人，又經谷之援引轉投CC系者。今年谷一度辭去社會部長職務，逃往廣州後，又自動返任。該部直轄的勞動局，則向為黃埔系中政工系賀衷寒的勢力範圍。

地　址　宗老爺巷　碑亭巷一三五號

職員人數　據一九四七年材料，該部本機關實有人員四百八十四人。

組織系統

部長——次長——
- 中央社會保險局
- 社會服務事業管理處
- 南京工人福利社
- 首都實驗救濟院
- 南京傷殘重建院
- 南京兒童實驗區

- 秘書廳
- 參事廳
- 總務司
- 組織訓練司
- 社會福利司
- 會計處
- 統計處
- 人事室

- 勞動局
- 合作事業管理局
- 工礦檢查處

（按：一九四八年十二月二十七日滬申報載該部之組織法：除二處一室如舊外，秘書，參事雖未設廳亦各置數人，另設工人司，人民團體司，婦女兒童司，社會救濟司，總務司，勞動局，合作事業管理局，工礦檢查處。）

重要人員

部　　長	谷正綱
政務次長	吳開先（朱家驊系）。
常務次長	黃伯度（一九四〇年隨谷氏任現職迄今）
主任計劃委員	李幹軍(一九四四年到部，原任參事)
計劃委員	周泰京　周永澧　劉崇齡　孟廣厚　孫云遐　葉　毅　郭瑞璜　翟鯨身　劉重農　李鴻音　王　克
指　　導	蕭敬思　吳碩民　張鐵君　吳相和　姚方仁　曹明煥　彭利人　宋自新　詹毒山　王志燦　金平歐
專　　員	薛覺民　劉　琨　黎國慶
參　　事	鄭若谷
組織訓練司司長	陸京士（C.C.系，反動工運頭子
科　　長	謝楨綱　馬人松　金家修
社會福利司司長	張鴻鈞
科　　長	鍾其熾　王金標　符滌泉
人事室主任	劉重農
研 究 室	王徵葵

— 68 —

勞動局

局　長　　賀衷寒（復興社十三太保之一，國民黨老政工人員，一九四二年起任現職，現已辭職，繼任者不詳。）

副局長　　孫伯謇（一九四二年九月隨賀出任本局二處處長。）

視　導　　趙宗鼎　周傳豐　燕永治　易舜銘

視　察　　吳相和

祕　書　　黄玉麟

處　長　　吳相和　蔡喆生

合作事業管理局（中央路四〇〇號）

局　長　　王世穎

視察室主任　胡士淇

視　察　　陳　材　王紹材　畢昌裕

會計主任　　曹　斌

人事室主任　蔡俊德

下設合作工作輔導團　團長由局長王氏兼之

工礦檢查處處長　張天開

直屬機構

社會工作人員訓練班

　教育組長　孫云遐

　總務組長　吳碩民

　訓導組長　彭利人

中央社會保險局局長　谷正綱兼

社會服務事業管理處

主　任　　周泰京

副主任　　項學儒　王　克

南京工人福利社（下關中山碼頭）

首都實驗救濟院

南京傷殘重建院　　（光華門外中和橋二〇號）

南京兒童實驗區

全國合作社物品供銷處南京辦事處（中山路三號之三）

（15）地政部（裁併入內政部）

該部自成立以來，卽爲CC系所掌握。一九四八年五月僞政院改組後，一度由署改稱部，最近又改稱署，劃歸內政部。掌理『全國』土地行政事宜，下設五司、八室，並附有測量儀器製造廠，中央土地測量隊及其他機構（地址均不詳）。其中關於土地測量，登記，圖冊之保管，公有土地之清理和其他有關地籍事項均屬地籍司掌理。按現有材料該部主要人員任職多在六年以上。

地　址　　國府路，宗老爺巷珠江路二六六號。

職員人數　　據一九四七年六月材料該部實有一百四十四人，其附屬機關另有四千五百五十五人。

組織系統

部長
次長
- 秘書室
- 參事室
- 視察室
- 人事室
- 技術室
- 專門委員會
- 會計室
- 統計室
- 總務司　轄四科
- 地籍司　轄二科
- 地權司　轄三科
- 地價司　轄二科
- 地用司　（不詳）

重要職員

部長	吳尚鷹（孫科系）
政次	祝　平（CC系，一九四二年起任地政署副署長）
常次	鮑德澂（CC系，曾任中央政治學校地政學院導師，一九四二年到地政署）
總務司長	武旭如
地政司長	程元廚（工程師出身，一九四二年到地政署。）
地價司長	劉岫青（偽中央政治學校地政學院畢業。一九四二年起任地政署地價處處長）

地權司長　　朱章寶（CC系，一九四二年起任地政處處長）

地用司長　　吳文暉

技　　正　　馬光揚、朱齊羣、諸葛平

視　　察　　吳復虞、龍壽禧、賀明纓（試用）

會 計 長　　李師珏

秘　　書　　韓　亮、陳自新、何佛清。

參　　事　　陳正謨、周元佐、（試用）

測量儀器製造廠廠長曾廣樑，副廠長王家鼎（任職六年，曾畢業於同濟大學機械系）

（16）衛生部（裁併入內政部）

一九二八年內政部衛生司改設爲衛生部，一九三一年又改署屬內政部，一九三六年改隸行政院，一九三八年又歸內政部，一九四〇年直隸行政院，一九四七年又改成部，最近又改成署歸內政部。由此可見這機構不能自成局面，獨立與否因人而定。重要的是該部有許多附屬機關，但大多分散各地，在南京較大者有中央醫院（病床六百多，工作人員四百多）和中央衛生實驗院。

地　　址　黃埔路

職員人數　一九四七年 六月 材料 本部 實有一八五人。

組織系統

- 部長
- 政務次長
- 常務次長
  - 秘書處
  - 參事處
  - 技術室
  - 視察室
  - 醫政司
  - 防疫司
  - 保健司
  - 地方衛生司（1）
  - 藥政司（2）
  - 總務司
  - 中醫委員會
  - 會計處
  - 統計室
  - 人事室

說　　明：（1）、（2）　該兩司確已成立否不詳。

材料時間　一九四七年十二月

重要人員

部　　長　金寶善　（在該部任職多年，與政學系有關係。）

政務次長　朱章賡　（北平協和醫學院博士，曾任中央大學教授等職。）

常務次長　王祖祥　（隨金寶善在該部任職多年。）

顧　　問　毛爾理　（美）

技　　監　容啓榮　（任職已九年以上）

技　　正　曾憲立　鄭康書　（在該部九年以上）

　　　　　黄鳴駒

— 73 —

秘　　書　張曦明　李金城　張雲航　沈永禮　張□
會計長　劉文泉
統計主任　陳天泰
醫政司長　湯蠡舟
防疫司長　蔡方進　（任職七年以上）
保健司長　施正信
總務司長　喻任聲
附屬機關
麻醉藥品經理處　設太平路四零二號。處長梁奎。
中央衛生實驗院　黃埔路一號。
醫療防疫總隊　隊長查良鐘。　（宿舍設天目路十一號）。
南京黑熱病防治處　處長左吉，副處長吳徵鑑。
藥物食品檢驗局
中央防疫實驗處　處長湯元飛
中央生物化學製藥實驗處　處長楊永年，副處長陳璞。
處址在上海天通庵路二二號，另在南京太平路四零二號設有門市部
藥品供應處　處長馬基華。（地址不詳，待查）
第一製藥廠　詳情待查
中央醫院　詳見社會部份
精神病防治院　設於南京，詳情待查。
結核病防治院　設於南京，詳情待查

（17）　糧食部　（改田糧署歸財政部）

該部成立於一九四一年，首任部長爲與孔宋及政學系關係均甚深的徐堪，在任達六年。一九四六年後谷正綱俞飛鵬曾先後出長該部。一九四八年六月僞政府改組，早年即供職財政部的關吉玉在孔祥熙等支持下上台，於是孔系勢力又重新回到部中。該部主管全國糧食行政事宜。最近决定改部爲署，劃歸財政部。

地　　址　（1）中山北路；（2）廳後街十四號；（3）莫干路五號

職員人數　一九四七年材料本部實有七八九人

組織系統

部長
政務次長
常務次長

- 秘書處
- 參事廳
- 督導處
- 人事處
- 會計處
- 統計室
- 總務司——轄三科
- 管制司——轄三科
- 儲備司——轄四科
- 分配司——轄四科
- 財務司——轄三科
- 田賦署

一九四八年設有糧食緊急儲購會，主任爲楊綽庵（政學系份子）。

重要人員

部　　長　關吉玉（與各方均有關係，善奔走鑽營。出任現職傳係孔祥熙、莫德惠的關係。東北人）。

政務次長　陳　良（曾任軍需部軍需署署長，聯勤總部副總司令等職。）

常務次長　田雨時（與戴笠曾有深切關係。東北人。）

參　　事　楊道樾（任職五年以上）　陳大經　郭　垣　彭　綸　毛壯屏

主任秘書　張重羽

簡任秘書　周一峯　周金弟

督導處長　王思誠

督　　導　王　純

人事處長　鄒建中

統計主任　費哲民

總務司長　李兆龍

儲備司長　彭雲谷

分配司長　彭隊同

財務司長　汪　隲（在部六年以上）

田賦署長　張導民（ＣＣ系）

附屬機關

儲 運 處　設鼓樓淵聲巷維慶里。處長沈國瑾。南京總庫主任姚國棟。

長江區糧食總庫　下關大馬路

中糧公司總管理處　莫愁路一二八號

中糧公司長江碾米廠　下關三汊河

糧政特派員辦公處　中山東路三八四號

（18）新聞局（組織撤銷）

新聞局原係國民黨中宣部之一部份，後因中宣部擬改隸行政院未果，乃由行政院於一九四七年四月另行成立新聞局，凡中宣部有關國家政令業務者均劃歸之。一九四九年政院改組後已告撤銷。

地　　址　國貨大樓五樓，中宣部原辦公地。

法定員額　二百人

組織系統

局長、副局長
- 秘書室
- 第一處　掌國內宣傳
- 第二處　掌國際宣傳
- 第三處　掌資料徵集與保管
- 會計室
- 統計室
- 人事室
- 國內、國外各辦事處

重要人員

局　　長　沈昌煥（英美派，長於外交，爲蔣美匪及宋美齡所信任）

副局長　鄧友德　曾虛白　（均已免職）

專門委員　黄香山　唐錫如　萬君和　張辟方

參　　事　倪源卿

第一處處長　詹絜悟

— 77 —

第二處處長　沈錡虹

第三處處長　王家棫

〔註〕國防部見軍事部份，資源委員會見經濟部份。

三　僞立法院

僞立法院爲國民黨政府的最高立法機關，自一九三三年孫科出長該院以來，十數年中一直爲孫系人物所控制。自去年國民黨實行僞憲後，僞立法委員人數由一四九名驟增至七七三名，除民青兩黨實佔二二名外，其餘均爲國民黨各派系人物及與其有關的人物。自此以後，該院遂成爲各派系互相攻訐的場所，小組織紛紛成立。其中CC系人數最多，聲勢頗盛；孫科系人數雖不多，但多屬名流學者，在僞立院資格甚老；三青團系及朱家驊系則異常活躍；政學系人數少，惟善於拉攏中立的及游離的份子以自重。其餘如桂系在僞立院中亦有一部份力量。

僞立委的派系鬥爭主要表現爲CC系與反CC系兩個陣營。CC系在組織方面有革新俱樂部，反CC系方面有三青團及朱家驊系的新政俱樂部、聯合座談會等。政學系主持的民主自由社，雖標榜第三方面，實則傾向於反CC系方面，桂系亦同孫科系則與CC系關係密切。

去年底僞立院改組，孫科、陳立夫均下台，代之以反CC系的童冠賢、劉健羣，配合蔣匪的和平陰謀活動。

地　址　中山北路，職員宿舍在陰陽營、白下路復興巷兩地。

職員人數　據一九四七年六月材料，機關內實有人員四百二十九名。

組織系統

院長
副院長
- 各種委員會（內地及地方自治、外交、國防、經濟及資源、財政金融、預算、教育文化、農林及水利、交通、社會、勞工、地政、衛生、邊政、僑務、海事、糧政、民法、刑法、商事法、法制。）
- 秘書長
  - 秘書處
  - 編纂處、圖書館
  - 會計處
  - 統計室
  - 人事室
  - 總務處

重要人員

院　長　童冠賢　察哈爾宣化人，現年五十五歲，留學日、美、德三國，童氏原為新中革命青年社負責人之一，大革命後投CC系，曾為該系初期的重要角色，以後二十年中在黨政方面均無實權。近年來與CC關係較疏遠，現在偽立院各派系鬥爭中，常站在反對CC系的一方面。曾歷任國立中山大學教授，國民黨中央宣傳委員會委員，審計部次長，國民參政員，監察院晉陝監察使，善後救濟總署

— 79 —

冀熱平津分署署長等職。

副院長　劉健羣　貴州遵義人，現年四十五歲，貴州法政專門學校政治經濟科畢業。劉爲復興社發起人及十三太保之一，現在僞立院派系鬥爭中，爲青年團支柱之一。曾任何應欽之機要秘書有年，與何關係甚深。一九三四、三六年兩度出任力行社（復興社前身）書記。一九三六年任廣州行營第二廳廳長。抗戰後曾任軍委會第六部副部長，軍校政治部主任等職。一九四三年任三青團中央常務幹事兼視導室主任，一九四五年八月，三青團中央團部改組後任副書記長等職。

秘書長　陳克文　廣西岑溪人，現年四十九歲，國立廣東高等師範畢業。現爲僞立院內民主自由社的重要人物之一。

副秘書長　延國符

秘書處長　龔光朗（與前秘書長張肇元接近）

簡任秘書　喻仲標

編譯處長　左　恭（原孫科系大將，後疏遠。妻原即曹孟君，後離婚）。

總務主任　陳仰初（孫科親信曾新輝的幹部，原任事務科長）。

會計主任　曾新輝（孫科的連襟，爲孫妻寵信，在立院內有勢力，原任總務主任。）

附錄(一)

立法委員的各種小組織：

革新俱樂部

該組織是由CC系張道藩、蕭錚等出面發起，以該系份子爲中心，拉攏親近該系人物所組成，與以三青團系爲中心的新政俱樂部相對抗。據一九四八年十月材料，基本份子約一四〇餘人(另據材料稱，由於游離份子過多，已減爲七十人)，外圍二一四人，集會地點在張道藩主持下的文化會堂。其主要人員爲：

張道藩、蕭　錚、程天放、葉秀峯、余井塘、仲肇湘、郭紫峻、段劍岷、熊東皋、彭爾康、許瑤雲、吳望伋、谷正鼎、孔　庚、林　虎等。

新政俱樂部

該組織係三青團系加上朱家驊系人物所組成(其中並拉攏有若干孫科系左派人物)，與革新俱樂部對立。基本份子約一四〇人(另據材料稱，有九十餘人)，外圍二〇〇人。以國防部招待所爲集會地點。主要成份有：

青年團系王新衡、柳克述、黃少谷、鄭彥棻、劉健羣、黃宇人、涂公遂、倪文亞等。

朱家驊系甘家馨、王啓江、陳紹賢。

民主自由社

該社爲政學系所組織，以該系立委爲骨幹，拉攏前一四座談會、前改組派，孫科系老立委，及革新、新政兩俱樂部失意份子所組成。人數將近一二〇人（另據材料稱有二百餘人），以孫科之華僑招待所及吳鐵城之國民外交協會爲集會地點。其成員爲：

政學系文羣、胡子昂等三十餘人。

孫　科系老立委陳顧遠、鍾天心等，卽前民主建設座談會（後改爲自由座談會）人物，其中與孫科有直接關係者二十餘人；其它（如鄧鴻業、程元斟等，程原與托派有關係）二十餘人。

前一四座談會大部人物，如許孝炎、尹述賢等。

前改組派（卽民主政治學會系）、如羅貢華、趙惠謨、武肇煦等三十餘人。

此外CC份子盧郁文、鄭震宇、羅衡等亦打入該社，謀進行破壞工作。

聯合座談會

係以三青團爲骨幹，聯合朱家驊系、桂系等反對CC系的聯合組織，成員有二百餘人，現已分化爲新政俱樂部等組織。

北方立委聯誼會

成員有王寒生、牛踐初、武肇煦、杜光塤

一四座談會（原參政員三十餘人所組織）

附　錄（二）

立法委員名單（不全，僅七〇二名。姓名前註有▲

符號者爲民社黨員，有△號者爲青年黨員。） 孔 庚

丁澄芳 于心澄 于汝洲 于紀夢 于振瀛 于錫來

土觀呼圖克圖 丑輝瑛 孔令燦 巴圖畢力格

尹述賢 尹靜夫 文 羣 方少雲 方志超 方冀達

毛 飛 毛翼虎 牛進祿 牛踐初 王力航 王又庸

王大任 王三祝 王子蘭 ▲王升廷 王丹岑 王冬珍

▲王世憲 王兆民 王竹咸 王光海 王仲裕 王任遠

王兆榮 王艮仲 王孝英 王孝華 王孟鄰 王宜聲

王秉鈞 王 俊 王南復 王洽民 王長慧 王純碧

王培仁 王開化 王啓江 王雋英 王常裕 王寒生

王董正 王普涵 王新衡 ▲王漢生 王漢倬 王維新

王廣慶 王履冰 王德箴 王劍鍔 王澤民 王鴻韶

王耀濱 王靄芬 丘漢平 仝道雲 冉寅谷 包一民

包華國 △史亦江 史宗周 史敏濟 司徒德 甘家馨

田雨時 田 鵬 白大誠 白如初 白建民 白 瑜

白蓮貞 皮以書 皮德中 石宏規 石 堅 石體元

仲肇湘 任國榮 伍家宥 伍智梅 伍 璘 安則法

安恩溥 安輔亭 吉利占泰 吉佑民 曲直生 朱子帆

朱文德 朱如松 朱貫三 朱啓明 朱 華 朱惠清

江一平 但懋辛 何人豪 何正卓 何佐治 何春帆

何 遂 佘凌雲 余文傑 余 拯 余富庠 冶存禮

初香山 吳延環 吳尙鷹 吳春晴 吳望伋 吳紹澍

吳雲芳 吳雲鵬 吳越潮 吳 幹 吳劍平 吳道安

吳鑄人 吳鐵成 呂 復 呂雲章 宋宜山 宋梅村

— 83 —

宋述樵	宋憲亭	成舍我	成蓬一	李天民	李世軍
李文齋	△李公權	李永新	李永懋	李仲公	李任仁
李希泌	李芝亭	李居平	李亞東	李秀芬	李宗瑰
李東園	▲李祖謙	李　崙	李郁才	李郁亭	李炳瑞
李　荷	李培天	李培基	李曼瑰	李豚仁	李雅仙
李雲良	李　蒸	李朝信	李　鈺	李漢三	▲李毓華
李毓堯	李漢鳴	李蔭五	李慧民	李慶麐	李錫恩
李鄰衡	李薦廷	李應生	李燭塵	李曜林	李顯威
李繼淵	杜光塤	杜希夷	杜均衡	杜筍若	東雲章
汪少倫	汪新民	汪漁洋	汪寶瑄	汪鵬程	沈遵宇
沈家杰	狄　膺	谷正鼎	辛崇業	邢叔巖	周天賢
周兆棠	周伯敏	周厚鈞	周　敏	周紹成	周傑人
周雍能	▲周樹聲	周鴻經	周　爛	孟雲橋	宗伯宣
岳樹猷	幸華鐵	房殿華	拉希達	易伯堅	杭嘉驥
林作民	林　虎	林炳康	林　棟	林雲根	林　慎
林鳴九	林競忠	武和軒	武誓彭	祁志厚	邵　華
邵鏡人	邱有珍	邱昌渭	金紹先	金養浩	金鳴盛
阿福壽	阿合買提	伃牙伩	阿不都拉	侯庭督	侯紹文
俞松筠	姜佐周	姜伯彰	姜卿雲	姜黎川	姬奠川
封中平	施今墨	施槐青	柳克述	段永慶	段克武
段　焯	段劍岷	洪瑞釗	洪　聲	相菊潭	胡子昂
胡長怡	胡秋原	胡恭先	胡健中	胡庶華	胡純偷
胡維藩	胡啓年	▲胡德淵	苗啓平	范予遂	范春陽
范苑聲	計晉美	韋永成	鬷自知	聰舜衡	饒鳳璜

— 84 —

倪文亞	倪玉潔	倪華德	唐紹明	唐國楨	唐嗣堯
夏斗寅	夏仲實	夏開權	夏景如	夏蔭棠	奚玉書
孫秉樞	孫　科	孫桂籍	孫翔風	孫履平	孫慧西
師連舫	席尚謙	席振鐸	徐中齊	徐中嶽	徐百川
徐宏玉	徐君佩	徐源泉	徐　銓	晏勛甫	涂公遂
烏靜彬	秦祖培	秦　傑	秦榮甲	納旺金巴	袁其炯
郝遇東	郎冰俠	郎維漢	馬世俊	馬耐園	馬乘風
馬崇六	馬書城	馬景常	馬煥文	馬潤民	馬潤庠
馬樹禮	高廷梓	高新亞	高語和	高靜岩	高文立
崔級秋	崔書琴	崔敬伯	崔璞珍	崔學禮	張一清
張九如	張大田	張之江	張子揚	張文和	張平江
張任民	張守約	張光濤	張希之	張里元	張志智
張季春	張明經	張金鑑	張岳靈	張　貞	張純明
張清源	張超良	張匯文	張維楨	張劍白	張潛華
張慶楨	張道行	張興周	張靜愚	張道藩	張翰書
張鴻學	張寶樹	張　斌	曹寅甫	梁　棟	梁寒操
梁肅戎	梅汝璈	梅恕曾	凌子惟	凌英貞	畢闓仙
習文德	莊　靜	莫淡雲	莫萱元	許占魁	許孝炎
許崇清	許紹棣	許紹勳	許聞天	許蟠雲	連　謀
郭天乙	郭公木	郭中興	郭安宇	郭紫峻	郭景唐
郭登敖	郭德權	陳久敬	陳介生	陳立夫	陳正修
陳汝舟	陳光甫	陳名豫	陳　成	陳克文	陳明仙
陳芸田	陳[illegible]	陳紀瀅	陳茹玄	陳訓悆	陳海澄
陳康和	陳紹賢	陳博生	陳紫楓	陳蒼正	陳際唐

陈逸雲　陳　衡　陳錫琥　陳鐵夫　陳顧遠　陶堯階
陶　鎔　陸京士　陸宗騏　陸福廷　傅汝霖　傅統先
傅　霖　喬嘉甫　喬鵬書　彭善承　彭爾康　彭鎮寰
彭醇士　彭勳武　曾　彥　曾養甫　曾擴情　曾寶森
湯如炎　▲湯汝梅　程天放　程元斟　程孝福　程其保
程思遠　程　烈　程　璓　程滄波　程福剛　程毅志
童冠賢　華聲慕　覃　勤　費有滋　費　俠　費醒濮
項潤崑　馮正忠　馮均逵　馮家邦　黃少谷　黃元彬
黃玉明　黃宇人▲　黃佩蘭　黃　俊　黃建中　黃哲眞
黃振華　黃　統　黃　强　黃紹竑　黃國書　黃雲煥
黃敦漢　黃節文　黃　通　黃肅方　黃夢飛　黃稱基
黃應乾　黃鎮中　黃　鰲　黃麟書　愛美娜　楊一如
楊一峯　楊大乾　楊不平　楊天理　楊幼炯　楊玉清
楊生華　楊仲華　楊俊生　楊思誠　楊致煥　楊家麟
楊崇瑞　楊　雲　楊集瀛　楊管北　楊德昭　楊適生
楊寶琳　溫士源　葉業琴　葉溯中　葉道淵　葛克信
葛　覃　葛敬恩　△董　微▲解子清　解文超　解維哲
詹純鑑　達　尨　達密林旺楚克　賈成章　賈維渠
鄒樹文　雷沛鴻　雷　殷　雷鳴龍　廖維藩　榮　照
漆中權　圖丹尼麻　熊東皋　端木傑　瞿念劬　臧元駿
裴存藩　趙丕旭　趙允義　趙公魯　趙石溪　趙仲容
趙自齊　趙和亭　趙炳琪　趙　珮　趙振州　趙華叔
趙惠謨　趙連芳　趙緣文　趙懋華　齊　廉　劉士篤
齊木公杜扎勒拉卜旦　劉不同　劉文島　劉友琛

— 86 —

劉　平　劉丕基　劉如心　劉全忠　劉百閔　劉先雲
劉兆勛　劉次楓　劉志平　劉我英　劉　杰　劉明侯
劉明揚　劉明朝　劉　眞　劉振東　劉航琛　劉效義
劉家駒　劉啓瑞　劉健羣　劉湘女　劉雲昭　雲博崑
劉　通　劉階平　劉楚材　劉　豐　劉　賓　劉　漢
劉廣瑛　劉潤之　劉慕眞　劉錫五　劉譜人　劉贊周
劉蘅靜　廣　祿　德古來　樊德潤　樓亦文　樓桐孫
歐元懷　潘昌猷　潘衍興　潘朝英　潘廉方　潘維芳
滕昆田　蔡自聲　蔡培火　蔡仁團杜　蔡肇周　蔣公亮
蹶公玄　鄧壯增　鄧季惺　鄧青陽　鄧飛黃　鄧華民
鄧翔宇　鄧瀓濤　鄧鴻業　鄧勵豪　鄭自毅　鄭若谷
鄭彥棻　鄭品聰　鄭家俊　鄭毓秀　△鄭漢川　鄭震宇
魯蕩平　戰慶輝　盧宗濂　盧郁文　盧逮曾　穆　超
諶小岑　賴　璉　錢　英　錢納水　錢雲階　閻孟華
閻寶甫　霍戰一　駱清華　駱啓蓮　龍文治　營爾斌
繆嘉銘　蕭逢蔚　蕭　錚　蕭贊育　薛明劍　薛興儒
攏百城　謝承炳　謝星曲　謝　娥　謝哲聲　謝澄宇
蹇幼樵　鍾天心　韓中石　韓方正　韓玉符　韓　同
韓振聲　韓淡滸　嶺光電　薰其政　儲家昌　戴修駿
簡貫三　藍文徵　顏惠慶　魏佩蘭　魏廷鶴　羅　英
羅貢華　羅桑堅贊　羅萬俥　羅　衡　羅霞天　譚其蓁
譚惕吾　譚惠泉　譚學融　關大成　殷廷鵬　殷欣湛
懸士進　△蘇汝淦　蘇希洵　蘇振甲　顧鶴皋

— 87 —

四　僞司法院系統

僞司法院爲國民黨政府的『最高司法機關』。其直屬機構有最高法院（直轄各省市高等法院及地方法院，爲民事、刑事訴訟的終審機關。）、行政法院、公務員懲戒委員會等三部門。此外，特種刑事法庭在組織系統上屬於司法院，人事屬於司法行政部，現有撤銷之說。

自一九二七年以來，僞司法院即在歐美系王寵惠掌握中；自一九三二年後，國民黨元老派居正上台，王系亦隨之星散，十七年來，居正在司法界方面已培植了自己的勢力。一九四八年國民黨實行僞憲，王寵惠以蔣匪親信資格，率領大批幹部回到僞司法院，對居氏舊人據說只留用了幾個較有能力的參事、秘書，現在的僞司法院，又重新回到歐美系王寵惠及其留法派人物和親信的掌握中了。

（1）司法院院本部

地址：中山路

職員人員：據一九四七年六月材料，機關內實有人員一百四十二名，直屬機關人員有五百零一名。

組織系統

院　長
副院長
- 大法官會議
- 秘書長
  - 秘書處—轄三至六科
  - 參事處
  - 會計處
  - 統計處
  - 人事室

重要人員

院　　長　王寵惠（字亮疇，歐美系）
副 院 長　石志泉（字友漁，民社黨員）
秘 書 長　謝冠生（兼）（現爲王寵惠親信）
大 法 官　（規定十七人，實有十二人）
　　　　　江　庸（老法學家）　李伯申（政學系）
　　　　　胡伯岳（ＣＣ系）　燕樹棠
　　　　　張于潯（惠　民）　林　彬（佛生）
　　　　　黃右昌（黼　書）　郝朝俊
　　　　　張式彝（藍　田）　洪文瀾（賦林）
　　　　　劉克儁（卓　吾）　沈家彝（季讓）
參　　事　楊肇熉（鄭毓秀之妹婿）。
　　　　　黃　亮（前上海地方法院首席檢察官）。
簡任秘書　劉　篙（王寵惠之學生）。　應式文
統計處科長　甘景鏞

（2）行政法院

地　　址　中山北路二六一號。

職員人數　法定員額五十四名

組織系統

- 院長
  - 第一庭
  - 第二庭
  - 書記廳
    - 文書科
    - 總務科
  - 會計室
  - 統計室
  - 人事室

重要人員

院　　長　（原爲張知本，何應欽上台後張改任司法行政部長，繼任者不詳）

評　　事　鍾孟雄

（3）公務員懲戒委員會

地　　址　該會在司法院內，職員宿舍在王府園二十六號。

職員人數　法定員額四十四名

組織系統

- 委員長
  - 書記廳
    - 總務科
    - 文書科
    - 議事科
  - 會計室
  - 統計室
  - 人事室

重要人員

委員長　謝冠生（王寵惠親信）

委　員　張勵泰

書記官長　何　超

（4）最高法院

地　址　大方巷十二號之一

職員人數　法定員額四百六十九名

組織系統

- 院長
  - 民事庭共十庭
  - 刑事庭共十二庭
  - 推事
  - 書記廳
    - 總務共四科
    - 民事共四科
    - 刑事共四科
  - 會計室
  - 統計室
  - 人事室

重要人員

院　　長　謝瀛洲　（王寵惠的幹部。字仙庭，年五十八歲，廣東從化縣人，法國巴黎大學法學博士。曾任廣州大學敎授、廣東省淸黨委員會委員、高等法院院長、司法行政部常務次長、台灣省政府秘書長，著有五權憲法大綱。此人已於一九四九年二月二日離寧去穗）

推事兼刑事十二庭庭長　徐道鳳

庭　長　吳奉璋　郭葆璠

推　事　呂　渭　王柔遠　楊宗敎　黄昭暘　章　劍
何定宇　張復初　黄乾元　潘　郜　李寶森
鄧葆蓀　陳樸生　彭年鶴　鍾　淸　吳萬里
吳承侃　宗　徽　藍有爲　馮藏珍　楊重光
楊銘恩　馬鎭東　米　衡　曹　駿　何凌漢
王思桐　魏士傑　劉賢基　楊貽穀　李百鈞
傅承弼　張　洵　李桂馥　周致澤　林嶽爲
陳雪墉

書記官　黄淑琚　胡誨玆

（5）最高法院檢察署

地　　址　中山北路二〇九號

組織系統

檢察一人，檢察官若干人，書記官若干人。

重要人員

檢察長　向哲濬　（曾任派駐日本東京國際軍事

法庭檢察官）

檢察官　俞乃匧

書記官　施　明

（6）首都高等法院

地　址　高等法院在朝天宮，職員臨時辦事處在三十四標大陽村三號，首都監獄在老虎橋，兩個看守所、一在寧海路二十五號、另一所未詳。

職員人數　有人員兩百多名。

組織系統

- 院長
  - 民事庭
  - 刑事庭
  - 推事
  - 辯護人
  - 書記室
    - 文牘科
    - 民事科
    - 刑事科
    - 監獄科
    - 總務科
  - 會計室
  - 統計室
  - 人事室

重要人員

院　長　原爲趙琛（現已調任司法行政部次長，繼任者不詳）

民事第一庭庭長　鄭禮鍔

推事兼庭長　陳梓生　駱允協　金世鼎　葛之覃
推　事　蕭索彬　楊雨田　葛召棠　申屠宸　王鴻鈞
　　　　楊　雷　李　懋　是雨蒼　田鶴鳴
書記官　秦澤民　程忠道　王卓然
總務科長　胡泰夫
典獄長　徐崇文
看守所所長　樓允文　（匪軍退役少將軍人）

（7）首都高等法院檢察處

地　址　朝天宮高等法院內。

組織系統

首席檢察官一人，檢察官若干人；主任書記官一人，書記官若干人；法醫師二人；人事管理員及佐理管理員各一人；錄事若干人；司法警長一人，法警若干人。

重要人員

檢察官　陳繩祖　賈仲錫　王文俊　曹　鏞
　　　　余廷襄
書記官　竺型喜　段志鈞　余餘根　蔣福成
　　　　曹文澤　沈光豪
司法警長　祝崑峯

（8）地方法院

地　址　地院在白下路一三一號，看守所在娃娃橋、老虎橋、長樂路等三個地方。

— 94 —

組織系統

- 院長
  - 民事庭
  - 刑事庭
  - 推事
  - 辯護人
  - 書記室
    - 文牘科
    - 民事記錄科
    - 刑事記錄科
  - 會計室
  - 統計室
  - 人事室

重要人員

院　　長　汪光彭

刑一庭庭長　徐邦治

刑二庭庭長　歐陽澍

刑庭庭長　李　達

少年法庭庭長　張金蘭（女）（該庭一九四八年成立）

推　　事　任建伍　趙汝楫　莊景琦

書記官　吳文升

人事室主任　汪守一

（9）地方法院檢察處

地　　址　白下路一三一號地院內。

組織系統

首席檢察官一人，檢察官若干人，主任書記官一、書記官若干人、錄事若干人、法醫師二人、檢驗員一人、司法警長一人、法警若干人。

重要人員

首席檢察官　陳光虞

檢 察 官　田積厚　吳岳元　陳永潘　蔣大德
　　　　　胡慧霞　彭令占　丁承綱

書 記 官　單德侯　樊正學　張　恆　王愷忠

檢 驗 員　宋士豪

（10）中央特種刑事法庭

組織系統

庭長一人、審判官若干人、檢察官一至三人（以一人為首席檢察官）、主任書記官一人、書記官若干人、雇員及法警各若干人。

重要人員

庭　　長　樓觀光

首席檢察官　何政涵

（11）首都特種刑事法庭

地　　址　該庭在羊皮巷，看守所在長樂路、羊皮巷兩地。

組織系統

庭長一人、審判長若干人、檢察官一至三人、主任書記官一、書記官若干人、雇員及司法警察各若干人。

重要人員

庭　長　吳昌咸

審判長　黃克槃（曾任南京地方法院推事）

檢察官　顧如倫

五　僞考試院

僞考試院成立於一九二八年，在名義上是掌管國民黨政府的人事最高機關。該院置有兩個部；銓敍部，考選部。銓敍部是辦理公務員資格的甄審、銓敍、薪俸之審查與規定；考選部一年舉行一次高考或普考，和不定期的特種考試，招納些爲統治階級服務的人員。

考試院從成立以來，卽爲已自殺的戰犯戴傳賢所把持。因該院權力不大，故在權利爭奪上，並不爲國民黨各派系所重視。

自一九四八年國民黨政府改組後，國民黨爲了僞裝民主，拉攏了親美的老學閥張伯苓出任該職，銓敍部一角角色由政學系的沈鴻烈担任，考選部由ＣＣ系的田炯錦担任。

由於人民解放軍陳兵江岸，考試院已遷移至廣西梧州，張伯苓在重慶『養病』，其中下級人員可能部份留在南京。

（1）考試院

地　　址　試院路

職員人數　據一九四七年六月材料，機關內實有人員一百六十一名。

組織系統

- 院長、副院長
  - 考試委員
  - 秘書長
    - 參事處
    - 秘書處
      - 總務科
      - 文書科
      - 證書科
    - 人事處
      - 審核科
      - 輔導科
    - 會計室
    - 統計室

重要人員

院　　長　張伯苓（字壽春，七十六歲，天津人。信基督教，在美國哥倫比亞大學學教育。南開中學、大學校長，國民黨中央監委，老英美派，為蔣匪所信任）。

副院長　鈕永建（字惕生，七十七歲，江蘇松江人，日本留學生。曾任內政部部長，銓敍部長，國民黨政府委員，屬元老派），

秘書長　雷法章　（政學系與沈鴻烈關係久遠）。
秘　書　劉譚偉
參　事　陳念中　陳訓慈
考試委員　（現有十八）
周從道　李運華　于樹德　陳逸松
盧毓駿　張忠道　盧逮曾　黃麟書
張默君　趙靑譽

（2）銓敍部

地　址　試院路
職員人數　據一九四七年六月材料，機關內實有人員四百七十八名。

組織系統

- 部長
- 次長
  - 秘書處
  - 總務司
    - 文書科
    - 人事科
    - 庶務科
    - 出納科
  - 登記司
    - 註冊科
    - 分發科
    - 儲才科
  - 甄核司
    - 任用科
    - 特任科
    - 敍資科
  - 考功司
    - 考績科
    - 級俸科
  - 獎卹司
    - 獎勵科
    - 撫卹科
  - 會計室
  - 統計室

重要人員

部　　長　沈鴻烈　（政學系）

改務次長　皮作瓊（與沈鴻烈關係久遠）

（3）考選部

地　　址　該部在試院路，雞鳴寺兩地。

職員人數　據一九四七年六月材料，機關內實有員二百五十二名。

組織系統

部長
次長
- 專門委員會
- 祕書處
- 第一司（中央及地方公職候選人考試）轄三科
- 第二司（任命人員考試）轄三科
- 第三司（依法應領證書之專門職業及技術人員攷試）轄二科
- 第四司（總務）轄六科
- 會計室
- 統計室
- 人事室

重要人員

部　　長　田炯錦（字雲青，年四十九歲，甘肅慶陽人。美國意利諾大學政治學博士。曾任甘肅省委兼教育廳長，監察委員。CC系）。

政務次長　沈士遠（年六十八歲，浙江吳興人，自修。曾任北京大學教授，考選委員會副委員長）。

常務次長　馬國琳（抗戰期間曾任河南省政府秘書長）

六　偽監察院

偽監察院成立於一九二五年，爲五個院中成立最早的一個。依照偽憲法規定：監察院的職權是行使同意權，以及彈劾、審查、糾舉等權利，但實際上因爲他們同屬國民黨反動派自然不會對貪污違法提出什麽檢舉，偶而爲之，也不過是表現了國民黨內部派系的鬥爭。院長一職，近二十年來一直爲該黨元老于右任連任，其下屬亦多爲老官僚。

監察院附屬機關有各監察行署、及審計部。監察行署係按地區設立，各行署委員由各地監委分任之，審計部照規定是各機關財政預算、決算、監督、審核、稽察之機關，主要工作爲編製國民黨政府所屬各機關每月的收支計算，由於工作帶有專門性質，該部門技術人員不少。

監察院

地　　址　原在頤和路三十四號，職員宿舍在三十四標三。日本投降後接收人員辦事處在盧蔣營九十六號，現今在太平路（花牌樓段）東紅花地。

職員人數　據一九四七年六月材料，機關內實有人員二百六十八名

組織系統

- 院長
  副院長
  - 內政地政委員會
  - 外交僑務委員會
  - 國防委員會
  - 財政糧政委員會
  - 經濟資源農林水利委員會
  - 教育委員會
  - 交通委員會
  - 司法委員會
  - 社會衛生委員會
  - 蒙藏委員會
  - 業務檢討意見整理小組
  - 監察法研究小組
  - 政治研究小組
  - 祕書長
    - 祕書處
      - 調查專員
      - 機要科
      - 法制科
      - 文書科
      - 總務科
    - 參事處
    - 會計室
    - 統計室
    - 人事室
    - 圖書室

重要人員

院　　長　于右任（年七十一歲，陝西三原人，震旦大學畢業。曾任國民黨中央執行委員會常務委員，一九三一年任監察院長迄今。國民黨元老）。

副院長　劉　哲（字敬輿，年六十一歲，吉林人，北平法政大學畢業。曾任國會議員，國民黨政府委員，東北元老之一）。

秘書長　李崇實（字伯純，年五十三歲，陝西藍田人，日本慶應大學經濟學士。曾任監察院簡任秘書、審計部常務次長。與于右任有關係）。

主任秘書　姚鵷雛（字雄伯，年五十七歲，江蘇松江人，京師大學堂高等科畢業。曾任南京市政府秘書長，監察院調查專員、科長，一九四二年任此職）。

秘　　書　張國鈞

參　　事　馬良翰　范體仁

監察委員名單（現有一百七十一人，姓名前作▲記號者爲民社黨員，作△記者爲青年黨員）。

△丁俊生	丁淑蓉	丁惟汾	于右任	于德純
于鎮洲	土丹策丹	毛以亨	王　宣	王向辰
王竹祺	王含章	王枕華	王冠吾	王新令
王維祺	王澍霖	王贊斌	丹巴彭錯	丘念台
田欲樸	田毅安	任秉鈞	朱乃洪	朱宗良

何予淑	何巴敦	何克夫	蘇鼎瑞	余俊賢
吳大宇	冷曝東	呂　超	宋　英	李正樂
李廷俊	李紀才	李夢彪	李嗣璁	李煦寰
李鳴鐘	李黎洲	李醒民	谷鳳翔	邢森洲
居　正	林式增	邱仰濬	金越光	金維繫
郝大鵬	奇世勛	拉敏益喜楚臣		侯天民
△侯　俊	段克昌	胡之潤	倪　弼	胡文暉
權少文	許宇結	唐鴻烈	夏劍秋	孫玉琳
梁子材	梁上棟	柴　峯	袁晴暉	郝遇林
馬空羣	馬壽昌	馬慶瑞	馬耀南	高登艇
耿　毅	宮世臣	▲洛桑悅希	崔叔言	崔景章
崔震華	康玉書	張一中	張志廣	張定華
張岫嵐	張秉智	張建中	張國柱	張瑞璜
張維貞	張維翰	張　駿	張藹眞	曹承德
曹浩森	曹德宣	梅公任	常恆芳	郭仲隗
郭昌鶴	郭堉愷	郭學禮	陳大榕	陳江山
陳廷璧	陳志明	陳恩元	陳訪先	陳嵐峯
陳雲閣	陳瑀山	陳肇英	陳慶華	陳逵元
陶百川	畢冬垣	傅瑤琴	曾　道	賀有年
馮雲仙	黃汝鑑	黃寶實	黃　覺	喻培厚
絳巴扎喜	楊令德	楊　虎	楊宗培	楊貽德
楊蘊先	葉時修	鄒　魯	廖懷忠	熊在渭
趙守鈺	趙季勳	趙懋如	趙　熙	劉巨全
劉平江	劉永濟	劉延濤	劉　哲	劉耀西

—105—

蔡孝義	褚懿康	鄧蕙芳	鄭效蘭	慶深庵
盧鳳閣	衛　權	錢用和	龍　舟	鄧景禰
韓起功	蕭一山	鄺璐普	譚文節	嚴　莊
顧映秋	李不韙	黃莞軒	△胡卓賢	何濟周
王　恕	△陳翰珍	趙光宸	▲謝汝霖	李　毅
▲劉行之	▲廖藹民			

（2）審計部

地　　址　該部在城佐營三山里；部長室在常府街三山里；第一、二、三廳在白下路；職員宿舍在獅子巷二十號；國庫總庫審計辦事處在貢院街；監政總局審計辦事處在永安商場二樓、大王府巷一四七號兩地；津浦鐵路審計辦事處在上乘庵泰安里四號。

職員人數　據一九四七年六月材料，機關內實有人員四百七十八名。

組織系統

部長、次長
- 秘書處
- 第一廳（事前審計）轄三科
- 第二廳（事後審計）轄三科
- 第三廳（稽查案件）轄三科
- 總務處（檔案、監印）轄四科
- 會計室
- 統計室
- 人事室
- 駐各地審計室
- 各巡迴審計室

重要人員

—106—

部　　長　劉紀文（代）（年五十八歲，廣東東莞人，英國劍橋大學經濟系畢業，曾任廣東省政府委員，國民黨中央執行委員，一九三七年起卽任該部政務次長，粵系，原與宋美齡有關係）。

常務次長　蔡屏藩

審　　計　陳定謨　范棠斌　俞大璋　黃靄如

七　僞南京市政府

（1）市府組織

僞南京市政府直隸行政院，是由五處七局組成的。五處爲秘書處、會計處、統計處、人事處及新聞處；七局爲民政局、財政局、敎育局、社會局、地政局、衛生局及工務局；另有公用處和園林管理處。茲列表如下

市府組織系統表

- 市長
  - 副市長
    - 秘書長
      - 民政局
      - 財政局
      - 教育局
      - 社會局
      - 地政局
      - 衛生局
      - 工務局
      - 公用處
      - 園林管理處
      - 秘書處
        - 第一科
        - 第二科
        - 第三科
        - 調查室
        - 外事室
      - 會計處
        - 第一科
        - 第二科
        - 第三科
      - 統計處
        - 第一科
        - 第二科
        - 第三科
      - 人事處
      - 新聞處
      - 通志館
      - 民食調配委員會
      - 經濟委員會

— 108 —

（2）市府各局組織及其職掌

市府各局在編制上均設有秘書、會計、統計、人事四室，各局的統計室人員均不詳。下述各局組織中，秘書、會計、統計、人事等四室均從略。

（一） 民政局

設兵役、戶政、自治等三科；及視察等五室。掌理自治保甲、市區劃定、選舉、戶籍行政、禮俗宗教、禁烟禁毒、協助兵役等事項。

（二） 財政局

設三科；捐稅、營業稅、土地稅等三個稽征處；及視察等五室。掌理財政收支、公債金融、公庫行政、田賦徵收、公產管理、公營事業之經營及國稅稽徵之協助等事項。

（三） 教育局

設三科；電化教育輔導處，及督學等五室。掌理學校教育，社會教育，音樂、戲劇、電影、播音教育；圖書館、博物館、公共體育場之籌劃管理等事項。

（四） 社會局

設有四科；合作事業管理、調查等六室。

附屬機構

城南社會服務處、度量衡檢定所。及救濟機關八個單位（已知者爲市立救濟院、職工福利委員會、職工福利社及市立育幼所二處）。掌理糧食管理、社會福利、人民團體組訓、勞工行政、勞資爭議之處理、合作事業

— 109 —

之指導、度量衡檢、新生活運動等事項。

（五） 地政局

設四科；四室。附屬機構：土地登記處及測量隊。掌理土地測量、土地登記、土地征收、地價地權之處理、土地使用之規化、公有土地之處理、土地金融之指導等事項。

（六） 衛生局

設二科四室。附屬機構：據一九四七年衛生部統計室材料有：市立醫院二處、傳染病院一處、婦嬰保健院一處、婦嬰保健所一處、戒烟院一處、衛生事務所十三處、衛生試驗所一處、藥品供應處一處，及清潔隊九隊。人員四七三人，內醫師五九名、藥師九名。掌理公共衛生、醫藥管理，防疫，菜場、屠宰場、火葬場、糞池等之管理，衛生人員之訓練等事項。

（七） 工務局

設五科四室（職員二九〇人，工役四〇人）；下關辦事處，附屬機構：市民住宅建築工程處、修堤工程處、下水道工程處（職員一二人），碼頭倉庫管理處（職員四〇人），第一工程處（職員四二人），首都汽車監理所，及六個工區工務管理處（職員八二人，工人一三四〇人）。掌理公有、私有建築之指導管理；道路、橋樑、碼頭、溝渠、堤岸等公共土木工程、河道水利及船政飛機之管理；農林工礦漁牧之指導管理等事項。

附一：工務局之已知設備：

機器壓路機三輛　　裝運材料卡車十五輛

中型吉普車三輛　　測量查勘用車六輛

附二：公用處於一九四六年六月及一九四七年五月先後二次經市政府會議通過成立，唯未見正式成立消息。該處之業務範圍分掌在下列各處、廠。

A・自來水管理處

B・京市鐵路管理處

C・公共汽車管理處

D・首都電廠

（8）市府重要職員　（不全）

府本部

市　長　滕　傑

副市長　馬元放

參　事　楊克天　唐　英　任治沅

專　員　王鼎雍

視　察　王琢人　周賞之　吳宛曾　羅鳳岡

　　　　張書坤

編　審　陳　賡　金蘊琦

秘書處

秘書長　吳一舟

秘　書　周守潢　趙絅章　沈家鳳

科　長　吳毓華　郭敏行

機要秘書　謝美俞

调查室主任　劉××
外事室主任　保紫宸
視　　　察　張曾蔭
會計處
會 計 長　雍家源
會計主任　汪厚祺
統計處
統計長　倪　亮
新聞處
處　長　陳克成
專　員　陳　楷　冷　楓
民政局
局　長
科　長　王錦舜　陳均遠
視　察　呂　焱　張叔夜
會計主任　吳鍾煌
財政局
局　長　陳子敏（一說程子敏）
主任秘書　張思林
秘　書　何珊元
視　察　馬炳璽
科　長　龔方塈　衛成章　陳鐘熙　洪文瑞
營業稅稽征處主任　陳恭寅
教育局

—112—

局　長　馬元放（兼）

秘　書　章柳泉　朱博夫

科　長　侯景華　岳　科　楊汝熊　陳嘯青

督　學　俞景祥　程宗潮　曹樹人　崇　啓

　　　　張　辰

編　審　楊駿如

社會局

局　長　謝徵孚

秘　書　高　邁

科　長　黃仲剛　俞寶書　陳朱敬　杜章甫

　　　　楊樹培

視　察　曹錫騏

合作指導室主任　鄭厚博

度量衡檢定所所長　劉世煌

公　典　（典當抵押）負責人　潘哲人

地政局

局　長　周一夔

簡任秘書　鮑家駒

估計專員　趙平安

科　長　趙啓祥　林定谷

督導員　周懋康

技　正　高　俊

衛生局

局　長　王祖祥

—113—

科　長　陳少懷

技　正　陶　駿

工務局

局　　長　原素欣

簡任秘書　顧宗杰

技　　正　蔡繼昭

下水道工程處處長

首都車輛監理所所長　呂志超（正）　但伯蓀（副）

公用處（未見正式成立）

自來水管理處處長　吳杭勉

市鐵路管理處處長　齊尊周

首都電廠廠長　　　陸法曾

園林管理處

處　長　梅成章

通志館

館　長　盧　前

民食調配處

處　長　楊德恩

（3）各行政區情況

南京市全市劃為十三個行政區，每一區公所內設政治、經濟、文化、保安、戶籍等五組；區下設保，全市共四百零九保，七千八百零四甲，有些區尚設有鄉鎮。

市全各區公所職員約七百餘人。茲據一九四八年八月材料將已知各區情況列後（區公所地址爲一九四七年材料）：

區別	區公所地址	保數	甲數
第一區	珠江路二三六號	三五	八六〇
第二區	洪武路仁育堂	二四	六二九
第三區	貢院街四十五號之三	三一	五九七
第四區	釣魚台一一七號	三六	八〇六
第五區	綾莊巷	三五	九四七
第六區	山西路	二六	五六六
第七區	下關商埠街五十一號	二五	五九六
第八區		一九	三三六
第九區		三八	六〇一
第十區		三七	三五五
第十一區	中華門外雨花路	四六	六八九
第十二區		四七	六五九
第十三區		一〇	一六三
總計		四〇九	七八〇四

（4）市政概況

自一九二七年以來，南京雖是僞中央所在地，但蔣匪只能貪污行賄，爭權奪利，市政方面並不能有所建設，到今天市政各方面規模都不大，較之於其他院轄市大有遜色。

—115—

從財政方面看，一九四七年七月，南京稅課收入一千四百億元，上海七月份收入一萬一千億元，相較爲一與八之比，原因是南京不是工商業區，因此市政經費就要仰賴僞中央的撥助，在一九四七年一年中由僞中央補助的經費幾佔全部收入三分之二。

據一九四八年八月材料，僞南京市政府的職員是五千八百九十五人，其中教育人員佔三千一百零六人。一九四七年全年支出教育費佔百分之四十五，居支出第一位，原因是市立學校的學生大都是僞中央機關及公教人員的子弟，收費不及私立學校收費十分之一，教育費龐大，其他建設就很少，南京的道路，下水道、碼頭等均沒有很好的基礎。

公用事業也經營不善，電力與給水，因不付費的蔣匪機關强用戶太多及拖欠太久而苟延殘喘。公共汽車雖有三百輛，但乘車不買票的特殊階級幾佔二分之一，虧空之餘便裁員減車，現僅有一百輛車行駛在十二條路線上。市鐵路只有沿城東由下關到京蕪車站一條線，對市內交通只有輔助性。

南京市園林頗多，故設有直屬市府的園林管理處，工作人員有一百三十人。南京計有園地一千六百五十四畝，大部在城郊，城區園地僅有一百五十畝。這些園林並有產品，玄武湖的蓮蓬、荷梗、櫻桃每年出售亦爲市府收入大宗。

南京市的公地也不少，總面積二千畝，僞市府財政局並專門有市產管理室之設立，一九四八年九月發表出租公地四十六坵（塊），全部有一千多坵。另有在永安州可耕地六百餘畝，江心洲七萬餘畝出租地，按二五收租。

（5）重要人物介紹

滕傑：（市長）復興社「十三太保」之一，力行社第一任書記。與何應欽、顧祝同關係甚深，與三青團亦有拉攏。此次出長南京市，係經何、顧支持。江蘇阜寧人，年四十五歲。

馬元放：（副市長）CC系，江蘇武進人，年四十九歲。抗戰後曾任江蘇省黨部主任委員、省教育廳長。一九四零年被日寇捕獲，旋爲汪逆釋放回渝。日寇投降後即任南京市副市長，並兼市黨部主委，旋辭主委職，改兼教育局長。

吳一舟：（秘書長）安徽南陵人，日本東京大學畢業。曾任四川地方行政幹訓團上校政治教官。

倪亮：（統計長）南京人，年四十七歲，東南大學畢業，法國巴黎大學博士。曾任金大，北大，中法，重大等校經濟統計學教授。一九四六年時任南京婦女會理事長、市黨部婦女運動委員會委員，同年六月任市府統計長、十月並當選爲市參議會候補參議員。

謝徵孚：（社會局長）CC系，湖南人，抗戰前曾任立法院編譯處編修、南京市教育局長，一九四三年任

—117—

社會部社會福利司司長。

原素欣：（工務局長）政學系，與沈怡關係久遠。安東寬甸人，年四十八歲。曾任北大教授兼水利系主任，一九四二年任甘肅水利林木公司副總工程師，後即在西北辦理水利工程，曾參加中央設計局西北考察團，並入祁連山考察水源。

盧　前：（通志館長）號冀野，現主編中央日報副刊『泱泱』，與CC系關係甚深。著名詞曲家，南京人，大學教授。

楊德恩：（新任民調處長）紐約大學博士。曾任中正大學教授，行總專門委員。

（6）市府各局及附屬機關地址一覽表

市府本部	貢院街
會計處	夫子廟
統計處	夫子廟
編審室	楊將軍巷四十六號之五
考核委員會	太平路麟和里十四號
房屋租賃管理委員會	遊府西街三十八號
高級職員宿舍	鐲銀巷二號，三號
機要秘書謝美命住宅	馬台街一號
調査室劉主任	烏衣巷烏衣里五號
教育局	市府內
局長馬元放住宅	百子亭翠明村八號

—118—

市立一中	中華路北段府西街
市立二中	鼓樓公園二號
市立四中	龍蟠里四十七號
市立五中	石鼓路
市立第一女中	中華路許家巷四十四號
市立第二女中	竺橋
市立師範學校	南門外
市立盲啞學校	中華路
財政局	市府內
第二科	太平路二三五號
捐稅徵收處	太平路二二九號
衛生局	貢院街
清潔總隊	下關大馬路
清潔隊	太平路三三〇號
清潔總隊北分隊	湖南路五二二號
藥品供應處	太平路九號
市立醫院	下江考棚
產科醫院	下關二板橋
城南醫院	雨花路
傳染病醫院	下關商埠路
戒煙醫院	望鶴樹
第一衛生所	下江考棚
第二衛生所	石鼓路
第三衛生所	山西路

— 119 —

第四衛生所	下關熱河路
第五衛生所	三茅宮
第六衛生所	蔣王廟
第七衛生所	小火瓦巷
第八衛生所	三汊河
第九衛生所	豐富里
第十衛生所	燕子磯
第十一衛生所	塘坊巷
第十二衛生所	湯山
第十三衛生所	上新河
第十四衛生所	五福街
第十五衛生所	浦口
社會局	龍門街
局長謝徵孚住宅	中央路蠶家巷五號
育幼所	中華門外鄧府山上
地政局	夫子廟
局長闞一夔住宅	百子亭翠明村六號
工務局	市府路
下關辦事處	下關中山橋
修堤工程處	中山路二○二號
首都車輛監理所	太平路小火瓦巷
本局材料科	成賢街九十二號
第一工程處修車廠	建鄴路
園林管理處	玄武門外梁州

— 120 —

民食調配處　　　　玄武大廈

八　僞南京市參議會

會址在白下路二四三號原萬壽宮舊址。係一九四六年十月成立，現有參議員七十五人；其中除民青兩黨參議員十二名外，絕大部份均爲國民黨員（包括該黨各派系及南京地方人士），其間又以CC系及三青團系力量較大，鬥爭最烈。惟該兩系本身人數不多（據已知材料，CC系約十餘人，三青團系約六七人），常爭取中間份子各壯聲勢。而在張簡齋、伍崇學領導之下的地方派，由於CC系中本地人居多，故與該系較接近。

此外，幫會在參議會中亦有一定力量，如尙武、金天錫等均屬幫會頭目，並多係軍統外圍組織（以幫會爲基礎），中國新社會事業建設協會的理監事。其行動常與地方派一致。

重要人員：

議長陳裕光（國民黨員、基督教徒。與馬超俊接近。與陳嘉庚、郭秉文均有戚誼。浙江鄞縣人，年約五十二歲。金陵大學畢業、留美。一九二七年冬起任金大校長迄今。住平倉巷五號。）

副議長王瑹（CC系。簡歷見市黨部。住中山東路五十五號。）

秘書長蕭吉虛（一九四三年曾任國民黨中央組織部

編纂。住珠江路居安里十九號）。

各區正式參議員名單（凡姓名前加△符號者，係候補參議員遞補）：

第一區

朱祖晦	一九四八年初去美
吳延祺	三青團份子
陸自衡	
張文伯	CC系，中國新社會事業建設協會理事，現年四十三歲，曾任南京臨參會議員，現任南京中央日報主筆、中央週刊社長、南京律師公會理事，住相府營十二號。
陳健夫	美帝支持下的新社會革命黨黨魁，（該黨掌握有武裝）。簡歷見黨派社團部份。
△杜崇法	原爲第四名候補參議員。

第二區

夏 時	軍統外圍組織新社會事業建設協會南京分會理事。
金天錫	幫會頭子，中國新社會事業建設協會京分會理事。
秦仲翔	CC系，又爲中國新社會事業建設協會京分會候補理事。
錢貫之	據CC系大衆新聞稱係『地下派』，在會外異常活躍。

— 122 —

第三區

改復初　幫會份子。字建國，南京人，年四十八歲，軍校軍官研究班出身。抗日期間，曾任軍委會特務總隊上校指導員，一九四六年時，曾任京市黨部民運委員。

黄　通　三青團份子，簡歷見市黨部。

俞采丞　南京人，年五十八歲。前京市臨參會參議員，現任市黨部監察委員，私立鍾英中學校長。

王國鴻

△魯伯藩　原爲第二名候補參議員。

第四區

傅丘平　地方派

俞　武　幫會份子，爲理教金陵山山主，四區有四五個保在其控制下。中國新社會事業建設協會京分會理事。曾任本區黨團統一委員。

吳　濤

魏敬生

秦　傑　僞立委。（簡歷見市黨部）

△張　誠　原爲第一名候補參議員。

第五區

董育華　住莫愁湖韓家苑六號。

劉守英　CC系，又係中國新社會事業建設協會京分會監事。

陳黄麗明　女。基督教徒，廣東花縣人，年四十二歲。

—123—

留美。現任金女大體育主任，一九四六年時兼明德女中校長，前臨參會參議員。

龔伯炎　中國新社會事業建設協會京分會理事。

潘樹藩　中國新社會事業建設協會京分會理事。

梁節之

謝　樞

第六區

王　潞　（簡歷見副議長條）

孫玉琳　（簡歷見市黨部）

陳裕光

常訓榮　（簡歷見議長條）

△黎劍虹　梁寒操之妻，原為第一區候補參議員。曾任第六區（要人住宅區）保長，在京市保甲長中，有一部份影響，在競選偽立委時參加幫會。

第七區

李　棠　女。三青團份子，南京人，三十八歲，滬持志大學畢業。曾在桂、甘、新等省作婦女工作。

楊德文　女。CC系，河南開封人，國民黨中委CC系卓衡之之妻，與黎劍虹接近。曾在國民黨中宣部工作十餘年，前南京臨參會參議員。

吳鳳鳴　幫會份子，曾任本區黨團統一委員。

陳家禮

第八區

伍崇學　地方派首領之一，南京人，七十歲。日本高等師範畢業。曾任江西省教育廳長，前臨參會參議員。

第九區

高　文　地方派

王裔孝

第十區

蔣尚爲　三青團系

第十一區

趙大椿　CC系，又係中國新社會事業建設協會京分會監事。

胡學信　CC系，曾任本區黨團統一委員。

吳貴長

第十二區

郭兆祺　南京人，四十四歲，前臨參會參議員。一九四六年時曾任南京市黨部民運委員及中央警官學校教官。據CC系的大衆新聞稱係『地下派』，在會外異常活動。

何九淵　三青團系。

陳樹人　巳死。

湯山區

金立揚　三青團系

自由職業

張簡齋　地方派首領之一，南京人，六十九歲。著名中醫，前臨參會參議員。

—125—

沈九香　地方派，南京人，四十四歲。中央通訊社編輯，前臨參會參議員。

工　會

王宜聲　CC系僞立委，簡歷見市黨部。

趙信臣　幫會份子，曾任第七區黨團統一委員，一九四六年時任市黨部民運委員。

宗常福　曾任第十區黨團統一委員，一九四六年時任市黨部民運委員。

李廷鎮　CC系，一九四六年時曾任市黨部民運委員。現爲中國新社會事業建設協會京分會候補理事。

嵇四海

馬忠極

農　會

陳勉修

朱芳啓

漁　會

吳子良　CC系，一九四六年時曾任市黨部民運委員。

教育會

張紹揆　朱家驊系，一九四六年時曾任市黨部民運委員。

李清悚　地方派。

商　會

穆華軒　回教協會南京分會理事長，一九四六年時曾任市黨部民運委員，住楊將軍巷十六號。

程覺民　政學系

王釋齋　中國新社會事業建設協會京分會理事。一九四六年任市黨部民運委員；一九四七年任中央黨部工商運動委員會委員。住成賢街成賢坊三號。

陶桂林　一九四六年時曾任市黨部民運委員。

井振亞　一九四六年時曾任市黨部民運委員。CC系的大衆新聞稱係『地下派』，在會外異常活躍。

孫伯森

候補參議員名單

第一區　袁其炯　王鳳城　羅　傑　謝東平

第二區　王國楨　吳裕後　周炳生

第三區　倪　亮　胡澤民　王永鈞

第四區　吳瑞芳（女）　王錫侯　劉建中　汪　峻

第五區　楊澤球　商玉麟　蘇仲文　陳松泉

第六區　徐子谷　張金城　吳鍊方

第七區　莊茂如　薛文棟　凌受鼎　周恆奎

第八區　張少泉

第九區　謝錦森　華德臣

第十區　郭棨鈞

—127—

第十一區　王佐孝　沈玉鴻　胡莇德

第十二區　韓德潛　單明遠　趙家德

湯山區　戴琫

自由職業　×澆清　施德霖

工會　夏燧　劉光軍　葛聯芳　×吉爻　王開璜

農會　張道生　謝執中

商會　李錦堂　余樂泉　李菊山

漁會　王順祥

教育會　袁湧慶　欒篠華（女）

第四　軍警憲等僞軍事機構

一　僞國防部及其所屬機構

僞國防部爲國民黨政府最高軍事主管機關。係在美帝國主義策劃和贊助下，於一九四六年五月將原僞軍委會與軍政部合併改組而成。

該部名義上隸屬於僞行政院，但有其獨立性，其組織龐大，人員衆多，爲行政院下之最大部門。部內設六廳，十二局，九司，一會，下轄海、陸、空、聯勤四個總司令部，及其他附屬單位。其本部官佐即達八千餘人。

—128—

該部向爲蔣嫡系所掌握，主要幹部均爲蔣賊親信，直接受其指揮。該部實權多操之於參謀總長之手，如前任之陳誠，現任之顧祝同，均直接向蔣賊負責。

除一般軍事業務部門外，該部設有二廳，保密局等特務組織，爲軍統所掌握，自成系統，直接由蔣賊指揮，與國防部僅有名義上的隸屬關係。

自淮海戰役後，匪方爲保存其殘餘軍事力量，已將該部若干部門開始南移，如陸軍總部已設於廣東韶關，海空二總部有遷台訊，聯勤之資財亦在搬動。

（1）國防部組織系統表

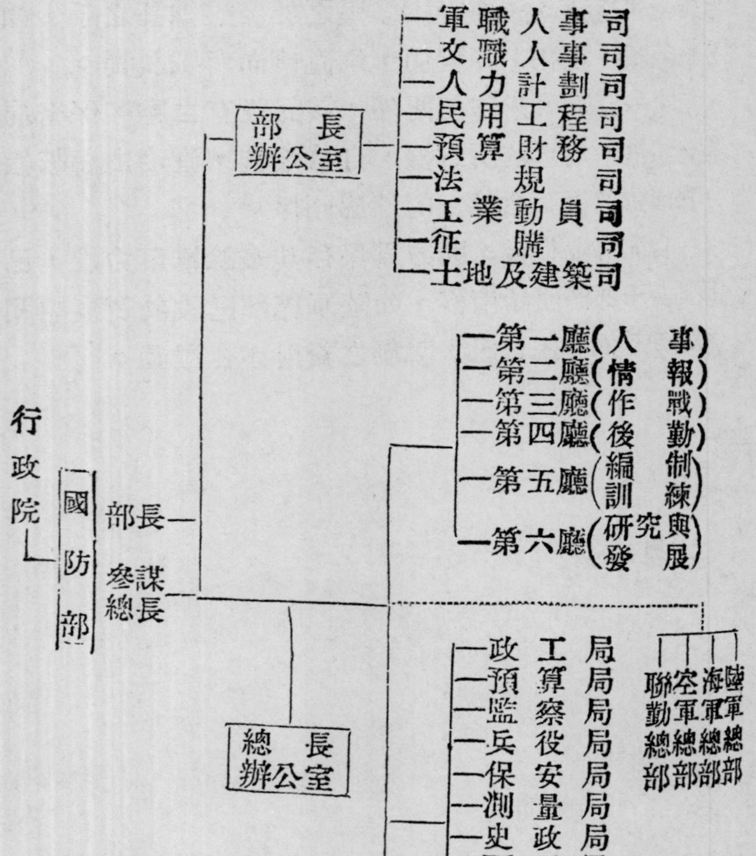

—130—

（2）國防部本部各單位編制及地址

單位名稱	編制	人數 官佐、士兵、工役	地址
部長辦公室		446	黃埔路
軍職人事司	設軍法、軍官、軍校、福利、退役事務等五組		
文職人事司	設政策、法規、管理、視察等組		
人力計劃司	設有三個組		
民用工程司	設電氣、建築二個組		
預算財務司	設預算、財務二個組		
工業動員司	設交通、工廠設備、抗戰損失賠償等組		
徵購司	設計劃、生產、審核三個組		
土地及建築司	設三個組		
法規司	設管制、審核二個組		
總長辦公室	不詳	266	
第一廳	設五處一辦公室共十五科	575	逸仙橋

—131—

第二廳	設八處三室共二十六科	1,872		黃埔路
第三廳	設方針及計劃、作戰、研究、編纂三處一辦公室共九科	254	114	中央軍校院內
第四廳	設三處一辦公室共八科	236		中央軍校院內
第五廳	設二處一辦公室共六科	239		中央軍校院內
第六廳	設二處一辦公室共四科	124		黃埔路，珠江路馬標
政工局	設六處一辦公室	679		黃埔路
史政局	設二處一辦公室共四科	135		砲標
預算局	設四處一辦公室共八科	251		砲標
測量局	設二處一製圖廠（另詳）一辦公室一技術室共六科	678		湖北路一七三號
兵役局	設三處一辦公室共六科	257		莫愁路朝天宮
保密局	設五處四室	180		
監察局	設二處一辦公室共八科	211		黃埔路
預幹局	設三處一辦公室共十二科	184		馬標

保安局	僅設有二處一辦公室	60	小營
軍法局	設四處二室又二組	300	中正路羊皮巷十四
總務局		217	
副官局		477	珠江路馬標

註：上表之編制人數係根據一九四八年十一月國防部合作總社配售紙烟所公佈之人數，與實情恐有出入。

附：測量局製圖廠

因無較新材料，茲將該廠一九四六年十一月止的組織人事列表如下，以供參考。

廠長 鄒鴻銘 副廠長 劉文懋	一課 課長俞取垢	文書組	組長張錫瑞
		管理分配組	組長畢毓璋
		事務組	組長張竹修
		集成組	組長孫振鈁
	二課 課長卜孔書	編繪組	組長郭耀騎
		清繪組	組長黃澤舟
		映繪組	組長黃叔康
		資料組	組長萬文清
	三課 課長周濟邛（雲如）	攝影組	組長何偉東
		製版組	組長陳懋功
		鉛石印刷組	組長葉其泰

（3）國防部附屬機構

該部附屬機構繁多，茲將其在寧之宣傳出版，監獄法庭、二廳電訊、測量製圖、警衞部隊、醫藥衞生，及其他各種機構之名稱，官佐數目及駐地列表如下：

單位名稱	官佐數目	地址
中央軍教電影事業管理處		利濟巷普慶新村六號
政工局招待所		湖南路三〇七號
軍事新聞通訊社	四三	林森路七二號
新中國出版社	四四	
中國軍人週刊社		中山東路三三四號
軍事雜誌社	一七	
圖書館	一八	
戰犯拘留所		馬標營房
軍事法庭	二〇	
國防部中×軍人監獄	二八	
第二廳聯絡站		昇州路二八一號
第二廳南京招待分處		紅廟七八號
第二廳監督電台	三〇	漢中門蛇山一〇號
第二廳技術研究室（主任　魏大銘）	小營	
第二廳通訊總所（所長　邱沈鈞）	一九〇	
第二廳電訊總台	二二七	
第二廳印製廠	三一	

第二廳電訊監察科	七〇	
中央黨政軍聯席會報處		成賢街七八號
測量局地圖整編處	一八	四牌樓大石橋二號
測量局圖庫	九	
測量局航空測量第一大隊	七六	
測量局大地測量隊	一一五	
測量局製圖庫（廠）	二七八	黃家塘二二號大石橋
測量局第四圖站		珠江路五八九號
測量局器材修運保管所	二五	
國防部合作總社		太平路麟和里
官兵消費合作社	七二	
軍樂隊	一三	
警衛第一團（團長羅英）	一九八	江東門
二團（團長譚國鐸）		丁家橋新一一號
第二營	四〇	
第三營		薩家灣黃埔路
交通中隊	八	
醫務所	六二	
淸潔隊	六	
招待所總長室		上乘庵一八號三號宿舍
高級職員宿舍		磨盤路三二號
第六廳職員宿舍		遊府新村一一號

—135—

註：上表之編制人數，係根據一九四八年十一月國防部合作總社配售紙烟所公佈之人數，與實情恐有出入。

（4）國防部主要人員簡歷表

職別	姓名	簡歷	住址
國防部部長	徐永昌	山西人，字次辰，年六十歲，陸大二期生，原屬閻錫山系，後投蔣。	
參謀總長	顧祝同	江蘇人，字墨三，年五十七歲，保定軍校畢業。何應欽系。	頤和路三〇號
國防部次長	鄭介民	廣東人，年五十歲，黃埔軍校二期生。軍統特務頭子。	牯嶺路二三號
	秦德純	山東人，字紹文，年五十七歲，保定軍校二期及陸大六期畢業，原西北軍系，現接近何應欽。	鼓樓五條巷一五號
	黃杰	湖南人，字達雲，年四十九歲，黃埔軍校及陸大將官班畢業，一九四八年十二月任	豆菜街三七號

— 136 —

		現職（前為中訓團教育長）。	
參謀次長	林蔚	浙江人，字蔚文，年六十一歲。陸大四期生。蔣之親信。	東門街二三號
	蕭毅肅	四川人，年五十一歲，曾任陸總參謀長，原屬楊森舊部，現屬何應欽系。	
	李及蘭	廣東人，字治方，黃埔一期及陸大十期畢業。一九四六年曾任淞滬警備總司令。	
部長辦公室主任	黎行恕	廣西人，年五十四歲，在保定、陸大兩軍校畢業。	
軍職人事司長	劉詠堯	湖南人，字則之，年四十四歲，黃埔一期及陸大畢業，與鄧文儀、滕傑、蕭贊育等關係密切。	
文職人事司長	袁同疇	湖南人，字梧江，年四十九歲，日本大學畢業。	慧園里二九號

人力計劃司長	趙學淵	湖北人，字君博，年四十五歲，日本士官及陸大特五期生。	
民用工程司長	華振麟	浙江人，字寅生，年五十八歲，保定軍校及陸大畢業。	
預算財務司長	閔湘帆	江蘇人，年五十四歲，陸大兵站班一期生。	止馬營一三九號
工業動員司長	陳自强	福建人，年三十八歲，美麻省工業學校畢業。	
徵購司長	劉亦奇	安徽人，字大可，年四十九歲，軍需學校畢業。	網巾市五星里一號
土地及建築司長	馮　衍	江蘇人，字卜蕃，年四十三歲，陸大及國防研究院畢業。	碑亭巷五二號
法規司長	何孝元	福建人，字達峯，年五十四歲，芝加哥大學畢業。	
總長辦公室主任	錢卓倫	江蘇人，字企斐，年五十九歲，陸大十期生，與林蔚關係頗深。	
第一廳長	於　達	浙江人，年五十歲，保定軍校及陸大畢業，與胡宗南接近。	

第二廳長	侯　騰	湖北人，字飛霞，年四十二歲，黃埔六期及陸大十期畢業，軍統份子。	滬永志里九號
第三廳長			
第四廳長	蔡文治	黃埔軍校生，曾任蔣匪侍從參謀，軍調部參謀長。	
第五廳長	沈發藻	江西人，字思魯，年四十六歲，黃埔軍校及陸大畢業，與何應欽、顧祝同關係很密切。	上海路一三號
第六廳長	錢昌祚	江蘇人，字莘覺，年五十六歲，保定軍校生，屬陳誠系。	頤和路二二號
保安局長	唐　縱	湖南人，字萬建，年四十五歲，黃埔軍校生，軍統主要份子，爲戴笠『十弟兄』之一。	
預算局長	趙志堯	浙江人，字淳如，年五十四歲，上海商業學校畢業，屬陳誠系。	白下路五福巷五福新村三四號之一
政工局長	鄧文儀	湖南人，字雪冰（詠）年四十四歲，黃埔軍校生，	湖南路大悲巷

		在特務系統中自成一系。	十三號之一
史政局長	吳　石	福建人，字虞薰，年五十四歲，保定、黃埔、日本陸大生。	湖北路翠琅村一號
監察局長	彭位仁	湖南人，字誠一，年五十四歲，陸大生，與陳誠接近。	琅琊路六號
兵役局長	戴高翔	四川人，年四十二歲，陸大生。	大悲巷雍園一〇號
預幹局長	蔣經國	浙江人，年四十歲，蘇聯軍政大學畢業，與陳誠、鄧文儀矛盾很大。	馬路街復成新村一七號
軍法局長	徐業道	湖南人，年四十六歲，北平法政畢業。	
測量局長	杜心如	湖南人，年五十歲，黃埔軍校一期生。	四條巷二二號雙青園
副官局長	陳春霖	四川人，年四十六歲，陸大生，復興頭子，陳誠系。	中央路二八〇號一B之三

總務局長	錢壽恆	浙江人，年五十三歲，保定軍校生。	莫愁路四八號
國防科學委員會主委	白崇禧		大悲巷雍園一號
副主委	朱家驊		赤壁路一七號
常務委員	徐庭瑤	安徽人，字月祥，年五十八歲，保定軍校三期生，現任裝甲兵司令。	東門街二一號
主任秘書	李運華		
設計委會主委	錢昌祚		頤和路二二號

二　僞海軍總司令部及其所屬機構

僞海軍總司令部爲國民黨海軍之最高機關，該部設有六署，九處，一會，下屬有軍區，艦隊，補給，造船訓練等五大系統。據桂永清於一九四八年三月宣稱：全部服役人員有四萬人（包括在美受訓之二千人，在英受訓之八百人）迄今此數仍不敷需要，特別基幹之校尉級幹部更形缺乏。

該部爲蔣匪嫡系所把持，前任總司令陳誠與現任桂永清均爲蔣匪之親信，但內部派系複雜，有留英留美者

—141—

，有過去之舊人員，有陸軍轉業者，且歷史上蔣匪海軍部存有福建系（南系）煙台系（北系），電校系，廣省系等派別，互相鬥爭，日本投降後又有新派與老派，留英派與留美派之分，故內部鬥爭頗爲尖銳。目前福建、煙台、電校、廣東諸派系漸趨合流，而與桂永淸爲首之陸軍派（聯合留英、留美派）相抗衡。

海軍駐寧者有其總部與直屬機構（多爲陸上人員），及第五巡防艇隊，第五補給總站，總部人員數目照其編制爲九百六十九名（內官佐五百八十九名，士兵三百八十人），目前總部與在寧各單位（不包括第五補給總站）則共有官佐二千三百二十名。

現將總部（總部駐海軍部街路東）組織人事與各單位情況分列如下：

（1）海軍總部組織系統

- 總司令 參謀長 副參謀長
  - 總司令辦公室
    - 副官處
    - 總務處
    - 編纂處
    - 軍醫處
    - 軍法處
    - 通訊處
    - 監察處
    - 政工處
    - 預算處
  - 各軍區機構
  - 各艦隊機構
  - 各補給機構
  - 各造船機構
  - 各訓練機構
  - 第一署（人事）
  - 第二署（情報）
  - 第三署（作戰）
  - 第四署（軍需）
  - 第五署（訓練）
  - 第六署（機械）
  - 研究委員會

（2）海軍總部及駐寧所屬機構主要官員簡歷表

職別	姓名	簡歷	住址
總司令	桂永清	江西人，字率真，年四十	

—143—

		九歲，黃埔軍校一期生，爲復興社十三太保之一，與陳誠、何應欽接近，爲海軍中陸軍派之首腦。	
副總司令	周憲章	安徽人，字顯丞，年五十三歲，海校生，曾留英，屬福建系，與陳誠接近，和桂永清有矛盾。	新民門三十號
參謀長	宋鍔	湖南人，字敬明，年四十八歲，煙台海校生，爲海軍北系（即煙台系）首領之一。	
第一署署長	秦惜華	江蘇人，年五十歲，政校生。	
第二署署長	高憲申	福建人，年六十二歲，黃埔水師生。	
第三署署長	宋鍔	（兼）	
副署長	胡曉溪	安徽人，字筱溪，年五十六歲，吳淞海校生。	大沙帽巷15號
第四署署長	吳子漪	浙江人，字潤玉，年五十三歲，黃埔軍校中訓班生。	
第五署副署長	陳贊湯		
第六署署長	曾國晟	福建人，字拱北，年五十	

		一歲，吳淞海校、英海校畢業。	
辦公室主任	萬成渠	江西人，年四十五歲，陸大訓練班生，原任福建省政府秘書長。	
部　　員	方　瑩	福建人，爲海軍南系（即福建系）首領。	
通訊處長	李壽鏞	字修慈	中山北路九七九號
第四署處長	張承愈	江蘇人，字季良，年六十歲，南京水師畢業。	花園橋八號
第五署處長	胡敬端	江西人，字茂先，年卅九歲，美海軍研究院畢業。	糖坊廊五四號
第六署處長	周　烜	福建人，年五十二歲，馬尾海校畢業，曾任艦機處處長。	慧園路慧園里四號
第六署副官處長	金　聲	浙江人，字棠清，年四十三歲，軍校生，曾任機要科長。	雞鵝巷五七號
第六署處長	曹仲淵	浙江人，年五十二歲，英馬可尼電工學校畢業，曾任電工處長。	白下路一五七號

— 145 —

（3）海軍總部所屬各機構

所屬單位	地址	備註
海軍無線電總台	下關營盤街海軍十號碼頭	
海軍南京醫院	下關	
海軍潛艇訓練班	下關　江邊	
海軍魚雷營	草鞋峽	係一九四七年材料
海軍司令部職員宿舍	桃源邨	
海軍服務社	下關薩家灣	

（4）海軍第五巡防艇隊

匪巡防艇隊係百噸以下之艦艇編制而成，第五巡防艇隊爲原岳飛快艇隊。現隊長爲杜征深，駐南京下關。下轄四小隊，共配有快艇二、砲艇四、巡艇十二，其各分隊之配置概況如下：

- 海軍第五巡防隊
  - 第一小隊
    - 快252號（快艇）
    - 巡23號（巡艇）
    - 巡1號（巡艇）
    - 巡3號（巡艇）
  - 第二小隊
    - 巡2號（巡艇）
    - 巡4號（巡艇）
    - 巡25號（巡艇）
    - 巡102號（巡艇）
    - 快371號（快艇）
  - 第三小隊
    - 巡25號（巡艇）
    - 巡83號（巡艇）
    - 砲103號（砲艇）
    - 砲107號（砲艇）
  - 第四小隊
    - 巡9號（巡艇）
    - 巡22號（巡艇）
    - 巡107號（巡艇）
    - 砲105號（砲艇）
    - 砲108號（砲艇）

（5）南京巡防處

該處直屬江防區司令部

（6）第五補給總站

匪海軍之供應補給，由海軍總司令部第四署管理，

— 147 —

共下設五個補給總站，另在各巡防處及戰術基地內分別成立補給分站，各艦隊有軍需人員，均由四署委派集中統籌，分別補給。第五補給總站專負長江江防區之供應補給事宜，該站駐南京下關。

三　僞陸軍總司令部及其所屬機構

僞陸軍總司令部自淮海戰役後，已遷逃至廣東韶關，玆將其遷逃前一般之情况概述如下：僞陸軍總部共設有一個總司令辦公室，十一個處又六個署，共有八十三個科以上，據一九四八年十一月材料，總部（除改工處）共有官佐一千五百零三人。原總司令爲余漢謀，現任司令爲張發奎，總部前駐南京太平路三十四標。

（1）陸軍總部組織系統表

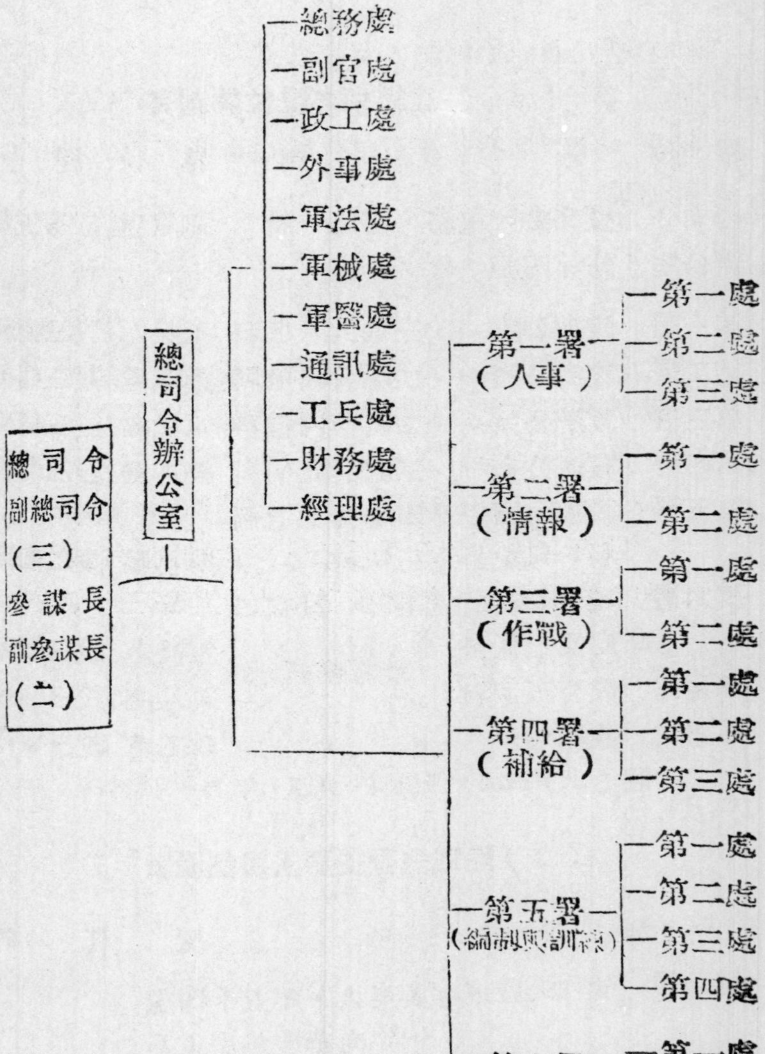
總司令
副總司令(三)
參謀長
副參謀長(二)
總司令辦公室
總務處
副官處
政工處
外事處
軍法處
軍械處
軍醫處
通訊處
工兵處
財務處
經理處
第一署(人事)
第一處
第二處
第三處
第二署(情報)
第一處
第二處
第三署(作戰)
第一處
第二處
第四署(補給)
第一處
第二處
第三處
第五署(編制與訓練)
第一處
第二處
第三處
第四處
第六署(研究與發展)
第一處
第二處

—149—

（2）陸軍總部各單位編制表

單位	編制	單位	編制
總司令辦公室	設文書、電務、聯絡、統計等四組	副官處	設有五個科
第一署	設辦公室一、三處共八個科	工兵處	設三個科
第二署	設辦公室一、二處共六個科	通訊處	設三個科
第三署	設辦公室一、二處共四個科	軍械處	設三個科
第四署	設辦公室二、三處共九個科	經理處	設三個科
第五署	設辦公室二、四處共十七個科（又說是十三個科）	財務處	設二個科
第六署	是否有辦公室不詳，設有二處共七個科	軍醫處	設三個科
總務處	設有五個科	軍法處	設三個科
外事處	設四個科	政工處	設三個科

註：上項編制，係依據一九四七年十一月材料。

（3）陸軍總部主要人員簡歷表

職別	姓名	簡歷	住址
總司令	張發奎	廣東人，年五十四歲，字向華，爲廣東系，後投靠蔣匪。	
副總司令	孫立人	安徽人，年四十八歲，	

—150—

		美西點軍校畢業，曾任新一軍軍長，東北保安副司令，現兼陸軍訓練司令，爲蔣美所信任。	
	關麟徵	陝西人，字雨東，年四十三歲，軍校一期生，與陳誠矛盾很大，與何應欽、顧祝同關係密切，屬黃埔復興系。	
參謀長	郭汝槐	浙江人，陸大生，爲陳誠的人，與顧祝同有矛盾。	四條巷復興里一四號
副參謀長	冷欣	江蘇人，字容庵，年四十八歲，黃埔軍校一期陸大十三期畢業，屬蔣嫡系。	
總司令辦公室主任	陳以忠	江蘇人，年五十四歲，保定三期騎兵科，陸大畢業。	
副主任	衛權	江蘇人，字致五，年55歲，江蘇高中畢業。	順德村一號
第一署署長	徐笙	江蘇人，年45歲，字雨	

—151—

		筌，軍校陸大畢業。	
辦公室主任	謝學毅	安徽人，年四十三歲，軍校生。	
第一處處長	葛惠卿	江蘇人，年四十三歲，陸大十六期生。	八寶前街九三號
第二處處長	劉措宜	湖南人，年三十八歲，軍校六期，陸大六十二期畢業。	馬府街九號之一
第三處處長	吳敬羣	廣東人，年四十二歲，陸大生。	
第二署署長	孫國銓	廣西人，年四十四歲，陸大六十三期生。	保泰街秋元坊五號
辦公室主任	尹世儉	廣西人，年三十六歲，陸大生。	
第一處處長	王好生	河南人，年四十三歲，陸大六十三期，航校畢業。	
第二處處長	鄭拔羣	廣東人，字介山，年四十六歲，軍校三期生，陸大生。	碑亭巷龍子居茲大里十六號
第三署署長			
辦公室主任	姚公化	浙江人，年四十歲，軍校生。	
第一處			

處長			
第二處處長	胡炎	江蘇人，字新農，年四十三歲，軍校六期、陸大六十二期畢業。	
第四署署長	唐名標	湖南人，字勵夫，陸大生。	
辦公室主任	林坦中	浙江人，年四十三歲，軍校生。	上乘庵十八號
第一處處長			
第二處處長	熊濱	江西人，年四十五歲士官十九期陸特七期畢業。	莫愁路一六六號之四
第五署署長			
辦公室主任	鄧聖象	江西人，字文生，年四十三歲，士官二十三期、陸大十五期畢業。	中山東路三五〇號
第一處處長	任培生	湖南人，字佩紳，年四十七歲，陸大生。	三條巷一六〇號
第二處處長	阮績熙	浙江人，年四十二歲，軍校六期、美裝甲學校畢業。	上海路南陰陽營二六號
第三處	曾啓亞	江西人，年四十四	科巷五老

— 158 —

處長		歲。	橋四五號
第四處處長			
總務處處長	王一雲	浙江人，字九天，年四十二歲，軍校七期，中訓團黨政班畢業。	中央路中央新村一號
副官處處長	蕭西清	江西人，字公正，年三十九歲，軍校八期、陸大十五期生。	傅佐路一號
政工處處長	王大中	浙江人，年四十四歲，軍校生。	
軍法處處長	王震南	浙江人，字子沛，年57歲，浙江法專畢業。	鄧府巷十七號
軍械處處長			
軍醫處處長	徐希麟	浙江人，年五十一歲，東京慈惠醫大畢業。	寧海路二二號
通訊處處長	陳克		
工兵處處長	傅克軍	四川人，年四十五歲，士官十九期生。	漢口路八一號
經理處處長	孫以勤	安徽人，滬江大學畢業。	漢西門堂子街禮拜寺巷二三號
財務處處長	熊秉川	江蘇人，字宏南，年四十六歲，軍訓班生。	

註：上表各單位之主官係一九四七年十一月止的材料（總司令，副司令，參謀長爲一九四九年之材料），至今該部主官幾度更動在人事上是有變動的，此表僅供參考。

（4）所屬各單位

單位名稱	官佐數目	負責人	機構駐地	備註
總司令部政工處	五五		中山路三九九號	
			靈隱路二六號	
總司令部調查室			白下路一六五號	
總司令部檢診所	一五			
總司令部印刷所			中山北路二〇九號	
總司令部特務團			西康路二七號	
陸軍南京訓練處				
陸軍通訊兵第一團		蔡大治		
裝甲兵司令部	四四〇	徐庭瑤		

四 僞空軍總司令部及其所屬機構

僞空軍總司令部係在美帝扶植下，改原軍委會航空委員會而成。其中因出身，籍貫之不同，結成若干派系。而其主要的矛盾，是毛邦初和周至柔所代表的新舊兩派間的鬥爭。毛邦初派（新派）以航校二期生爲骨幹，多係留美生；周至柔派（舊派）以航校一、三期爲主幹，則係未曾留美者如徐康良等屬之；另外又有所謂山東派，以王叔銘爲領導；及『東北派』，『廣東派』，『雲南派』等。目前老派在飛行隊中之地位，已逐被新派所奪去，前者且多已轉入後勤及地面部門工作。

空軍駐南京之主要機構，有其總部駐小營及其所屬的機關部隊，總部設有五署，三室，八十一科之多，官佐人數卽達五千二百餘人。空總各部門之主要負責人，多係周至柔派所掌握；而空軍中之特務組織，由其副司令兼參謀長王叔銘（王係軍統份子）所領導。

自淮海戰役後，已迫使匪空軍紛紛南逃（最近空軍訓練司令部已遷抵台北）。茲就現有材料概述如後：

（1）空軍總部組織系統表

- 總司令 副總司令 參謀長
  - 督察室
  - 諮議室
  - 秘書室
  - 第一署（人事）
    - 人事政策處
    - 人事業務處
  - 第二署（情報）
    - 戰鬥情報處
    - 照像情報處
    - 反情報處
    - 技術情報處
  - 第三署（作戰）
    - 作戰處
    - 訓練處
    - 飛行安全處
    - 防空處
  - 第四署（補給）
    - 軍械處
    - 機械處
    - 交通處
    - 通訊處
    - 氣象處
    - 財務處
    - 衛生處
  - 第五署
    - 組織計劃室
    - 工業計劃室
    - 統計室
  - ……
    - 軍區、指揮部
    - 空軍大隊、獨立中隊
    - 供應司令部
    - 訓練司令部
    - 空軍參謀學校
    - 航空工業局及其所屬工廠地面
    - 警備司令部
    - 高射砲兵團
    - 照測團
    - 中央防空情報所
    - 陸空聯絡等單位

— 157 —

（2）空軍總部所屬各機構

單位名稱	負責人	地址	備註
空軍無線電總台		大悲巷雍園二號	輸出電力爲一兩瓩
空軍監察總隊部		通濟門外防空學校	
傘兵總隊	馬師恭	中華門外	
傘兵司令部城區辦事處		中山北路新泉里十一號	
空軍訓練司令部	劉牧羣	成賢街六〇號	管理全國之空軍訓練，內設四處和若干室和獨立科。
中央防空情報所		羊皮巷	
第一總台		下關中山碼頭	
空軍中央情報所		鷄鳴寺地下室	
飛機維護處		八寶前街五十八號	係一九四七年材料
調查組		梅園新村13號	同上
高級職員宿舍		大光東村十九號	

— 158 —

（3）空軍總部及所屬駐寧各單位人員統計表

區分／單位	官佐	士兵	小計	備註
總司令部	5,293	1,173	6,466	官佐另一材料爲一，九二五
航空工業局	177	8,717	8,894	
傘兵司令部	1,079		1,079	
空軍中央防空情報所	55	1,659	1,714	
無線電總台	75		75	
空軍第一防空電達隊	53	101	154	卽係雷達隊
空軍地面警備司令部	98	10,149	10,247	
警衛二團	67		67	
警衛三團一營	15		15	
陸空聯絡通訊隊	214		214	
空軍通訊總隊	215	785	1,000	
空軍四〇六通信大隊	349		349	
空軍氣象總隊	57	211	268	
空軍照像技術隊	58	84	142	
空軍第四供應處	308		308	

空軍第四供應分站	32		32	
空軍二一〇供應大隊	153		153	
空軍七〇一農場中隊	9		9	
空軍六〇七工程隊	25	10	35	
空軍第十大隊部	151	2,263	2,885	第十大隊官佐總數另一材料為七百一十一人。
第一〇一中隊	110			
第一〇二中隊	97			
第一〇三中隊	109			
第一〇四中隊	107			
手機組	48			
空軍第十二中隊	94	334	428	
空軍滑翔總會	40	22	62	
空軍第一招待所辦事處	17		17	
參謀學校	104	127	231	
情報人員訓練班	14	28	42	
空軍高射砲兵第一團	209	2,152	2,361	參閱地面武裝部隊項。

—160—

空軍工兵總隊第一營	42		42
空軍照測第一團	135	1,866	2,001
總　　計	9,609	29,681	39,290

註：上表係根據一九四八年三月及同年十一月材料；因前者係呈報數，而後者又爲配領紙烟之額數，故與實情可能有些出入。士兵數目項咸係一九四八年三月材料（包括本部及所屬單位之額數）而官佐項係一九四八年十一月材料（僅爲本部之額數。）

（四）空軍總部及駐寧其他機構主官簡歷表

職別	姓名	簡歷	住址
總司令	周至柔	浙江人，原名萬福，年五十一歲，保定軍校生，爲空軍舊派之首，屬陳誠系，並與宋美齡，陳納德有關係。	
副總司令	毛邦初	浙江人，字信誠，年四十六歲，黃埔軍校及中央航校畢業，爲蔣匪前妻之姪，與周至柔矛盾很大，爲新派之領袖。	

副總司令兼參謀長	王叔銘	山東人，年四十八歲，黃埔軍校、廣東航校及中央航校畢業。屬戴笠系，爲空軍中特務組織之領導者，空軍山東派之領袖。	傅厚崗七號
副參謀長	劉國運	湖南人，年四十四歲，中央航校一期及陸大畢業。	
總部諮議	張廷孟	山東人，黃埔軍校及中央航校一期畢業，與王叔銘有矛盾，屬毛邦初系。	
訓練司令	劉牧羣	廣東人，廣州航校生，與何應欽接近，爲廣東派領袖。	
第一署署長	魏崇良	廣東人，年四十二歲，中央航校一期生，曾留英。	
第二署署長	胡百錫	湖北人，年五十三歲，南苑航校及陸大畢業。	
第三署署長	徐煥昇	江蘇人，年四十二	三條巷六合

		歲，中央航校一期及德、意航校畢業。	里十號
第四署署長	曾　桐	福建人，年四十四歲，交通大學畢業。	大光新村十一號
第五署署長	劉炯光	廣東人，年四十一歲，廣東航校生。	三條巷六合里十號
督察長	王立序	安徽人，字殷民，年五十二歲，曾任東北航校教官，日本飛行學校出身。	
副官處處長	周鳴湘	浙江人，年四十八歲，與周至柔很親密，浙江法政出身。	大光新村二八號
航工局局長	朱　霖	字君復，曾任第二飛機製造廠長等職。	大光新村十六號
參謀學校校長	胡國賓	浙江人，年四十六歲，中央航校一期及陸大畢業。	
傘兵總隊長	馬師恭	陝西人，年四十七歲，黃埔軍校及陸	

—163—

		大畢業。	
南京供應分處長	歐陽杰	湖南人，年三十九歲，湖南航校出身。	
軍用圖書舘長	沈銘山	廣東人，年四十一歲，廣東航校出身。	
氣象總隊長	陸鴻圖	浙江人，年四十八歲，東南大學出身，懂英、法、德、日四國文字，在空軍中服務已十八年。	
人事政策處處長	姜獻祥	浙江人，年三十八歲，中央航校三期生，曾赴美受訓。	大光新村十四號
人事業務處處長	田　超	四川人，年三十八歲，空校生。	大光新村十四號
戰鬥情報處處長	趙　梟	浙江人，年四十三歲，空軍軍校及陸大畢業。	三條巷六合里十號
照像情報處處長	劉錦濤	廣東人，年四十六歲，英皇家攝影學校出身。	

反情報處處長	劉謐之	浙江人，年三十七歲，中央航校五期生，曾赴美留學。	三條巷六合里十號
技術情報處處長	李繼唐	廣東人，年三十八歲，廣東航校生。	大光新村三二號
作戰處處長	羅英德	廣東人，年三十七歲，空校三期生。	大光新村九號
訓練處處長	陳御風	東北人，年三十五歲，參謀學校三期生。	
飛行安全處處長	楊仲安	廣東人，中央航校三期生，美華僑。	
防空處處長	辛文銳	河北人，現年五十一歲，保定軍校生。	光華門御道街六二號
軍械處處長	王裕齋	年三十七歲，交通大學畢業。	大光新村二一號
交通處處長	高學速	福建人，年三十九歲；海軍航校生。	大光新村九號
通訊處處長	方朝俊	浙江人，年三十八歲，美參謀學校畢業。	
氣象處處長	朱文學	浙江人，字國華，年四十八歲。東南	

		大學畢業。	
財務處處長	徐鳳鳴	遼寧人，年三十九歲，交通大學畢業。	新民門街二八號
衛生處處長	李旭初（代）	河北人，年四十六歲，美野戰醫院出身。	大光新村十三號
組織計劃室主任	唐健如	廣西人，年三十八歲，日本明野陸航校畢業。	三條巷六合里十號
工業計劃室主任	曹起成	江蘇人，年三十八歲，美加省理工學院出身。	
統計室主任	張伯壽	雲南人，年卅七歲，日本空校出身。	

（附）

第三署署長	徐煥昇，據云已調任第三軍區司令，繼任可能是蔣翼輔，蔣為浙江人，現年五十歲，中央航校一期，陸大出身，曾任上海地區司令。
空軍參謀學校校長	胡國賓，據云已他調，繼任者為徐康良，徐為浙江人，現年四十八歲，中央航校一期生，徐與胡

— 166 —

國賓，蔣翼輔，陳嘉尙同爲筧橋系江浙派，徐爲該派之領袖。

（五）駐寧各部隊

（A）各飛行作戰部隊

番號	主官	下轄番號	下轄駐地	機種	機數	備註
第一大隊（轟炸機）	王育根	（略）		蚊式機	60	該隊係駐漢口，共蚊式機六十架中有三十架駐在南京。
第三大隊（驅逐機）	李　礩	第七中隊 第八中隊 第二十八中隊		P—51	30	爲驅逐機大隊，原駐徐州，一九四八年十一月初撤至南京。據云將移駐南昌，另說爲台灣。
第五大隊	張唐天	第十七中隊		P—47		現全部駐南京。
		第二十六中隊	明故宮	P—47	35	

		第二十七中隊		P—51		
第十大隊（運輸機）	衣復恩	第一〇一中隊	上海	C—46		即原空運第一大隊，直屬空總，據息原有一個中隊在上海，兩個中隊在南京，一個中隊前在北平，現已遷駐青島，該隊規模很大，另有專機組，有C—47六架，C—54一架為蔣賊座機。
		第一〇二中隊		C—47		
		第一〇三中隊		C—46	60-70	
		第一〇四中隊	大教場	C—47		
獨立十二中隊	時光琳			P—38 F—5	6—8	為一偵察中隊，隊部在南京。

（B）空軍地面警備司令部及其他防空部隊

a 空軍地面警備司令部

該部為空軍警衛倉庫及機關學校的一支武裝，係過去航空特務旅改成。其警衛司令部設在南京七里街，下轄五個團，六個營和一個連，分駐各軍區担任警衛工作；駐南京武裝部隊有：警衛司令部第二團及勤務連。

b 防空部隊

空軍高射炮第一團

團長　譚鵬，該團之編制爲四三制，卽每團四營，每營三連，其第一、二營爲大口徑（七・五糎以上），第三、四營爲小口徑（四糎以下）。其裝備爲大口徑炮兵營每連有炮四門，機槍四挺，小口徑炮兵營有炮六門，機槍六挺。

防空雷達隊

駐南京何處不詳，其下有五個分隊，係隸屬中央防空情報所。

照測團

照測團僅有南京這一個，配備照空燈，聽音機，測高鏡，望遠鏡等。

（C）空軍駐寧供應機構及勤務部隊

空軍最高之供應機構，爲空總的供應司令部，該部設在上海，統轄全軍之供應等工作。除在上海設有供應總處外，並於全國設有五個供應分處，四個供應大隊。八個供應中隊，二十五個供應分隊，並有通訊總隊，氣象總隊汽車中隊等。茲將其駐寧部隊分列於後：

第四供應分處處長歐陽杰（少校）該處又稱南京供應處，駐大較場。

—169—

供應第二一〇大隊，一九四八年九月配給該隊，C—46機一架。

通訊總隊。

通訊總隊四〇六通訊大隊。

氣象總隊隊長陸鴻圖，駐南京通濟門外。

氣象總隊五〇六氣象大隊。

第六〇七工程隊

第七〇一養場中隊，駐大教場機場。

甲種獨立養場八三六分隊。

第四轉運站，駐下關江邊四號碼頭。

（6）航空工業局

匪航空工業於抗戰時期，在美帝援助下略有發展，日本投降後，復接收日寇在華之航空工業，遂進行整理補充，於一九四六年九月成立該局，局長爲朱霖（琳）。該局負責航空工業之生產等任務，但因製造原料及機器均需仰賴美帝，技術人員亦需美國訓練，交通又困難，因此各製造廠實際作用很小，僅能生産教練機，且生產率極小。共轄有飛機製造廠二，發動機製造廠一，保險傘製造廠一，及六個氣體製造所，和其他一些機構。駐寧者有配件廠（見經濟部份）。該局內部組織人事如下：

局長朱霖
副局長李伯令
主任秘書許鳴儒

- 計劃處
  - 處長
  - 副處長華允嘉
    - 統計科科長 詹果
    - 計劃科科長 蕭灌恩
- 生産處
- 財務處
  - 處長王莫奇
  - 副處長何光×
    - 製造科科長 劉友鈞
    - 賬務科科長 盧景洛（代）
    - 出納科科長 金淑良
- 人事處
  - 處長王季周
    - 人事科科長 盧大一
    - 管理科科長 徐光成
- 總務處

（7）空軍駐寧其他機構

南京空軍無線電總台	小營
空軍第一地區司令部	中山東路舊中央醫院
空軍空運大隊第一〇四中隊	火瓦巷二二號
空軍第五大隊第十七中隊職員宿舍	雨花台十號
空軍第一路司令部官佐住宅	貢院街四三號
南京飛機修理工廠官佐宿舍	三條巷文昌宮
滑翔總會	船板巷七〇號

—171—

（8）南京飛機場

明故宮機場

在南京東南方，爲軍民合用之機場，其設備有馬燈、電台、指揮塔、加油庫等美式機場夜航設備全套，並有良好之地面交通設備。

大教場機場

在光華門外。場長雷震亞（據一九四七年南京電話本，住唱經樓衞巷二六號）。按工程標準來說，該場是全國機場跑道最堅實的一個，其設備有燈車、跑道燈、邊界燈、風向燈、目標燈、旋轉燈、電台、指揮塔、加油庫及良好的地面交通。

土山機場

在南京東南五里處，爲設備疏散用之機場。

五　僞聯合勤務總司令部及其所屬機構

匪聯合勤務總司令部及其所屬各級機構，爲國民黨政府進行反革命戰爭的重要組成部份，爲匪補給供應之最高權力機關，隸屬於國防部，爲國防部四總部之一，一九四六年在美帝顧問建議及蔣美軍官多次會議研討後，將原後勤總部及軍政部之軍需、兵工、軍醫三署合併後正式成立，復於一九四七年五月下旬正式進行改組。

該部任務係指揮各級聯勤機構，辦理匪各『剿總』、『綏署』、陸、海、空軍總部及所屬部隊，中訓團，各軍校之補給供應等工作。其業務包括運輸、通信、經理、財務、兵工、工程、軍醫、特勤、憲兵等單位；各單位又各轄有若干部隊、工廠、倉庫等組織。在全匪（國統區）又設有補給區司令部、港口司令部、兵站總監部、供應局等機構。總部共設有總司令辦公室及本部之幕僚機構十個處，行政技術十二個單位，計有一百九十七個科以上。

總部中署一級的主要負責人員多係陳誠系所掌握，現任總司令郭懺即係陳誠之重要幹部。總部官佐合計約有六千三百五十餘人。

自淮海戰役後，匪南線各軍、兵站供應等機構，不斷的被我大量殲滅，或潰散南逃。茲將已知之南京區聯勤各機構（包括聯勤總部），（倉庫、工廠、憲兵、訓練等機構另詳）分述如下：

（1）本部及直屬各單位

（A）聯勤總部組織系統表

—173—

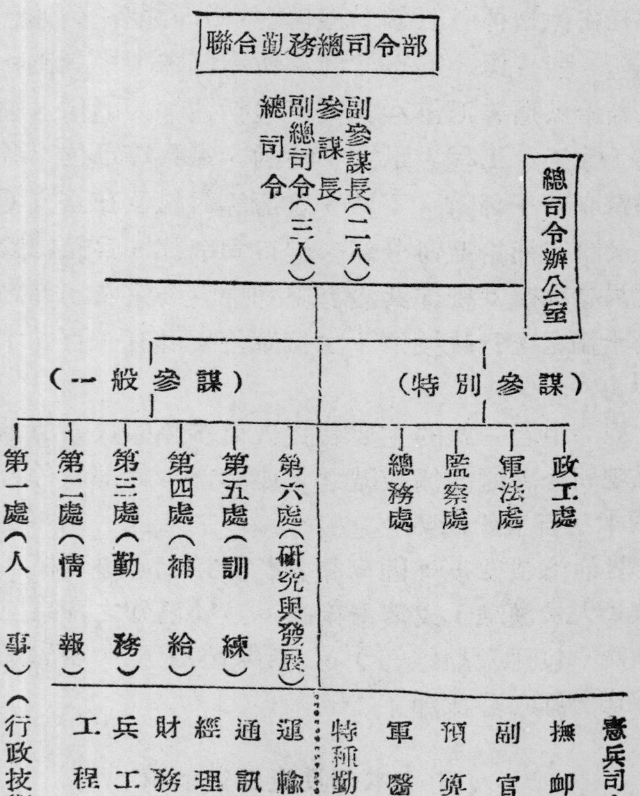
聯合勤務總司令部
總司令
副總司令（三人）
參謀長
副參謀長（二人）
總司令辦公室
（一般參謀）
（特別參謀）
第一處（人事）
第二處（情報）
第三處（勤務）
第四處（補給）
第五處（訓練）
第六處（研究與發展）
總務處
監察處
軍法處
政工處
（行政技術單位）
工程署
兵工署
財務署
經理署
通訊署
運輸署
特種勤務署
軍醫署
預算處
副官處
撫卹處
憲兵司令部
各補給區（供應局）
各勤務部隊
各勤務學校

—174—

（B）聯勤總部各單位編制一覽表

單位名稱	編制	官佐數目（註一）	地址
總司令辦公室	設簡二三階專員數人。	一，三八三（註二）	三牌樓
第一處	正副處長各一、下設五科。		三牌樓
第二處	正副處長各一、下設三科。		三牌樓
第三處	正副處長各一、下設四科。		三牌樓
第四處	正處長一副二、下設四科。		三牌樓
第五處	正處長一副二、下設三科。		三牌樓
第六處	正副處長各一、下設三科。		三牌樓
總務處	正副處長各一、下設三科。		三牌樓
監察處	正副處長各一、下設二科。		三牌樓
軍法處	正副處長各一、下設三科、又簡三階高級軍法官一人。		三牌樓 三牌樓
政工處	正副處長各一、下設三科、一檢診所	六三	三牌樓

工程署	設三室、一委員會、一處四司、一直屬科、共十七科。	四三七	三牌樓
兵工署	設二室、三處、又五司、共三十五科	九二八	鼓樓大方巷一〇號
			華僑路
			五台山
職員宿舍			中華門外，堂子街羅廊巷大樹根
財務署	設二室、一處又三司、共十四科	四六八	碑亭巷
			上海路永慶里四號
署長辦公室			中山東路
經理署	設二室、二委員會、一處、四司、一直屬科、共二十四科、一法制組	七九三	中山東路碑亭巷
通訊署	設二室、一委員會、一處、五司、一直屬科、共十四科	一八九	三牌樓三四標

運輸署	設四室一委員會、二處五司、一直屬科、共二十一科	五四二	三牌樓
特勤署	設二室、一處、四司共幾科不詳。	四五六	黃埔路，白下路一六五號
軍醫署	設二室、一處、五司、一組、一直屬科、共二十三科	六六一	西華門四條巷，四條巷李公祠。
預算處		六八	
副官處	設五科。		
撫卹處	設三組、一室、共十一科	三六二	珠江路小營

註一：上表之官佐數目係根據一九四八年十一月國防部合作總社所公佈的材料，恐有嘘徵。

註二：原材料爲聯勤總部官佐數爲一千三百八十三人，究包括那幾個單位不詳。

(C)聯勤總部主要官員簡歷表

職別	姓名	簡歷	住址
總司令	郭懺	浙江人，字悔吾，年	石鼓路十

		五十六歲，保定軍校六期生，國民黨中執委，陳誠重要幹部之一。	六號
副總司令	張秉鈞	河北人，字伯平，年五十歲，保定軍校及陸大研究院畢業，一九四八年調現職。	頤和路三號
	何世禮	廣東人，在張學良部下幹過多年。	
	黄仁霖	江蘇人，年四十二歲，東吳大學及美范達比特大學畢業，歷任青年會，勵志社，新運促進會等總幹事，頗爲蔣匪及宋美齡信任，爲蔣『智囊團』之一。	
代副總司令	郗思紱	山東人，字一庵，年四十七歲，保定軍校八期生，曾參加廬山軍訓團，屬陳誠系。	鼓樓新村十五號

參謀長	呂文貞	河北人，年四十左右，東北講武堂及陸大畢業，與張厲生接近。	
副參謀長	吳光朝	湖南人。	
	曾慶集	四川人，字義門，年四十六歲，畢業於美騎兵學校。	
辦公室主任	周彭賞	浙江人，字博風，年四十九歲，保定軍校及陸大畢業。	
第一處處長	包鐘敏	江西人，字鈞元，年四十三歲，日本士官學校畢業。	莫愁路一一一號
第二處處長	鮑靜安	河北人，年四十七歲，北京大學畢業，歷任報社長，外交部情報司科長，陸軍總司令部秘書處副處長等職。	文方巷廣東新村九號
第三處處長	鄭貞年	福建人，陸大生。	寧海路培德里七號
第四處處長	潘茹剛	江蘇人，年四十二歲，陸大生。	

第五處處長	龔作人	江蘇人，年四十四歲陸大畢業。	
第六處處長	巫建章		
總務處處長	金[illegible]民		
監察處處長	鄧爲人	湖南人，字寧武，年三十八歲，陸大畢業。	
軍法處處長	張　銑	山東人，字澤君，年四十七歲，北京法政畢業。	太平巷忠義坊七號
政工處處長	朱靜濤	雲南人，年四十八歲，中山大學畢業	
兵工署署長	楊繼曾	安徽人，字君毅，年四十一歲，柏林工科大學畢業。	慈悲社二八號
工程署署長	柳際明	浙江人，年五十歲，保定軍校及陸大畢業，曾參加十年內戰。	湖北路一六四號
財務署署長	吳嵩慶	浙江人，年四十七歲，法巴黎大學市政學院畢業，屬陳誠系。	
經理署署長	傅仲芳	浙江人，年四十六	

		歲，保定軍校八期生，曾任連、營、團、旅、師、軍長，屬陳誠系。	
通信署署長	吳仲直	浙江人，字佐之，年四十一歲，軍校六期及陸大十一期畢業，歷任連營團長，參謀長，師長。	上海路華新巷四六號
運輸署署長	趙桂森	江蘇人，字君粟，中央軍校及陸大畢業，曾任蔣賊侍從室組長，聯勤部參謀長等。	碑亭巷泰山圖
特勤署署長	黃仁霖	（彙）	
軍醫署署長	林可勝	福建人，年五十二歲，英愛丁堡大學醫學博士，科學哲學博士，中國紅十字救委會總幹事。	
預算處處長	吳嵩慶		
副官處處長	張家閑	江蘇人，字鉞，年四十二歲，陸大十二期生，曾任第十	

- 181 —

		集團軍參謀處長。	
撫卹處處長	吳仲行	湖北人，年五十餘歲，北京講武堂及中央軍校文教班，陸大特二期畢業。陳誠系。	大悲巷十五號之一

（D）駐寧直屬各機構　汽車運輸部隊

單位名稱	負責人	官佐人數	備註
輜重汽車十四團	文幹周		原團長為董劍平
輜重汽車二六團	柳鴻翰		
輜重兵獨立汽車第二營	何岳維		
直屬汽車隊	鄭仁卿		
直屬汽車連	黃宗炎	一一	
電台通信等機構			
無線電總台（南京總台）		四二七	駐瀘府路
直屬區台十二分台		一二	
首都軍用電話管理處		二七五	
通信兵團一團	粟登瀛		團部及一營之一、二連配屬總部。
放映及播音部隊			
電影放映第二隊	龔岳		配屬特勤署

輕型放映第三十九隊	王式孟	六	配屬特勤署
輕型放映第三十七隊	謝　軍		配屬『國府警衛旅
軍中播音總隊部		五〇	漢中門蛇山一〇號。一九四六年八月接收前僞軍委會政治部之軍中播音隊。共轄五個中隊，隸屬特勤署。
電影放映第一隊	陳毓文	六	配屬傘兵總隊
所屬其他機構			
兵器陳列所(研究所)		六七	隸屬兵工署，駐五台山
彈道研究所		八一	
應用化學研究所		五四	
聯勤印刷場	趙桂湘		
聯勤總部農場			駐午朝門
首都軍人服務處			隸屬特勤署駐淮海路一號
首都營產管理處		三四	負責管理修理南京之營產營具

—183—

軍事畫報社		駐新街口興業里十三號
汽車保養團	一一二	
警衛團	一〇七	
特務營	五七	
聯勤南京收支處	一二三	該機構究何性質不詳
聯勤南京賑務審核處	六九	

海陸空軍醫院

該院於一九四八年六月改組前陸軍醫院而成。院內設有牙、眼、耳鼻、喉、小兒、婦產、皮膚、肺結核、以及普通內外等科。並有愛克斯光透射器、無影器等設備。該院除在南京37標有西式房兩幢外，在湯山還有一部份，總計有床位六〇〇張，醫生七六人，護士八〇人，共官佐五二三人。現院長景凌灝，副院長楊文達，吳郡昌。

〔註〕據一九四八年另一材料稱：聯勤駐南京有一總醫院，——『南京總醫院』可能即係海陸空軍醫院。

附一：輜重汽車團

按匪編制，團部及一、二、三營共卡車五〇〇輛。官佐一六一人，士兵一，五一〇人。營部及一、二、三連共卡車一六三輛，官佐四五人，士兵四四六人。

附二：通信兵團

據一九四七年六月材料，通信兵團本部設：勤務、儲運、教導等三個連，一個汽車修理班。團下轄三個營，每營三個連，每連三排，每排三個電台，其人數如下：

團共：二，八七七人（內官佐二一八，通信士四二三，士兵二，二三六）

營共：七九二人（內官佐五二，通信士一三〇，士兵六〇九）

連共：二〇七人（內官佐一二，通信士三五，士兵一六〇）

電台：一七人（內僅有通信士五，士兵一二）

（2）駐南京運輸機構

南京區運輸指揮部

該部於一九四八年三月（又說一九四七年十二月）以南京、浦口兩鐵運辦公處，南京水運辦公處（原住下關，主任爲熊謨）爲主，合併編成。直屬聯勤總部運輸署，負責南京區軍事運輸等工作。南京供應局，及第一、第五區（京滬浙贛路全線及南潯路）鐵道軍運指揮部（又說還有南京水運辦公處）之運輸業務部份統由該部指揮。

其本部組織爲：少將指揮官一，上校（或少將）副指揮官二，上校參謀長一，下設第一（總務），第二

（鐵運），第三（水運），第四（陸空運），第五（碼頭倉庫），第六（護理）第七（運費稽核）等課，和一個醫務室。各課均設（上中校）課長一，共官佐一六八人（另據一九四八年十一月材料爲二六八人），士兵四八人，吉普車三輛。

（A）第一區鐵道軍運指揮部

該部管轄京滬路、滬杭甬路、津浦路南段（浦口至徐州）、江南路、淮南路、蘇嘉路等，下設八個軍運辦公處。駐南京者有南京軍運辦公處（駐下關），轄京滬路南京至鎮江段，江南路光華門至江寧縣段。該部現受南京運輸指揮部指揮，指揮官爲蔣鋤歐，據一九四八年十一月材料，該部（不包括南京軍運辦公處）共有官佐二百六十八人，指揮部駐下關大馬路七十五號。

（B）第一船舶運輸大隊

該隊配屬南京區運輸指揮部，共有船二三七艘，載重二八，〇〇〇噸，（實際能用者僅有一〇七艘，載重一五，〇〇〇噸），據一九四八年十一月材料該隊有官佐一百二十二人，現大隊長爲吳雲鵬。

（3）駐南京供應機構

南京供應局

該局係於一九四七年三月由第十八分監部改組而成

。負南京市補給與轉運南京區物資至各戰區之責，在運輸業務部份受南京區運輸指揮部指揮。其工作主要爲實物補給（如被服，兵器，食糧等）。

據一九四八年四月該局的三十六年度業務報告書中稱：除負責運轉物資之工作外，並開辦龍潭煤礦，小北門碾米廠，湖北路煤球工廠，建康路釀造工場。又籌辦黄梅農場及設立小北門榨油工廠。上述各機構之主幹人員皆由該局職員派充，餘由局委用或雇用。

該局官佐人數，據一九四八年十一月材料爲五百〇六人，現任局長爲金殿策，局址三牌樓。

另據一九四八年十一月材料稱：該局現有一個人運大隊，又兩個獨立中隊，官佐人數，大隊有三十七人，每一獨立中隊各有七人，士兵按編制每大隊應有七百十五人，該隊之任務爲運輸時之裝卸及短途之扛挑等。

第一補給區司令部

一九四六年二月成立於上海，一九四七年一月遷移至徐州，由於淮海戰役和我軍之解放徐州，該部已潰退南京（據一九四八年十二月材料）現司令爲劉永煜（劉前任該部參謀長，一九四七年任副司令，一九四八年升任現職），該部現駐小北門前聯勤幹訓班址辦公。

六. 僞首都衛戍司令部

該部之衛戍區除南京以外，還包括天長、滁縣、金壇、江部、當塗、溧陽、鎮江、蕪湖、無錫等遼闊地區。爲該地區之軍事最高主管機關，指揮駐該區內之軍、警、憲武裝部隊，及江寧要塞司令部。其下在外圍各地區設有四個指揮所，在市區設有十二個警備區指揮部，本部組織亦頗龐大，計有官佐一千餘人據現有材料設有八大處，及其他附屬單位。

本部之第二處及稽查處，均爲特務機構，屬有課報隊與稽查隊，密佈全市。

該部屬京滬杭警備司令部領導，司令張耀明，屬黃埔系，係於淮海戰役時調任斯職。

部址設於林森路東南中學後，

茲將其組織人事分列於後：

（1）本部組織人事

司　令　張耀明
副司令　覃異之
　　　　陳　沛
　　　　張世希
　　　　黃珍吾
參謀長　胡起鎬

——電訊監察科

——第一處
——第二處——課報隊
——第三處（處長易培勛）
——第四處
——政工處（處長羅春波）
——副官處
——稽查處——稽查所（組）
——軍法處

——經理課
　　檢診所

——特務團

— 188 —

（2）附屬機構

A稽查處所屬各所（組）分佈

- 稽查處（官佐七十五人）
  - 偵防大隊——貢院街廿一號
  - 東區稽查所——碑亭巷八號
  - 南郊稽查所——雨花巷一號
  - 西郊稽查所——大西門大街一百六十六號
  - 下關稽查所——熱河路一千二百五十二之二號
  - 水上稽查所——下關商埠街一百十五號
  - 直屬稽查組——建康路胡家巷四號
  - 外勤工作組——磨磐路十號
  - 稽查組——建康路一百五十八號，二百二十二號，大光路利業邨六號

（註）各地之指揮所有撤消訊

- 首都衛戍司令部
  - 南京十二個警備區指揮部（警察局長憲兵隊長分任正副指揮官）
  - 首都指揮所（官佐十七人）
  - 滁縣指揮所　指揮官
    - 政務處　處長劉北天
    - 經濟處　處長陳　勻
  - 蕪湖指揮所　指揮官　馬慕師
    - 政務處　處長胡振漢
    - 經濟處　處長田丞波
  - 無錫指揮所　指揮官　劉秉哲
    - 政務處　處長饒弟煌
    - 經濟處　處長顧納齋
  - 江寧要塞司令部司令胡雄（全部官佐三百五十二人）

B設於各地區之指揮所（一部）

（3）主要人物介紹

張耀明，四十五歲，陝西臨潼人，軍校一期生。歷任關麟徵部師長，一九四二年在遠征軍中被陳誠撤職後，又由胡宗南保荐出任三十八軍軍長，整編後遂改任整三十八師（軍）師長。屬黃埔系，與何應欽、關麟徵、胡宗南、湯恩伯等均關係密切。

覃異之，四十五歲，廣西宜山人，桂系，軍校及軍校高教班畢業。曾任旅、師、副軍長，青年軍二〇五師師長等職。與關麟徵關係最久，據云是叛徒。

陳　沛、字公度，四十九歲，廣東吳川人，軍校一期畢業。歷任連、營、團、旅、師、軍長及副總司令，粵桂南區指揮官等職，屬黃埔系，與宋子文、余漢謀等關係甚好。

張世希，四十九歲，南京人，軍校一期，陸大特一期畢業。歷任排、連、營、副團長、行營參謀、教導第三師團長，八十七師團、旅長、副師長、第四師副師長、軍校總隊長，教育處長。三十二師師長，鄭州綏署參謀長，陸軍總部副參謀長等職。屬黃埔系，與顧祝同、何應欽關係甚好，不滿陳誠。

附：

南京防空司令部

該部設於雞鳴寺

司　令　張耀明（兼），部設：第一處、第二處、機要股、人事股、會計股、情報所等單位。

其下轄有南京『防護』團，爲一不脫離生產的組織，共有九千餘人。團長由黃珍吾兼，副團長歐陽耿，團下編有瞭望哨、燈火管制巡邏班等。該團有男女團員，男的負防空及消防工作，女的負救護工作，平時進行訓練，又在歷次學生遊行時，該團亦曾配合出動進行所謂『防範』工作。

七　僞內政部警察總署

該署於一九四六年八月成立，乃原來之警察司改編而成，但職權已擴大，現爲國民黨政府警察最高主管機關，各省市之警務處，警察局均受其業務之指導。組織頗爲龐大，轄有六處（下設科）、及若干室。現任署長爲戴笠十弟兄之一的唐縱。

該署爲軍統特務之重要公開巢穴。警政部門向多爲軍統所把持，自戴笠死後，軍統改組，更有大批人員轉入警察系統，並在內建立『警務組』秘密組織，利用公職以秘密方式，進行情報與社會調查等特務活動。因軍統企圖掌握警察之領導權，與原警察系統中之李士珍系有矛盾。該署與美特有密切關係，其內部所設之刑事實驗室，器材設備均係接收『中美合作所』而來。

署址設於南京瞻園路，其組織人事如下：

（1）署本部組織人事

- 署　長　唐　縱
- 副署長　唐　毅
- 鄧裕坤
  - 署長辦公室
    - 督導室：督導潘漢年　蔣　苹、唐振文　楊澍桐、胡國振　周代殷
    - 祕書室—主任馬策
    - 會計室—
    - 刑事實驗室—主任劉八峯
    - 人事室
    - 資料室
    - 出版社
  - 第一處—處長陳　焜
  - 第二處—處長李　總（審）
  - 第三處—處長李國俊
  - 第四處—處長潘其武
  - 第五處—處長羅　傑
  - 第六處—處長李　業
  - 特別警衛組—唐　縱（兼）
  - 情報組
  - 化裝組
  - 密查組

（註）1. 各處分掌刑事、行政、戶政、總務等工作。
2. 另一材料第一處長肖煥立，第二處長俞萘，第三處長阮清源，第四處長魏淡良，祕書主任馮凱。
3. 另有技正王江盛　隋松週，科長金峻樑　林樹文，編審何锡勳　章長賦，專員陳澍。

（2）警察總署內軍統人員名單

（1948年1月材料）

單位	姓名	職務	單位	姓名	職務
署長辦公室	李道合	科員		趙亞洲	科員
第一處	戴孔楊	科員		莫鷺年	科員
	蕭笛	科員		史虹	科員
	張谷茹	科長	第六處	葛修詮	科員
	張子琦	科員	人事室	汪擷吉	專員
	張世瀋	科員		李倡民	科員
第二處	趙鎮	科員		曹鎮西	科員
第三處	潘學溫	科員		熊統賢	科員
	鍾克明	科員	督導室	宋毅	科員
第四處	吳中行	科員		唐振文	督導
	余志海	科員	刑事室	劉人奎	刑事主任
	羅子厚	科員		王芝祿	技正
	朱爲焱	科員		楊道臣	技士
	譚錫麟	科員		胡保平	技士
	宋英	科員		談劍青	技士
	孫家詒	科員		謝源翰	技士
	徐善謀	科員		陶鳴義	技士
	莊南	科員		欒汝芳	技士
	楊濟華	科長	會計室	余志堅	科員
	黃慶瑞	科員	資料室	蘇成章	科員

— 194 —

第 五 處 劉 輝 科 長　　　吳利君 專　員
湯絢章 科 長 出版社 張德揚 科　員

（3）刑事實驗室

該室爲抗戰勝利後，接收『中美合作所』之器材設備而成立，內分理化、技術、電器、照像、驗槍、指紋、法醫、警犬、警鴿等九組。設有萬能鏡、各種顯微鏡、驗槍器具、測謊機、放錄音機、理化大秤、X光照相、指紋藥品等器材。其人員多爲技術人員，一部爲軍統份子。

附：　僞內政部警察總隊

共有第一、第二兩個總隊，爲直屬於僞中央內政部之警察部隊，經常担任僞中央五院及各部會之駐衛工作。第一總隊副總隊長李有節，其第一大隊長爲李馥霖，第二總隊長彭斌。

每總隊設總隊長、副總隊長、總隊附各一人。主任秘書一人，室主任若干人，股長若干人并屬有特務隊。總隊以下轄大隊、設大隊長、大隊附一人，組員若干人。大隊下轄中隊、設中隊長、中隊附各一人，辦事員若干人，其下爲巡官、警長、警士。

其詳細之人事情况不詳。

—195—

八　偽首都警察廳

該廳隸屬於偽內政部，兼受南京市長之指揮。廳有廳長副廳長各一人，廳內設四處、六室、十七個科，並附屬有各種警隊，及訓練所、醫院等。其下按人口、面積、交通，社會情況，劃分為十三個警區，各設一警察局，局下設若干所，按地域情況配置警力。該廳所有人數：計職員一千三百五十六名、警長警士（連學警）八千名、伕役四百五十名，共計九千八百零六人（按其編制數字，可能有出入）。

其人員來源，除警察一部為留用之偽警外，大部為從平津、汴、鄭、武漢、南昌、合肥等地招收訓練而成之新警。職員多為警校學生及內政部所派來，因該廳為偽中央直轄單位，其重要職位多為軍統所掌握。

南京為國民黨黨政軍政治中心，且為警察之示範區，故對治安工作頗為重視，其戶口管理，除居民保結、人口登記、編製門牌、突擊抽查、商旅管理外，着重於內部科學管理、採用戶口卡片方法，每戶一份，每人一份，用四角號碼，編號歸檔，凡有關事項詳細記載，遇有異動，可隨時檢查。另外南京民間所存及敵偽遺留之槍械頗多，均進行登記，至一九四六年三月止已發出槍證三百五十張，並擬發外僑槍照一百張。其餘對特種營業（包括娛樂場所、旅店、飲食業、浴室、技藝人員等與居民生活、社會治安有關之行業）之管理，義勇警察之訓練，亦甚注意。關於交通管理則以交通警五百七十五名，專司其事。

警制方面，係採用四八巡守互換制，將各地段劃爲若干勤務區，每區配置警長一名，警士七名，責以担任維持治安，調查戶口，臨時檢查等勤務，且分區負責互換巡守，每班四人，每八天爲一期。

至於設備亦較完善，關於司法方面，設有指紋室、照相室及游民習藝所等。關於交通通訊方面，計有吉普車六十輛，三輪摩托車六輛，超短波無線電機三十部。

茲將該廳本部、各隊所、各警局等情況分述如下：

—197—

（1）組織系統

- 廳長、副廳長
  - 專員
  - 廳長辦公室
    - 外事警察室
    - 人事室
    - 會計室
    - 統計室
    - 祕書室
    - 編譯室
  - 行政處
    - 交通衛生科
    - 營建科
    - 保安科
    - 戶口科
    - 民訓科
  - 司法處
    - 審訊科
    - 執行科
    - 鑑識科
    - 拘留所
  - 督察處
    - 警務科
    - 警訓科
    - 警備科
    - 消防科
  - 總務處
    - 文書科
    - 經理科
    - 庶務科
    - 交際科
    - 電信科
  - 保警總隊
  - 特警大隊
  - 刑警總隊
  - 消防總隊
  - 騎巡隊
  - 警犬隊
  - 警員訓練所
  - 槍械修理所
  - 游民習藝所
  - 警察醫院
  - 音樂隊
  - 各警察局
    - 警察所

廳　長　黃珍吾　四十餘歲，廣東文昌人，黃埔軍校二期畢業，北伐時任團長，沙基慘案中打死幾個英國

—198—

人，被蔣判處徒刑十年，抗戰時始釋出，曾任師管區司令及青年軍二〇五師師長等職。與鄭介民、戴笠等關係密切，屬軍統，與陳誠關係亦好。

副廳長　汪㢸福　　專　員　翁光耀

(2)廳內各處、室職員伕役長警編制表

單位名稱	負責人	人員數目 職員	伕役	長警	合計
行政處	尹擇一	共八十名(計處長一、科長五、科員二十三、辦事員二十五、雇員二十六)	九名	——	八十九名
司法處	梁其林	共三十四名(計處長一、所長一、科長三、科員十六、辦事員十、雇員三)	八名	——	四十二名
督察處	周敬人	共六十二名(計處長一、科長四、其他職員五十七)	十名	——	七十二名
總務處	蔣賢輔	共一百名(計處			

—199—

	長一、科長五、其他職員九十四）	四十九名	三十三名	一百八十二名
廳長辦公室	共二十四名	二十二名	——	四十六名
外事警察室	共二十五名	二名	——	二十七名
編譯室	共七名	三名	——	十名
會計室	共二十五名（計主任一、科員十四、其他職員十）	三名	——	二十八名
統計室	共六名	二名	——	八名
人事室	共十五名（計主任一、科員六、辦事員四、雇員四）	二名	——	十七名
總計	三百七十八名	一百一十名	三十三名	五百二十一名

註：依其編制數字，可能有出入。

（3）所屬各警隊

保安警察總隊

總隊長：×××；人數：長官九十二名，警士一千名；駐地：保泰街。

該部在日本投降接收時只有員警三百餘人，步槍機槍手槍共二百七十餘枝，至一九四六年秋，已擴有五百餘人，武器亦全部更換。其工作除一部作駐衛各機關團體之用外，其餘警力作爲機動部隊，担任臨時或緊急勤務。

刑事警察隊

隊長：鄭浩銘；人數：職員一百名，警士一百名；駐地：中山路六十七號。

該部原係政警處與偵緝隊合併而成，乃便衣特務警察。隊內設三組，第一組下分竊詐、盜匪兩股，第二組下分黨政、社團兩股，第三組下分編審、事務兩股，分別進行各項工作。隊下設第一、第二、南區、下關四個分隊，其分佈如下：

第一分隊（住白下路）管轄一東區、中區、東郊。

第二分隊（隊長蔣更新）管轄一西區、北區。

南區分隊（隊長楊雄）管轄一南區、南郊、西郊。

下關分隊（隊長方士誠）管轄一下關，浦口、水上、北郊。

另外各警局設一刑警班，有班長一人，警士二名，配合工作，爲刑警隊之耳目。

消防總隊

隊長：×××；人數：職員五十七名，警員二百名；駐地：鼓樓。

該部設備　在日本投降後，有各式消防車十一輛（內有三輛損壞），大小幫浦機六部，後向美軍借用三節抽梯十架，大斧頭十八把，小斧頭十把。

總隊以下設分隊，計有：

直屬分隊——駐鼓樓

第一分隊——駐二郎廟

第二分隊——駐東牌樓

第三分隊——駐承恩寺

第四分隊——駐湖北路

第五分隊——駐下關天主堂後街

浦口分隊——駐浦口下碼頭

以上各分隊，按地域配合居民組織之救火會，進行消防工作。

特務警備大隊

隊長：×××；人數：職員三十四名，警士五百名；駐地：太平巷。

該部內部組織及工作情況未詳，只知下轄有摩托車中隊（駐中區太平巷），手槍中隊（隊長鄔學義）等。

騎巡隊

駐地：中華門外寶塔根。

騎兵部隊，作巡邏鎮壓、『維持治安』之用。

警犬隊

隊長：王芝祿（軍統份子）

— 202 —

該隊係將狗加以訓練，利用其嗅覺，偵查人身上是否携帶鴉片烟土，故一名『煙毒清查警犬隊』。

（4）附屬機構

警員訓練所

所長：黄珍吾（兼）；人數：教職員一百一十三名長警（學警）一千名；駐地：淸涼山。

該所之組織編制，設所長副所長各一（由廳長及專員分兼），教育長一，教務主任一，訓育主任一，總務主任一，教官十八，醫官二，會計員一，教務員三，訓育員九，技術員二，事務員十，司藥一，雇員十七，護士二。所下設總隊，計有總隊長一（教育長兼），大隊長三，大隊附三，中隊長九，區隊長二十七，警長二百名，警士八百名，另有伕役二十九名。

其業務方面，每期招考初中程度以上之青年受訓。高中程度以上者編入甲隊，畢業後以刑事外事或司法警員任用，初中程度者，編入乙隊受訓，畢業後以行政交通警員任用。每期訓練時間爲六個月至一年，由於每兩月招考新警一次，故每年可畢業七期。

內部擬設刑事實驗室、博物陳列館、警犬隊、警鴿隊。

因房屋不敷應用，故分於淸涼山、太平路、保泰街三處訓練。

— 203 —

警察醫院

人數：衛生人員二十四人，其他十二人；院址：慧園街小學。

該院組織計院長一，醫師七，司藥五，護士十一；雇員二，公役四，看護警六。

其設備方面有X光機，超短波電療器，顯微鏡，培養器，冰箱，人工太陽燈等。並擬設置巡迴醫療車，化驗室，電療室等。

該院派出診療所二處，一在清涼山，一在保泰街。

其工作爲員警治療，衛生檢查，防疫注射，戒烟救急，妓女檢驗等。

（5）所屬各警局

南京市僞警察廳，下分十三個警察局，分佈於市內與市郊及水上。各局設局長一人（重要地區有副局長），局員五至九人，巡官五至八人，辦事員十至十四人，雇員八至十人。局下設若干警察所，設所長一人，巡官一至三人，雇員一至二人。每所轄若干勤務區，每勤務區配置警長一人，警士七人，負責該地段各項工作，另局與所及各重要地段設警備班，配有警長一人，警士十人，管理內勤工作，並作機動出勤之用。

茲將各局名稱、人事、地址、警力配備、轄區情況、各所分佈，介紹如後：

各警局情況一覽表

局名	局長	局址	警力配備(註一)					
			職員數目	警察數目	所數	警務區數	交通崗數	警備班
東區	陸紹基	碑亭巷	51	463	8	28	23	15
南區	舒　翔	貢院街三十九號	54	552	11	47	8	16
西區	鄭岩登	石鼓路九十號	45	456	8	34	6	13
北區	劉海亭	江蘇路二十九號	44	445	7	26	9	12
中區	蕭國楨	太平巷三十四號	42	371	5	22	3	8
下關	余翼羣 周炳榮	熱河路一〇九號	48	377	5	20	7	10
浦口	王匯東	浦口前日本領事館	28	274	3	9	5	7
東郊			46	559	9	32	12	16
南郊	喩澤溎		43	387	6	19	3	9
西郊	熊智昌		45	448	8	32	0	2
北郊		燕子磯民教館	50	523	8	32	0	2
水上		下關老江口	31	290	6	16	3	2

湯山（註二） 張 怡

總 計 527名5134名84所317區78個139個

註一：此表係依照其編制數字。

註二：湯山局係由東郊區分出之一部，情況待查。

各局轄區介紹

局名	特點
東區	軍政、文化中心，交通總匯，銀行區。
南區	商業繁盛區，名勝古蹟、娛樂場、旅店、娼妓頗多。
西區	地區廣闊，黑市市場。
北區	名勝古蹟、玄武湖、鷄鳴寺所在地。
中區	理髮、澡堂、飲食、旅店、戲院等業及妓女頗多。
下關	水陸交通要衝，中外商業集中，難民、妓女集合場，戶口流動性大。
浦口	交通要點，商旅繁雜，房屋多爲草棚，碼頭、鐵路工人甚多。
東郊	轄區遼闊，房屋零落，不易管理，中山陵在本區。
南郊	城鄉交接區，京蕪車站、糧行、騾馬行集中區。
西郊	上下游水輪停泊處，木業薈萃之區。
北郊	轄八鄉一鎮，地曠人稀，公路密佈，時遭水災、火災。
水上	流動戶口很多，設有水巡艇，維持水上治安。

湯山　有溫泉，爲遊覽區，前兵工廠，軍事學校所在地。

局轄各警察所分佈

東區——八個

新街口　太平橋　太行宮　國府路　光華門　珠江路

中山門　太平門

南區——十一個

夫子廟　飲虹園　中華門　大石壩街　鐵作坊　白酒坊

釣魚台　菱角市　集慶路　中華路　建康路

西區——八個

安品街　中正路　豐富街　朝天宮西街　張府園　上海

路　沈舉人巷　清涼寺

北區——七個

老菜市　挹江門　湖南路　保泰街　陰陽營　三牌樓

玄武門

中區——五個

三條巷　科巷　延齡巷　龍王廟　釣魚巷

下關——五個

鮮魚巷　車站　寶善街　四所村　商埠街

東郊——九個

孝陵衛　馬羣　仙鶴門　滄波門　蔣王廟　湯山　官橋

東流　陵園　（包括現設之湯山警局一部）

南郊——六個

珍珠巷　養虎巷　七里街　飛機場　花神廟　西善橋

西郊——八個

—207—

新河口　螺絲橋　橋頭　大勝關　江心洲　水西門外
三汊河　毛公渡

北郊——八個

燕子磯　笆斗鄉　堯行門　邁皋橋　寶塔街　七里鄉
下壩　八卦鄉

浦口——三個

小河南　大馬路　老江口

水上——六個

三汊河　下關　大勝關　浦口　烏龍山　八卦洲

註： 設於某地則以該地之地名冠於警察所之上如『新街口警察所』

根據其材料，各地之警察所仍未全部設立。

九　偽憲兵司令部及其所屬機構

憲兵司令部係屬於聯勤總部系統下之特種單位，統轄全國之憲兵部隊。本部內部設十處、三十五科、三所、一室，共有官佐八百九十四名。其下配屬之憲兵計有二十七個團，八個獨立營，分駐於全國各地，受該地戰區司令部、警備司令部之節制。另設一憲兵學校訓練幹部。

憲兵司令部之職掌，主要負責軍隊中紀律及秩序之維持，軍事交通之管理，及秘密進行各項特務工作（如

特高組）

因南京軍政雲集，故駐防之憲兵頗多，計有四個團，另三個營，及一特務營。估計約有官佐七百餘名，士兵八千八百餘名。

司令部駐於南京瞻園路一二〇號，據最近消息，該部準備遷往廣州。

茲將其本部組織人事及駐寧部隊分別介紹如下：

（1）本部組織人事

中將司令　張　鎮（眞夫）

少將副司令　吳天鶴

少將參謀長　李楚藩

第一處（人事）上校處長張煒

第一科（官佐）中校科長袁丹書

第二科（士兵）中校科長王栩

第三科（稽核）中校科長胡耿

第二處（情報）上校處長歐陽向

中校副處長周劍心

第一科（情報）少校科長涂磊

第二科（保密）中校科長曾建人

第三科（驗槍刑事指紋）中校科長丁挽瀾

第三處（勤務）上校處長易希祺

上校副處長王漢芝

上校副處長丁劍鴻

— 209 —

第一科（計劃）
第二科（軍事）
第三科（外事）中校科長應毅
第四科（社會調査）中校科長周蒲生
第五科（交通管理）中校科長陳善夫
第四處（補給）一等軍需正處長張覺民
一等軍需正副處長劉中澤
第一科（械彈器材）中校科長裴醒民
第二科（被服裝具）二等軍需正科長周競今
第三科（糧秣副食）一等軍需正科長許潞
第五處（編訓）少將處長夏之時
中校副處長杜中全
第一科（編組）中校科長鮑青光
第二科（訓練）
第三科（編譯）
第四科（教材）中校科長高子安
總務處　上校處長曾佐民
中校副處長蹇啓闓
第一科（經理）二等軍需正科長劉耿
第二科（管理）中校科長曾布起
第三科（交際福利）上校科長劉公正
第四科（總務）中校科長李經甫
副官處　上校處長楊家書
第一科（本部人事）中校科長羅軼常

—210—

第二科（文書發佈）軍荐二階科長丁陶民
第三科（電務）代科長賈全珍
第四科（編印）軍荐一階科長李亘濤
第五科（檔案）軍荐二階科長王康侯
軍醫處　一等軍醫正處長張向斧（欣泉）
二等軍醫正副處長鄒壽萱
第一科（醫務行政）二等軍醫正科長劉資谷
第二科（材料補給）三等司藥正科長鄒建突
軍法處　軍簡三階處長袁牌璋
軍荐一階副處長席馨
第一科（檢察）軍荐一階科長文麟書
第二科（審判）軍荐二階科長馬懸
政工處　少將處長黃砥中
上校副處長楊烈信
第一科科長莊萬鵬
第二科科長金　銘
第三科科長錢　森
會計出納科　一等軍需正科長楊任夫
電訊監察科
看　守　所　軍委一階所長林括
修　械　所　少校所長陳裕
檢　診　所　一等軍醫正主任范勇
預　算　室　一等軍需正主任陳履福
特　務　營　營長劉振華（駐雨花路）

—211—

（註）此材料根據一九四八年聯勤公佈之材料，可能人事略有變動。

（2）主要人物介紹

張　鎮　字眞夫，湖南常德人，現年五十一歲。黃埔軍校第一期步科畢業，一九二七年赴蘇入莫斯科中山大學，畢業後歸國。一九二八年三月任第四軍十五師政治部主任，四月調總司令部中校侍從副官，一九三二年調任憲兵特務團上校團長，後調任憲兵第一團團長。一九三三年任憲兵訓練所教育長兼教導團團長。次年又調任憲兵第一團團長。一九三六年任陸軍第八師少將副師長，一九三七年任憲兵司令部副司令，一九四〇年兼憲兵學校教育長，一九四四年升任憲兵司令兼軍法執行總監部副監。國民黨六全大會，任軍隊出席代表，當選中央執委，抗戰勝利後兼任首都衛戍副司令，旋代理司令職務。一九四七年八月升兼首都衛戍司令，後免兼職，專任憲兵司令部司令。爲軍統特務。

吳天鶴　字鳴盧，湖南常寧人，四十九歲。軍校三期步科生。曾任連、營、團長，憲兵司令部參謀長等職，服務憲兵已歷二十年以上。

黃砥中　四十五歲，安徽桐城人。曾任政治部第二廳科長，中訓團黨政訓練班指導員，現任憲兵司令部政工處長。

（3）駐南京之憲兵部隊

A.番號、主官姓名、駐地、及官佐數目。

憲兵十六團　團長樓鍇，駐下關，全團官佐現有一百五十六名。

憲兵十七團　團長吳輝生，全團官佐現有一百八十三名。

憲兵二十三團　團長沈萬千，駐華僑路，全團官佐現有一百五十五名。

憲兵第七團　團長王××，全團官佐現有一百八十二名。

獨立第一營　營長王哈，駐下關。

獨立第二營　營長唐育之，官佐共有五十三名。

獨立第三營　營長范××、營附何承先，共有官佐三十名。

B.編制與配備

編制：團直屬有政工室，軍需室，特高組，特務連，通訊連。下轄三營九連，共官一〇五名，兵一千七百餘人。

獨立營除與普通營同外，另設一通訊排。

配備：每個團計有大型手槍一八八支，小型手槍七五支，卡品槍一七六支，步騎槍七一七支，輕機槍三十挺。

（4）南京市區憲兵之分佈

—213—

東區憲兵隊　　中山東路
南區憲兵隊　　白下路
西區憲兵隊　　莫愁路一七九號
北區憲兵隊　　挹江門
中區憲兵隊　　龔家橋
中山門憲兵隊　　中山門
中華門憲兵隊　　中華門
光華門憲兵隊　　光華門
挹江門憲兵隊　　挹江門
下關車站憲兵隊　下關　隊長　王景鑫。
太平門憲兵分隊　太平門
通濟門憲兵分隊　通濟門
漢中門憲兵分隊　漢中門
中央門憲兵分隊　中央門
南郊憲兵分隊　　隊長　潘祖登。
偵緝隊　火瓦巷和會邨二號
偵緝隊第二分隊　商埠街鴻業新邨二號
下關連絡站　商埠街慶康里二號。

十　特務武裝組織

南京爲國民黨特務機關首腦所在地，特務武裝組織計有：屬於偽國防部系統之『人民服務』總隊第一總隊、『戡建』大隊、『綏靖』大隊三部，及屬於偽交通部之交通警察第一總局等共四部，及其所屬一部份部隊。前三部最近合併組成『青年救國團』，由胡軌（蔣經國的幹部，三青團系）任總團長，設杭州，一說設南京中華門外淳化鎮，內有軍事、政治、秘書、總務、經理、服務、軍法、衛生等處，下轄五個總隊，三個學生總隊，但人員多爲舊人。交警因戰事情況調遣頻繁，可能有所變動。現將所有各部情況分述如下：

（1）『人民服務』總隊第一總隊

總隊部設南京莫愁湖，下轄八個大隊，三十六個中隊（內四個直屬中隊）分駐各地全部人員二千餘人，總隊長郭仲容。

該部駐南京之部隊，計有第五大隊（大隊長李樂平，官、佐共二百八十人），第一大隊（大隊長羅道南，官兵二百餘人，原駐青島），直屬第一中隊（中隊長盛若萍）。

據一九四九年二月息：該部併入『青年救國團』，郭仲容任該團第三總隊長。

（2）『戡建大隊』

該部駐南京，由滕傑負責，組織情況不明，只知有官佐四十八人。下轄六個大隊，駐南京爲其第一大隊，大隊下轄四個中隊，每中隊轄四組（另有突擊隊與直屬小組），每組十六人，每人均配有新式手槍，從事暗害

—215—

等特務活動。

（3）綏靖總隊

總隊部設於南京，總隊長劉培初，本部官佐共有八百三十七人，其人員多爲軍統份子。下設七個大隊，二個直屬中隊，分駐各戰略區配合匪軍進行『綏靖』工作。

（4）交通警察第一總局

交警爲匪特務武裝組織，統一管理匪區各鐵路、公路、水運、航空等警務工作，并在鐵路管理局設有警務處，在招商局設警務組，又建立『通訊小組』，進行情報活動。

駐寧者爲交通警察第一總局及附屬單位，其部隊有直屬第一、第三、第五等三個中隊，另第五總隊則駐於下關與戚墅堰之間。

總局組織分設五處三室（分掌警務、行政、部隊調遣及整訓、案件處理等業務），另外設一政工處。全部官佐共二百餘人，現知者有局長周偉龍，副局長馬志超、吳志勛，第二處副處長包榮淡，第三處副處長羅震升，第四處副處長葉世掞，專員韋賢、李邦勛，督察員劉鎮中、鄧錫琿、蔡少勛，科長陳煥文、鄭頤冰、林培節，秘書陳思祥等。局下轄有交通員警訓練班（設於蘇州），電訊總台修配所（設於上海）、倉庫及交警部隊十八個總隊，一個直屬大隊，若干直屬中隊等。

茲將其駐寧各單位之地址分列如下：

總　　局	朱雀路邀貴井十四號
	中山東路劉濟巷耕心里六號
	漢府街玉琳坊五號
	鄧府巷六十四號
	秣陵路陶園
辦公室	白下路二百三十六號
第四辦公處	白下路二百一十一號
第二處	公園路公園里十二號
第四處辦公室	小火瓦巷二十二之十號
電訊總台	評事街十八號
聯絡辦事處	馬台街五號
員警訓練班 駐京辦事處	慧園街慧園里八號
職員宿舍	香舖營意成里八號

十一　軍警學校

匪軍事訓練機構，爲國民黨政府進行反革命戰爭之主要資本，國防部所屬的四總部，亦各有其專司訓練之組織。匪各軍事學校類係採用『美化』教育，美帝國主義以控制匪軍事訓練機構，作爲澈底控制匪軍的步驟。自日本投降後到一九四六年九月的一年間，美帝在中國地面即為匪訓練了十四萬至十五萬軍事人員。因此匪各軍校實際上皆掌握在美教官或美顧問團之手。

現駐南京之匪軍事學校，共有二十餘校，已知者有十七校，其中屬國防部者有陸大等七校，屬陸總者有砲兵等三校，屬空總者有二校，屬聯勤者有憲兵等四校及屬內政部者一校。

由於我大軍之逼近京滬，上述各校已準備南逃或遷台。

（1）陸軍大學

該校為匪最高軍事教育機構，隸屬於國防部，全校共有官佐六百九十四人。校內分特別、正規、將官等三班，校長徐永昌，教育長徐培根。校址在昇州路泰倉巷，辦事處設在南京戶部街五號，總務處在雞鳴寺腰嶺路十六號，并於聚槐村十一號設城內辦事處。

（2）砲兵學校

隸屬陸總，下設學員隊、初級班、高級班、教官訓練班、及要塞班，教育長洪士奇，全校官佐六百九十四人。該校設在湯山作廠。

（3）裝甲兵學校

其前身為機械化學校，四七年夏自四川潼南遷回徐州，後因該校附近空地頗少，駕駛不便，於一九四八年八月遷回南京方山，校內分學員隊、高級班、初級班、教官訓練班、及保養班等，校內官員有三千餘人。現校長蔡慶華（原為胡獻羣），隸屬於陸總。

另據一九四八年八月材料，該校所籌設之裝甲兵子弟學校，定該年秋正式成立，校長一職，由蔣靜宜担任（蔣緯國之妻）。

（4）憲兵學校

該校乃蔣匪唯一之憲兵培養人材之機構，係由以前之憲兵學校改組而成，日本投降後遷南京，教育長為張鎮，營務處長徐啓杰，全校官佐計有二百一十一人。其編制分為初級班與高級班，及軍事隊。校址在南京西府街。

（5）通訊學校

屬聯勤通訊署，該校下設有技術員訓練班、通訊機械修造人員訓練班、初級班、高級班、軍官訓練班、練習大隊、練習營等。其技術員訓練班設在漢府街二號；軍官訓練班設在林森路大悲巷大高里十九號；校本部設在馬鞍山。現任教育長為李昌來，全校官佐四百四十五人。

（6）副官學校

隸屬聯勤總部，該校係仿效美國制度，來訓練匪各級副官人員，內並設特訓班，教育長劉祖舜（一說陳春霖），校址在孝衞陵。

（7）空軍參謀學校

一九四〇年成立於成都，一九四六年秋遷回南京，爲訓練空軍中級軍官參謀人員之學校。教育由美教官團負責，全校官佐一百餘人，教育課程以參謀業務、人事、情報、作戰、補給、演習及圖上作業爲主。該校現直屬空總，校長徐康良，校址在中山東路（前飛機修理廠辦公處）。

（8）空軍情報人員訓練班

該校隸屬於空總之空軍訓練司令部，一九四七年成立於南京光華門外，學員係從空軍中抽調，施以四週教育後，仍返原部，担任檢查各空軍機關部隊私人信件，監視內部人員思想言論，並有直接向各機關部隊二處二科秘告之權，爲空軍中之特務。

（9）中央訓練團

該團爲蔣匪最龐大之各種『基幹』訓練機構，全團有官佐一千一百八十四人，隸屬於僞行政院，但歸僞國防部指揮，蔣誠自兼團長，萬耀煌爲教育長，並於上海西安等地設有分團，該團曾先後辦有軍官訓練團，警官班，地方行政人員訓練班，財政人員訓練班，監察官訓

— 220 —

練班，新聞班，交通管理人員訓練班，教育人員訓練班，地政人員訓練班，義務勞動訓練班，黨政軍人事管理人員訓練班，工礦管理訓練班，農林墾牧訓練班，地方衛生訓練班，及軍事班（該班係收容被我遣返之校官級以上之俘虜所組成）等。團內設有子弟學校，公共食堂，工廠，農場（供眷屬工作）等設備，團址在南京孝陵衛。總務組在楊將軍巷一之六號，並在上海路四〇號有職員宿舍。

（10）其他軍校

駐南京其他軍事訓練機構，有中央陸地測量學校（該校宿舍在國府西路一八五號），步兵學校（全校官佐八百二十三人）。國防部邊務研究所，國防研究院（住復興里），國防部情報訓練班（陳蔭鴻負責有官佐一百十七人）及工程署鑿井工程訓練班等機構。

（11）偽中央警官學校

該校為國民黨警察最高訓練機構，專門培養警察各種幹部，成立於一九三六年九月，規模頗大，總校設於南京光華門外原兵工學校址及中正路，高樓門六號等兩地，有五個分校分設於北平各地。

其學制分期與班，每期（正科）為三年，分為六個學期，授以軍事教育、專門業務、各種法律、及特殊技術。班則有警政、教育、特警、外事、監獄官等專修

— 221 —

班。學員均需高中程度，男女兼收，據一九四七年六月統計；有學員三千餘人。

校長原由蔣賊自兼，於一九四八年七月改由教育長李士珍升任。李爲匪黨中委，從警多年，在警察系統中頗有影響，原爲戴笠系人物，後另樹一幟，在爭奪警察領導權上與軍統有矛盾。

十二　征兵及壯丁訓練機構

（1）南京團管區司令部

該部除司令副司令外，設主任參謀一人，副官、軍需、軍醫書記若干人，全部官佐共有八十五人，並有少數兵伕。現任司令爲梁國藩，部址設於下關興中營。

（2）南京市民衆自衛司令部

該部係一壯丁訓練機構，組訓全市適齡壯丁，配合役政推行，其機構及人員雖很龐大，但有名無實。

其本部組織人事爲：司令滕傑（兼），副司令黃珍吾（兼），參謀長張泰祥，副參謀長古田才。下分三處，編練處處長古田才（兼）副處長吳鍾英，總務處處長蔣賢輔，導訓處處長張明川、副處長葉力夫。

其下每區編一總隊，每保編一大隊，共計現有十三總隊，七十五大隊。大隊下設中隊，每中隊約一百七十八人，至一九四八年八月計經過訓練者有八萬人。

另設一南京市民衆組訓委員會，委員有張耀明、唐縱、鄧文儀、張行知、黃杰、張鎮、蕭贊育、滕傑、黃珍吾等，協助與策劃上述組訓工作。

（3）兩浦區民衆組訓工作委員會

兩浦爲浦口與浦鎮，由於在南京市區之外，其他區情況亦與南京有所不同，故設此委員會進行『組訓』工作，該會原由王大均任主委，後改由四十五軍長趙霞主持（現是否更變未詳）。下轄兩個工人總隊，一是鐵路總隊，一是永利總隊（永利化學工廠）。居民方面有第八總隊，及浦鎮大隊，據說受『組訓』者有一萬二千餘人。

十三　其他軍事機構

（1）勵志社

總社：中山東路，據一九四八年十一月材料，總社有官佐三百五十五人。

南京第二招待所，首都飯店（中山北路）。

南京第三招待所，莫干路七號，中山北路三步兩橋五號，珞珈路四號，陰陽路四號，赤壁路十四號，江蘇路二十一號，牯嶺路八號，頤和路六號。

第三招待所外賓宿舍，琅琊路十六號，普陀路七號，北平路五十六號，赤壁路三號。

第四招待所，青島新村四十號。

第五招待所，頤和路十五號。

第六招待所，頤和路二號。北平路六十四號，西康路十八號，寧海路五號，

美軍顧問團

宿舍，西康路十五號。

第七招待所，中山東路。

第八招待所，中山北路。

第九招待所，勵志社。

第十一招待所，下關。

第十二招待所，北根山郵一號。

美軍聯絡處，珠江路。

特別宿舍一號，中山路。

勵志社下關冰藏廠，下關老江口市場。

（２）改組結束中之各軍事機構

根據一九四六年年底的材料，改組結束之軍事機構甚多，因無新材料證實其交接及合併之情況故一併附列於後，以供參考：

單位名稱	地址
軍委會西北行營辦事處	沈舉人巷七號
工程委員會卅八工程處	同仁街七六號

	泰山坊六號
軍政部第三軍官總隊辦事處	馬台街十五號
後方勤務總司令部運輸辦事處	國府路一九二號
航委會第一工程處	花家巷三號
航委會第一地區司令部轉運站辦事處	鹽倉橋十一號
軍委會青康邊區專員公署	中央路厚載巷六六號
軍委會撫卹委員會	遊府西街遊府新村三一號
中美合作所	昇州路三〇五號
工程委員會	國府路紫陽里一號
航委會政治部	白下路東昇里二號。
軍委會政治部電訊總隊	慧園街十號
軍委會外事局	鄧隆巷十號
	江蘇路四三號
軍委會郵航檢察所	昇州路二八一號
軍令部第二廳第一組	傅厚崗三四之一
軍令部通訊總所	中山門香林寺
	高家酒館四五號
軍政部	昇州路伏魔庵六號
軍政部採購委員會	厚載巷五七號
後方勤務總司令部第二兵站總監部	獅子橋二一號
軍委會國際問題研究籌備	江蘇路四七號

— 225 —

處招待所	
軍委會政治部招待所	湖南路三〇七號
軍委會外事局職員宿舍	新街口糖坊橋十七號
	文昌巷五五號
軍委會戰地服務團軍事代表團招待所	四衛頭四四號
	平倉巷
軍訓部高級職員宿舍	幗巾市五星里一號
後方勤務總司令部高級職員宿舍	馬路街八五號
航委會空運第一〇四中隊飛行人員宿舍	白菜園四八號
航委會監察總隊無線電發報台	匡廬路十六號
軍政部南京區第一臨時醫院	成賢街四牌樓
軍政部汽車技術訓練班	高樓門十三號
軍政會譯電人員技術補習所	中華門外

第五　反動政黨各機構

一　國民黨中央黨部

國民黨中央黨部二十年來為CC系所把持，該系控制了組織部、宣傳部、財務委員會、黨務委員會、訓練委員會、文化運動委員會等重要部會；復興系自該黨第六次全國代表大會後，亦握有相當實力；政學系以前僅握有秘書長一席，在黨部內力量較弱。

自一九四七年十月黨團合併後，三青團全部中央幹監事補列入中央執監委，並設青年部由團方掌握，宣傳部亦成為團方勢力範圍，秘書處則由團方及CC系共同控制；故國民黨中央黨部的內部矛盾，主要的是CC系和三青團的鬥爭。其他如特種委員會，多用以安插該黨元老唯無實權。

蔣下台後，南京之黨政要人紛紛南遷，該黨部重要負責人，遷徙尤夥，現留京者多為CC的『反對派』及該黨中下級幹部。

—227—

組織系統表

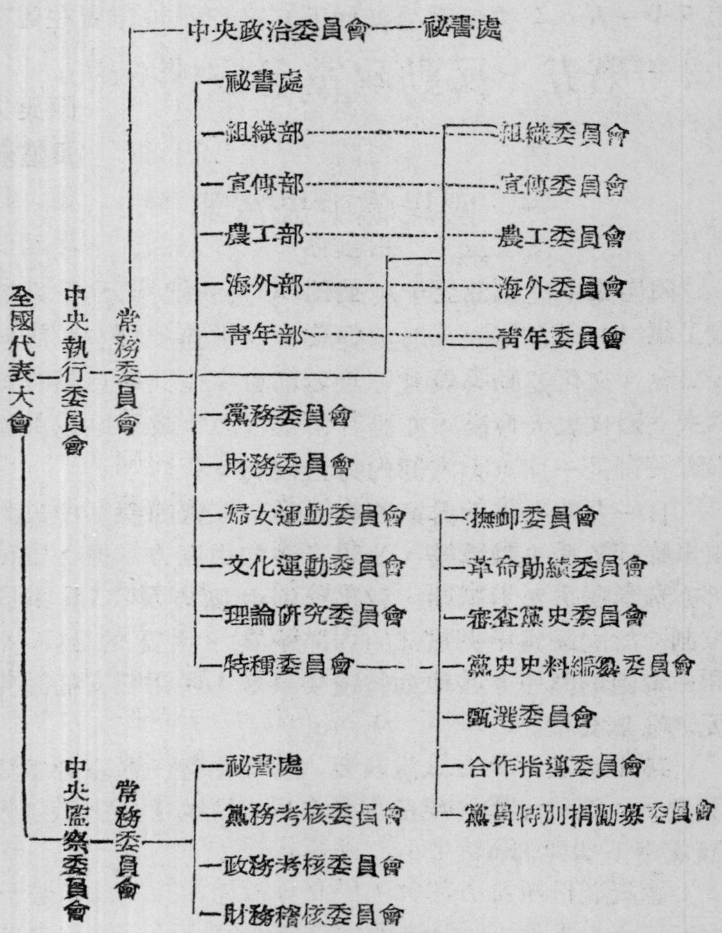

中央執行委員會

常務委員會　原有委員四十一人，黨團合併後，增

—228—

選至五十五人，到現在爲止，死亡三人，被俘一人，實有五十一人。今按派系列表如下（已死及被俘者在姓名前作△爲記）：

CC系	李宗黃	△陳布雷	田崐山	陳果夫
	潘公展	蕭同茲	△段錫朋	張道藩
	張厲生	陳立夫	賴　璉	蕭　錚
	梁寒操	白雲梯	谷正綱	馬超俊
三青團及復興系	鄭彥棻	劉健羣	陳　誠	
	柳克述	何聯奎	黃少谷	
	賀衷寒	鄧文儀	△康　澤	
	何浩若	袁守謙	倪文亞	
	黃宇人	錢大鈞	蔣經國	
	湯如炎	張其昀	李　蒸	
政學系	吳鐵城	張　羣		
朱家驊系	朱家驊	王啓江	趙仲容	
桂　系	白崇禧	程思遠		
元　老	丁惟汾	鄒　魯	居　正	
	李文範	△戴傳賢	于右任	
其他派系	宋慶齡	孫　科	朱霽青	
	范予遂	宋子文	吳忠信	
	張治中	麥斯武德		

關於該部所屬各部會，現有材料極殘缺，茲根據一九四五、一九四六，一九四七各年不完全的國民黨中央黨務公報及一九四八年零星材料，將各該部會人事介紹

— 229 —

如後，除各部會主要負責人外，其餘有無變動未詳。

（1）中央政治委員會

主任委員　蔣中正
秘書長　鄭彥棻（三青團系）
副秘書長　洪蘭友（C.C.系）

中政會下設秘書處，掌管文書、總務事項，除正副秘書長外尚設有秘書四至六人，科長四人，總幹事八人，幹事十六人至二十人，助理幹事十至十二人。

（2）秘書處

秘書長　鄭彥棻（三青團系）
副秘書長　洪蘭友（C.C.系）
秘書　汪大燧　雷鴻雄　鄒志奮（C.C.系）
專門委員　張鏡影　張伯候　葉尙志
文書處長　鍾鼎文
人事處長　余　略
機要處長　李說棟
其下設編審科等
總務處長　劉光斗　副處長　馮宗蕚
其下設事務科、交際科等。
會計處長　程太玄
其下設審核科等。
其人員編制不詳

（3）組織部

部　長　　谷正鼎（原接近復興，後投C.C.）
副部長　　余井塘（C.C.系）
　祕書室　主任祕書：張清源（C.C.張厲生系）
　　專門委員：李燕雲　林　尹　林伯雅　諶忠幹
　　　　　　　華壽崧　孫典忱　周鼎珩　李宏基
　　　　　　　郭登敖　彭開智　徐　治　趙子懋
　　　　　　　沈階升
　專　　員　袁履霜　李文洗　朱匯森
　電務室專員　鮑文楠
普通黨務處長　許健升　副處長　魏壽永
軍隊黨務處長　周兆棠（三青團系）
邊疆黨務處長　李永新（C.C.系）副處長　何兆麟
黨員訓練處長　張志智（C.C.系）副處長　錢節中
　下設有通訊科等
黨員登記處長　芮　晉
視　察　室　副主任　李東星
黨團指導委員會祕書　彭爾康（C.C.系）

（4）組織委員會

主任祕書　吳克巍
（餘未詳）

—231—

（5）宣傳部

部　長　　黃少谷（三青團系）

副部長　　吳開先（朱家驊系）　李俊龍（三青團系）

主任祕書　盧祺祥

祕　書　章　熊

專門委員室主任　張沭長

專門委員　　胡容民　鄭天牧　黃香山　王阜熙　甘雨耕　費慶楨　馬星野　栗顯運　章　熊

指導處

編纂處

管理處　費慶楨（原材料爲第三處處長）

總務處　　下設有人事室，主任爲高蔭祖，及會計室等。

此外尙有視導室，主任爲魏紹徵；編審室副主任爲朱敦春；研究室主任爲彭文凱。該部並設有宣傳設計委員會及其他委員會。

該部編制不詳。

（6）宣傳委員會

主　任　　潘公展（C.C.系）

副主任　　許孝炎（C.C.系）黃少谷（三青團系）

下設主任祕書一人，祕書二人，專門委員四至六人，總幹事、幹事、助理幹事、佐理員若干人。三民主義叢書編纂委員會亦歸其隸屬。

（7）農工部

部　長　　馬超俊（原孫科系現爲CC系）
副部長　　駱美奐（CC系）陸京士（CC系）
（另據一九四八年十月材料，副部長有CC系特務陳劍如；陳爲孫科妻兄）
計劃委員會委員　任西萍

下分工運、農運、總務、編審四處。

（8）農工運動委員會

主任委員　谷正綱（CC系）副主委　葛武棨(三青團系）

主任祕書爲曾明煥，專門委員爲劉子班，袁其炯，餘不詳。

下設祕書一人，專門委員二至四人，總幹事、幹事助理幹事、佐理員各若干人，於必要時並分設各種委員會。

（9）海外部

部　長　戴愧生（接近孫科系劉維熾）
副部長　賴　璉（CC系）

—233—

祕書長　林啓森，
主任祕書　李樸生（吳鐵城親信）
第一處處長　不詳
第二處處長　汪仲讓
第三處處長　丘健章
（另有青年處不知係第幾處）
專門委員　顧執中　丁步武
僑民運動委員會　休耀華
海外黨務計劃委員會　周日東
海外黨務研究室
餘不詳。

（11）青年部

部　長　陳雪屏（朱家驊系，接近三青團）
副部長　趙仲容（三靑團系，接近朱家驊）鄭通和
（三靑團系，特務份子）
××處副處長　張名傳
餘不詳

（12）文化運動委員會

主　委　張道藩（CC系）
副主委　葉溯中（CC系）胡一貫（CC系）
餘僅知指導科長爲丁伯騮
該會下設主任秘書一人，秘書一人或二人，專門委

員二人至四人，編纂五人，科長、主任、總幹事、幹事、助理幹事、佐理員各若干人，按其編制連主委在內不得超過四十六人（委員二十五人除外。）其下又分設文藝、新聞、出版、音樂、美術、戲劇、電影、宗教、自然科學、社會科學、哲學等委員會。

其與宣傳部之分工為：宣傳部掌管宣傳、指示、審核、登記等工作；與文化團體聯繫及補助經費等事宜歸文化運動委員會。

（13）婦女運動委員會

主　　委　劉蘅靜（CC系）
副 主 委　呂曉道（CC系）呂雲章（CC系）
主任秘書　童肖予
秘　　書　杜連璧　楊慎修
專門委員　潘　素　徐覺世　凌旦初

，該會編制設主任秘書一人，秘書二人。下分組訓、宣傳、福利、總務四科，各設科長一人。並設主管會計、人事人員各一人，總幹事六人，幹事十人，助理幹事六人，佐理員五人。並有專員二人，該會於必要時得分設各種委員會。

（14）黨務委員會

主　　委　以中執會秘書長兼。

該會職掌黨務設計、規章審議，與各部會聯系等事

— 235 —

項。其編制如下：專門委員四至六人，主任秘書一人，秘書一至二人，專員二人，總幹事二人，幹事四人，助理幹事三人，佐理員三人。連專門委員計入，最高員額三十五人。

（15）理論硏究委員會（黨團合併後成立）

主　　委　梁寒操（原孫科系，現爲ＣＣ系）
副主委　倪文亞（三青團系）
該會係於一九四七年九月成立，人事編制不詳。

（16）財務委員會

主　　委　陳果夫　（ＣＣ系首腦）
主任秘書　陳松年
秘　　書　姚雪懷　朱國材
組　　長　楊國鎭　張熙麟

該會設主委一人，副一至二人，委員九至十一人，主任秘書一人，秘書一至二人。其下設四組分掌總務、會計、人事、基金管理、設計、督導、審核、黨營事業管理等事項，每組設組長一人，下並得設專員、總幹事、幹事、助理幹事、佐理員各若干人。該會下設黨費籌募委員會，基金保管委員會，黨營事業管理委員會等。

（17）黨史史料編纂委員會

主任秘書　孫　鏡（兼）

纂　修　孫　鏡　鄒永成

編　審　許師愼

編輯處長　沈裕民

總務處長　李治中

該會編制設主任委員、委員若干人；下設專門委員、纂修、編審、編纂各若干人，及編輯、總務、徵集等處。

（18）合作指導委員會

該會於一九四七年四月成立，主要目的是指導黨團員加强進行其掠奪人民的所謂『三民主義經濟的合作運動』，由有關黨方及經濟機構負責人組織之。

主任委員　陳立夫　（CC系首腦）

副主委　陳　誠　谷正綱

總幹事　王世穎

其下設督導、訓練兩組，各設主任幹事一人，幹事及助理幹事若干人，並設有技術專員若干人。

（19）甄選委員會

主委爲陳果夫，餘不詳。

該會之任務爲辦理幹部之調査、選拔、管理、考核事宜，設委員八至十二人，每年改選半數，並設秘書一人，由中央秘書處人事處處長兼任之。並有專員三人，幹事四人，辦理各項事務。

其他各特種委員會因現有材料缺乏，僅知中央撫卹委員會委員有績琅，餘均不詳。

中央監察委員會

常務委員會　原委員十二人，黨團合併後增選七人，死亡一人。

CC系　姚大海　王秉鈞　邵　華　李永新
　　　魯盪平　程天放

三青團系　李曼瑰　白　瑜　劉贊周　李世軍
　　　朱光潛

元　老　吳敬恆　張　繼（已死）　邵力子
　　　張知本　張默君

其他派系　劉文島　王寵惠　朱經農

（1）秘書處

秘書長　狄　膺（CC系）

黨團合併後增設副秘書長，並辦理中監會下屬各會之日常事務。

（2）中央黨務考核委員會

主任委員　王秉鈞（CC系）

（3）中央政治考核委員會

主任委員　黃少谷（三青團系）

（4）中央財務稽核委員會

主任委員　門亦有（CC系）

中央黨部附屬機構一覽

中央秘書處　中央印務局南京印刷廠

—238—

中宣部	正中書店
	獨立出版社
	中央電影企業股份有限公司
	中央社
	中央週刊
	中央日報社
	中央廣播事業管理處
中央宣傳委員會	三民主義研究會
	三民主義叢書編纂委員會
中央文化運動委員會	南京文化會堂
黨史史料編纂委員會	開國文獻館

地　址

中央黨部	丁家橋
	鐵管巷一〇號
中央黨部秘書處印刷所	估衣廊一一七號
中國國民黨中央執行委員會	王府園二六號
	湖南路
中國國民黨中央執行委員會中央印刷所總管理處	中山東路三九二號
中國國民黨中央委員招待所	高樓門七號
中央執行委員會海外部	湖南路一八號
中央執行委員會海外部第三處	中央路二八〇號
中央執行委員會財務委員會基金保管委員會	成賢街成賢村

—239—

中央執行委員會訓練委員會	湖北路二四〇號
中央執行委員會農工運動委員會	丁家橋
中央執行委員會文化運動委員會	香舖營二一號
中央監察委員會秘書處	中山東路四四五號
中央監察委員會祠堂巷宿舍	祠堂巷二四號
中央宣傳部	中山路九號
中央宣傳部辦事處	國府路三五三號
中央宣傳部總務處	丁家橋
中央宣傳部國民印刷所	石鼓路俞家巷一六號
中央宣傳部三民主義叢書編纂委員會	西康路二號
中央宣傳部國際宣傳處	國貨大樓
中央宣傳部國際宣傳處編撰科第二辦公室	科巷壽星里四號
中央宣傳部國際宣傳處外事科	國貨大樓
中央宣傳部國際宣傳處中央攝影場駐京辦事處	中山路一〇〇號
中央宣傳部國際宣傳處中央電影服務處駐京辦事處	中山路一〇〇號
中央宣傳部職員宿舍	鼓樓頭條巷一三號
中央組織部	丁家橋

—240—

	國府路一六一號
	漢府街一八號
	狀元境集賢旅館
	一五號
	碑亭巷開羅飯店
	漢口路陶谷新村
	四六四號
	寧海路四〇號
中央組織部機要室	常府街四八號
中央組織部辦事處	成賢街雙井巷九號
中央黨史史料編纂委員會	太平路三〇六號
中央黨史史料編纂委員會主任辦公室	中山東路勵志社隔壁
中央黨史史料編纂委員會臨時辦公室	中山東路四三一號
中央黨史史料編纂委員會高級職員宿舍	三條巷仁義里六號
中央黨史史料編纂委員會宿舍	風頤村

附錄（一）三青團地址團部

三民主義青年團	廳後街一〇號
	烏衣巷二五號
三民主義青年團中央團部	鼓樓

— 241 —

三民主義青年團中央監察會	鼓樓（中央團部內）
三民主義青年團中央電訊總台	淮海路一一四號
三民主義青年團中央團部職員宿舍	線花巷一二號

（二）各委員會委員名單

國民黨中央黨部各委員會委員，雖爲該黨中委或重要負責人，唯多係空頭委員，除有實職者外，大部不在該部辦公，僅錄之供參考。

中央政治委員會委員

（中執監委，國府府委，文官長皆爲當然委員）

張人傑　李煜瀛　馮玉祥　閻錫山　熊克武　孔祥熙
程　潛　李宗仁　何應欽　徐永昌　朱紹良　陳濟棠
李敬齋　徐　堪　甘乃光　余井塘　彭學沛（已死）
曾養甫　方　治　齊世英　谷正鼎　袁守謙△鄭彥棻△
鹿鐘麟　宋述樵　狄　膺

△一九四七年九月被選爲中常委，爲中政會當然委員，以宋、狄兩人入選。

中央組織委員會委員

張厲生　李宗黃　吳開先　谷正綱　程思遠　賀衷寒
蔣經國等

中央宣傳委員會委員

十五人至十九人，中宣部，組織部中央秘書處，海外部，訓練委員會，文化運動委員會，教育部，外交部，政工局各副職首長爲當然委員。

—242—

葉楚傖（已死）　王世杰　梁寒操　甘乃光　董顯光
蕭同玆　程天放　李惟果　胡健中　李中襄　羅時實
馬星野　張平羣　程中行　方　治　張九如　李壽雍
姚大海

中央農工運動委員會委員

蕭　錚　吳開先　朱霽青　葉秀峯　范予遂　張國燾
賀衷寒　唐　縱　錢昌照　孫越崎　祝　平　壽勉成
包華國　劉不同　范爭波　吳任滄（已死）　陳汴嶺
李　雄　倪文亞　于錫來　吳望伋　顧健中　劉健羣
王啓江　滕　傑

中央海外委員會委員

陳樹人　劉維熾　周啓剛　陳耀垣　王泉笙
詹菊似（已死）　林慶年　陳國礎　何葆仁　宋文頂
謝作民

中央文化運動委員會委員

洪蘭友　羅家倫　潘公弼　劉百閔　陶百川　謝仁釗
洪瑞釗　李琢仁　張鐵君　李錫恩　李　蒸　顧毓秀
吳經熊　柳克述　任覺伍　鄧家彥　甘乃光　杭立武
楊玉清　王冠青　魯覺吾　劉光炎　謝澄宇

中央婦女運動委員會委員

張維楨　陶　玄　陳逸雲　傅　岩　錢用和　張岫嵐
朱　綸　廖温音　唐國楨　羅　衡　樓亦文　王文田
錢劍秋　劉巨全　莊　靜　李雪勤　勞君展　崔絨秋
陶寄天　任培道　徐闓瑞　陸翰岑　馮雲仙　包德明

— 248 —

尉素秋

指導員：

沈慧蓮　張默君　崔震華　伍智梅　林瑞露

中央黨務委員會委員

專任委員七人至十一人。

王子弦　李翼中　梁　棟　潘公弼　羅貢華　陳劍如

宋宜山　張九如　伍家宥　盧逮曾　林伯雅

並設兼任委員七人至十一人。

李中襄　彭革陳　張國燾　章淵若　陳訪先　王啓江

倪文亞　白　瑜　齊世英　陳紹賢　葉實之

中央財務委員會委員

吳敬恆　張　繼（已死）　孔祥熙　徐　堪　居　正

李文範　宋子文　劉攻芸　俞鴻鈞　貝祖詒　王寵惠

孫　科　鄧文儀

中央合作指導委員會委員

陳立夫　谷正綱　趙仲容　王世穎　陳果夫（以上爲當然委員）吳鐵城　陳　誠　馬超俊　蔣經國

蕭　錚　覃天鵠　樓桐孫　于樹德　陳埃明

中央甄選委員會委員

于右任　李敬齋　陳　誠　段錫朋　朱家驊　賀衷寒

張厲生　吳鐵城　谷正綱

（此係一九四六年十月材料）

中央黨務考核委員會委員

王子壯　崔震華　李永新　鍾天心　李次溫　雷　震

—244—

宋述樵　張默君　許孝炎　何聯奎

中央政治考核委員會委員

劉文島　林　彬　張維楨　陳　方　雷　般　郭泰祺

陸幼剛　王德溥　紐永建　雷　震　許孝炎　宋述樵

羅良鑑　格桑澤仁

中央財務稽核委員會委員

姚大海　李夢庚　王憲章　朱經農　趙蘭坪　李綺庵

胡文燦　葉溯中　王子弦

二　國民黨南京特別市黨部

國民黨南京特別市黨部設執行與監察兩委員會。執委會下分設秘書室，視導室，組訓處，宣傳處，總務處及農工、青年、文化、婦女、設計、訓練、理論研究等七個委員會。原南京共有黨員六萬餘人，一九四八年八月登記結果僅得五萬餘人，按保甲編制分為十三區黨部及八卦洲黨部，下設區分部。

（1）執監委員會名單

主任委員　蕭贊育

副主任委員　沈祖懋

執行委員　劉詠堯　任卓宣　駱繼常　葉翔之　汪祖華
秦　傑　吳子良　廖興序　王秀春　徐閭瑞
王宜聲　楊澤球　郭榮鈞　胡純俞　韓文煥

—245—

候補執委　萬人踐　徐中元　馮斌甲　李清悚　張功鑄
　　　　　葉　光　劉守英
監察委員　侯　成　梅嶙高　俞采丞　王　璐　簡　樸
　　　　　陳祖平　蔣鋤歐　周雍能　吳天鶴
候補監委　王學素　仲肇湘　鄭育英

（２）執行委員會下轄組織：

書　記　長　黃　通
組訓處處長　駱繼常
　　副處長　薛文棟　徐中元
宣傳處處長　蔣尙爲
總務處處長　金立揚
　　副處長　黃純卿
農工運動委員會主委　蕭贊育（兼）
　　　　　　副主委　吳子良　王宜聲
青年運動委員會主委　沈祖懋（兼）
　　　　　　副主委　秦　傑　黃建斌
文化運動委員會主委　任卓宣（即葉青）
　　　　　　副主委　張紹樑　楊澤球
婦女運動委員會主委　徐闓瑞
　　　　　　副主委　王懋文　濮舜欽
設計委員會主委　劉詠堯
　　　　副主委　萬大鋐
訓練委員會主委　王秀春

—246—

副主委　孫玉琳

委　員　黃珍吾　劉愷鐘　謝徵孚　費力大

訓練科科長　楊志鞏

理論研究委員會主委　廖興序

副主委　李清悚

附：南京市國民黨部各區黨團統一委員會，該『統一委員會』之組織機構已不存在，但可能仍爲各區之負責人，僅錄供參攷。

第一區視察員　黃　通（現任市黨部書記長）

統一委員　馬德驥　張宇冲　趙章黼　楊　放

萬紹章　張性如　張愼道　邱鴻翔

劉樹庭

第二區視察員　劉啓迪

統一委員　何　超　吳興周　崔培鈞　何紹武

周炳生

第三區視察員　王秀春（現任市黨部訓練委員會主委）

統一委員　李淡章　朱　銳　王維理　陳嘯青

孫先寬　張秉堃　王永鈞

第四區視察員　駱繼常（現任市黨部組訓處處長）

統一委員　尙　武　薛兆林　鄭宏翔　陶　煦

郁斯俊

第五區視察員　胡澤俞

統一委員　常震樵　薛幹生　何澍華　許克黃

趙　新　劉月波　郭子洵

第六區視察員　孫玉琳（現任市黨部訓練委員會副主委）

統一委員　袁月樓　胡星五　高蔭祖　王錫庚

苑　貫　吳延祺　陳文卿　姚秀芝

王思誠

第七區視察員　吳子良（現任市黨部農工運動委員會副主委）

統一委員　吳鳳鳴　趙信臣　伍家幹　李公白

宗長福

第八區視察員　徐中元（現任市黨部組訓處副處長）

統一委員　倪林初　陳兆祥　費力大　駱建人

王秀華

第九區視察員　楊澤球（現任市黨部文化運動委員會副主委）

統一委員　戴家貴　羅友勝　葉子忠　趙欽一

謝　椿

第十區視察員　蔣尙爲（現任市黨部宣傳處處長）

統一委員　郭榮鈞　時問軒　王國銓　馬學衡

余志成

第十一區視察員　秦傑（現任市黨部青年運動委員會副主委）

統一委員　趙大椿　胡學信　唐俊

第十二區視察員　薛文棟（現任市黨部組訓處副處

— 248 —

長）

統一委員　徐新川　陳澍人　樂芳亭

　　　　　徐九淵　葛發祥

第十三區視察員　舍立揚（現任市黨部總務處處長）

統一委員　張博生　駱繼倫　張　銓

　　　　　唐啓遠　鄒智亮

（3）重要人物簡歷

蕭贊育　復興社十三太保之一。湖南人，黃埔一期畢業。與三青團亦有關係。

沈祖懋　三青團系，曾任南京市三青團支團主任。現爲國民黨中委。

劉詠堯　年四十二歲，湖南醴陵人，黃埔一期畢業。曾任軍委會政治部一、二廳廳長，三青團幹事，國防部民事局副局長。爲軍統組織的建國座談會主持人之一，與鄧文儀、滕傑等，關係甚密。

黃　通　三青團份子，國民黨候補中央監委，僞立法委員，中國新社會事業建設協會京分會理事。住建康路四七一號，原住中華路十六號（一說住中正路廳後街十號）。（按：南京尚有一C.C.系之黃通，爲浙江平陽人，曾任浙大、中央政校等校教授，中國農民銀行土地金融處處長等職，住四條巷仁壽里二十二號。）

任卓宣　叛徒托派。住高樓門十六號之六。

— 249 —

駱繼常　年四十歲，江蘇句容人，中央大學畢業，曾任中央軍校特訓班政治教官，現爲中國新社會事業建設協會京分會監事。

蔣尙爲　三青團系

金立揚　三靑團系

秦　傑　年三十八歲，南京人。中央防空學校情報班畢業。現任南京市參政員，上海正言報駐京辦事處主任，僞立委。

王秀春　CC系特務頭子之一，現任中統局組長。

孫玉琳　南京人，四十歲，現爲僞監委南京市參議員，中國新社會事業建設協會京分會理事。一九四六年時，任京市黨部書記長（金沙井四九號，住有孫姓參議員，不知是孫玉琳或孫伯森）。

徐闓瑞（女）CC系、湖南人，北京大學畢業。曾任北平大同中學教務主任，中央黨部民衆訓練部婦女科長，兒童保育會常務委員。

王宜聲　CC系，年四十五歲，鎮江人。現任南京總工會常委、南京市參議員，僞立委。

楊澤球　年三十八歲，江蘇江浦人，中央大學、軍委會軍事交通研究所畢業，曾任三青團湘桂分團幹事。

萬大鋐　中統特務，江蘇人。曾任安徽省調統室主任。僞立委，南京民生主義促進會的發起人之一。

徐中元　年三十四歲，江蘇興化人，曾任湖北省利川縣

—250—

黨部書記長。

馮斌甲　字晉辰，年四十五歲，南京人，曾任經濟部合作事業管理局科員。

李清悚　南京市參議員中地方派。

俞采丞　年五十八歲，南京人。私立鐘英中學校長，南京市參議員。

王　路　CC系，年四十四歲，江蘇南京人。金陵大學畢業。現任南京市參議會副議長，僞國大代表。住在中山東路五十五號。

周雍能　CC系（一說爲政學系），僞立委。

（４）市黨部各機構住址

市黨部在建康路

市黨部設計委員會在高家酒店十五號。

市黨部執行委員會在普陀路六號，

另一處　　在四條巷南園二號

第一區黨部在林森路四興里三號。

第二區執行委員會在武學園五十七號。

三　民社黨南京市黨部

民社黨原在南京設一總支部，由譚開雲爲主委，下轄十五個支部，嗣後因內部『元老派』與『子弟派』互相鬥爭，於一九四八年三月成立南京特別市黨部以代替

— 251 —

南京総支部，『元老派』之譚開雲被擡下台，由『子弟派』之蔣匀田兼主委，但因內部矛盾日深，新的執監委員，不承認原先各支部，並限令黨員登記，以排除異己份子，遂引起原來各支部主委紛紛反對，組成『聯誼會』進行『反蔣活動』。

其黨員數目，據一九四六年宣佈爲五萬餘人，這顯然是非常誇大的。

該黨在南京尚有一專門拉攏青年，籌集經費的外圍組織，稱『中國青年協會』，以張君勱爲名譽理事長，鄭波、陳國方爲主持人，並在上海設有辦事處。

茲將其組織人事分列如下：

現執監委員名單

主任委員　蔣匀田

委員　周樹聲　周雲程　朱嵩壽
吳蔭華　陳家慶　孔君畏
石學鴻　苑叔塞　楊浚明
朱亞雄　何元甫　姚叔磐
張仲友　葉紹華

附：原総支部組織及人員爲

主　　委　譚開雲
委員兼宣傳主任　沈正倫
委員兼組織主任　劉光化
委員兼社會主任　徐公維

— 252 —

委員兼秘書　劉鳌公
委員兼秘書　朱嵩壽
委　　員　孫秉臣　孔君畏　石學鴻

原各支部組織及人員

第一支部
第二支部　丁超然
第三支部
第四支部　劉光化
第五支部　劉鳌公
第六支部　徐公維
第七支部　朱嵩壽
第八支部　石學鴻
第九支部　孔君畏
第十支部　孫秉臣
第十一支部　楊俠魂
第十二支部　劉　濤
第十三支部　金宏麟
第十四支部　張　鐸
第十五支部　尉遲榖

民社黨部地址：

鼓樓邱園場七號；
梅園新村十七號；
琵琶巷二十六號；

蔣匀田住在利濟巷棣心里『府委宿舍』

—253—

四　青年黨南京市黨部

青年黨在南京之組織及人員，根據不完全材料爲：

主　　　委　宋樹人
委員兼主任秘書　陸善謙
委員兼訓練組長　趙瑞麟
委員兼宣傳組長　杜崇發
委　　　員　楊伯安　史澤之
第一區黨部主委　陶爾楨　陳止一　殷士傑
小組組長　沈　烈

青年黨部地址：

梅園新村十九號；
白下路五福新邨二號；
中山北路鳳頤村二〇四號；
余家菊住利濟巷耕心里四號。